# 古代汉语语法探析
## ——以先秦两汉为中心

[韩]安奇燮

胡璇玑　郑　辉 ○著

四川大学出版社
SICHUAN UNIVERSITY PRESS

## 图书在版编目（CIP）数据

古代汉语语法探析：以先秦两汉为中心 / 安奇燮，胡璇玑，郑辉著. — 成都：四川大学出版社，2023.9
（语言与应用文库）
ISBN 978-7-5690-6327-1

Ⅰ.①古… Ⅱ.①安… ②胡… ③郑… Ⅲ.①古汉语－语法－研究－先秦时代②古汉语－语法－研究－汉代 Ⅳ.①H141

中国国家版本馆CIP数据核字（2023）第168184号

| | |
|---|---|
| 书　　名： | 古代汉语语法探析——以先秦两汉为中心 |
| | Gudai Hanyu Yufa Tanxi——Yi Xianqin Lianghan Wei Zhongxin |
| 著　　者： | 安奇燮　胡璇玑　郑　辉 |
| 丛 书 名： | 语言与应用文库 |

| | |
|---|---|
| 丛书策划： | 张宏辉　黄蕴婷 |
| 选题策划： | 毛张琳 |
| 责任编辑： | 毛张琳 |
| 责任校对： | 刘一畅 |
| 装帧设计： | 墨创文化 |
| 责任印制： | 王　炜 |

| | |
|---|---|
| 出版发行： | 四川大学出版社有限责任公司 |
| | 地址：成都市一环路南一段24号（610065） |
| | 电话：（028）85408311（发行部）、85400276（总编室） |
| | 电子邮箱：scupress@vip.163.com |
| | 网址：https://press.scu.edu.cn |
| 印前制作： | 四川胜翔数码印务设计有限公司 |
| 印刷装订： | 四川省平轩印务有限公司 |

| | |
|---|---|
| 成品尺寸： | 170 mm×240 mm |
| 印　　张： | 18.25 |
| 插　　页： | 2 |
| 字　　数： | 314千字 |
| 版　　次： | 2023年11月 第1版 |
| 印　　次： | 2023年11月 第1次印刷 |
| 定　　价： | 88.00元 |

本社图书如有印装质量问题，请联系发行部调换

版权所有 ◆ 侵权必究

扫码获取数字资源

四川大学出版社
微信公众号

# 前　言

　　目前，语法学界尚未对古代汉语词类划分体系达成共识。"语法（文法）"这种表达较为普遍与广泛，每个使用者对语法范畴都有着各自的解读。自从马建忠于1898年套用西方语法体系编著而成的古代汉语语法书《马氏文通》问世以来，这一领域的研究就大体是以该书所建立的体系为基础，不断增添新内容，并扩大其结构框架。该书时至今日仍然在汉语语法界享有经典论著的地位，对人们的语法观念及框架的树立影响深远。

　　形态、形态变化及其功能差异是进行语法描述的语言学基础，严格来讲，没有这些形态与形态变化，对一种语言的语法描述范畴会大大缩小。汉语，尤其是古代汉语基本上没有类似西方语言的形态标识，更不存在词汇的形态变化。西方语言的语法核心是以形态及形态变化为依据的词类划分，进而区分各类词的功能以及句子结构。古代汉语尽管缺乏形态与形态变化，然而现有的分析框架却与西方的语法体系过分相似。

　　根据意义上的对应关系，确实可以在一种语言中找出其与其他语言对应的要素。但若是根本不存在形态与形态变化，那么这些要素就无法成为语法的中心范畴。以上是从词汇学角度对古代汉语进行的探讨，下面将从语义学的范畴角度对其加以分析。在概念语特征较强的古代汉语中，将词汇的意义以及根据上下文（包括语境）所表达的某种意义看作某一单词的实质乃至功能意义是值得商榷的。只有剔除现有古代汉语语法体系中的这些非语法要素，才能还原古代汉语的真实面貌。

　　在使用各种语法书进行古代汉语语法教学的过程中，笔者心中一直存疑，即"古代汉语语法真的像这些语法书所分析整理得那么难吗？古代汉语真的是规则隐晦，只有一些特定的聪慧之人才能使用的语言吗？"通过多年的研究，笔者认为古代汉语的语法规则应该不会比现代汉语或其他语言更复杂，当时的人们如果按照现今的语法书的规则进行沟通，或许会存在一定的困难。

在《马氏文通》问世前的两千多年中，中国文人虽然从多方面对古代汉语进行过颇深的研究，却一直没有出现与现行古代汉语语法类似的语法体系。现行的古代汉语语法书在理论基础以及体系上的一贯性方面意见并未统一。我们应当尽量摆脱西方语法，尤其是其不符合古代汉语特点的部分。

基于以上问题，本书试图探究古代汉语语法体系的原貌。尽管这是一项艰巨的挑战，难以通过这一次尝试就找到完美的答案，但我们依然需要切实地从去语法化的角度重新审视古代汉语，以揭开古代汉语的面纱。笔者一直努力避免本书成为英语式古代汉语语法书、韩语式古代汉语语法书或现代汉语式古代汉语语法书，而是以先秦两汉时期的古代汉语为核心展开研究。汉语发展至今变化巨大，各历史时期都出现过或局部，或渐进的变化，为避免语法化要素的介入，本书将研究范围设定在代表古代汉语的先秦两汉时期。

本书使用的很多例句与现存语法书相同。这些例句大都收录在具有代表性的文献当中，简单且常被引用。此外，同一例句还有可能多次出现，一是为说明不同的语法现象，二是为学习者提供方便。

本书为胡璇玑、郑辉在攻读博士学位期间，以安奇燮教授所著《简明新体系汉文法》一书的观点为核心，共同研究探讨而成。书中定有不尽如人意之处，期待方家指正。

著者

2022年　暮春

# 目　录

## 第一章　古代汉语语法的构成成分与内容

第一节　古代汉语语法的定义……………………………………001
第二节　古代汉语语法的各领域与语法单位……………………003
第三节　古代汉语语法的语法项与主要内容……………………005

## 第二章　实词的分类及用法

第一节　名词、动词、形容词、副词、代词、感叹词的区分…………058
第二节　名词、动词、形容词的词性分类局限性…………………061
第三节　实词各词类与句子成分的对应关系……………………066
第四节　实词的综合词性…………………………………………074
第五节　名词、动词、形容词内部小类划分及特征………………077
第六节　动词使用上的主要特征…………………………………085
第七节　副　词……………………………………………………122
第八节　代　词……………………………………………………137
第九节　感叹词……………………………………………………158

## 第三章　虚词的功能

第一节　语气助词……………………………………………………163
第二节　音节助词……………………………………………………222
第三节　结构助词"所"………………………………………………223

## 第四章　古代汉语的句法特征

第一节　句子成分与语序……………………………………………227
第二节　基本句型与划分标准………………………………………229
第三节　句子用途上的分类与形式上的主要特征…………………233
第四节　主语的概念…………………………………………………235
第五节　谓语的后续成分……………………………………………237
第六节　需注意的主语及宾语的构成………………………………254
第七节　需注意的意义传递方式……………………………………255
第八节　句子成分的省略和倒置……………………………………268
第九节　上下文的关系特征与单句、复句的划分…………………275

参考文献………………………………………………………………285

# 第一章
# 古代汉语语法的构成成分与内容

## 第一节　古代汉语语法的定义

### 一、古代汉语

中国人将汉族的共同语称为"汉语",韩国人一般称之为"中国语"。以五四运动为分界线,汉语被分作"古代汉语"与"现代汉语"。然而,将现代汉语之前的汉语统称为"古代汉语"的划分方法似乎过于武断,应按照汉语发展的历史,将这一时期的汉语细分为"古代汉语"与"近代汉语"。随着近代汉语研究的深入,其大体被认定为是从晚唐五代到清朝前后这一时期的汉语。此外,还有学者提出应将古代汉语再分为"上古汉语"与"中古汉语",先秦时期的汉语为上古汉语,从东汉到隋朝的汉语为中古汉语。各时期均为汉语的过渡期,而西汉就是上古汉语与中古汉语的过渡期。

人类语言的基本形态为口语(口头语,spoken language),使用文字记录的语言被称为书面语(书写语,written language)。现代汉语口头交流使用的口语与书面语差别不大。将口语原封不动记录下来的书面语在中国被称为白话文(白话)。

学术界一直认为初期的古代汉语书面语,也就是上古时期的书面语,与当时的口语大体一致。然而,后来的一些研究又指出,当时的书面语也由于各种原因而与口语存在一定的差异。这种观点具有一定的说服力。其实,任何时代都有与白话文相近的书面语,随着时间的推移,某些领域又出现了新的白话文，占据了一定的地位并与文言文共存①。从中古时期到现代以前，书面语虽然一定程度上也吸收了各时期的口语，然而由于口语持续不断地发展变化，书面语与口语之间的差异还是越来越大。这一现象一直持续到五四运动。五四运动之后，书面语与口语一致的白话文才逐渐取得了主导地位。

中国古代的书面语统称为"文言"或"文言文"，是一个与"白话文"相对的称谓。文言文按照时代不同又分为周秦文、两汉文、魏晋六朝文、唐宋文、元明清文以及清末民初文等，体裁上又可分为散文、骈文、有韵文、无韵文以及诗词曲等。不同体裁的文言文在词汇、语法以及修辞上具有不同的特征。

文言文中，先秦两汉时期的上古汉语被视为古代汉语的正统，因此，先秦两汉文又称为正统文言文。这些正统文言文以及后世的仿作均被称为"古文"。古文不仅数量可观，词汇、语法变化甚微，而且具有相当强的稳定性。正统文言文（即正统古文）的语法是整体文言文语法的基础。

因此，古代汉语语法狭义上指的是正统文言文语法，广义上指的是以此为基础的整体文言文的语法。古代汉语语法描述的对象自然是以古文为主的文言文。

古代汉语经历了相当漫长的岁月，其间不断发展变化，出现了不少新的语法要素。只有正确划分汉语发展的历史时期，才能切实地描述出具备现实性与同质性的语法。此外，随着时间的推移，各文献语法内容上的出入也是一个问题。中国幅员辽阔，各地虽然使用着同样的文字，方言却存在着各式各样的差异。若再加入方言的要素，势必会导致语法描述更加脱离语言实际，而且弄清各时期文献是以何地方言为基础所作的是十分困难的。为了尽可能地限制不同时代语法要素的混同，只有缩小描述对象的时间范围。因此，本书将依据先秦两汉文献，对古代汉语语法进行描述。

---

① 上古时期就曾经存在类似《论语》的记录白话的语录体，后来的白话小说、其他语录等都是与文言文共存的白话文的代表。

## 第二节　古代汉语语法的各领域与语法单位

　　语法的下级领域有时会因为语种的不同而出现差异。现今世界对语法下级领域的划分大都套用西欧语法，尤其是英语语法的框架。随着英语语法研究的发展，其下级领域的划分上出现了不少变化。选用的框架不同，描述上自然会有差异。即便使用同一个框架，每个学者描述的具体内容以及使用的术语也会有所不同。

　　词法、句法和音韵论是西欧语法具有代表性的框架。其他的框架也都是以此为基础，对结构进行了部分修改，或是对内容进行了修正、完善。词类的划分虽然从来不被看作语法的下级领域，然而将词汇分类，为其设定词性不仅一直受到相当程度的重视，还是词法与句法不可或缺的内容。从语法研究的历史进程来看，最初是从词义出发对词类进行划分的。虽然按照词义划分的词类并不具备语法意义，然而在很多语言里，单词大都具有一定的形态（form），依据形态差异划分的词类是具有语法意义的。不仅如此，单词的形态与其在句子中所发挥的功能（function）有着密切的关系，这使得词类的划分更为简单明了。各单词群之间即使没有形态上的差异，只要其在句中发挥着不同的功能，这些功能上的差异就可以成为词类划分的重要依据。

　　所有的单词无论在实质上还是功能上都具备一定的意义。因此，若是仅依据词义进行划分，那么每个人都会有自己的划分方法。而以形态和功能上的差异为依据进行划分就比较容易形成共同的框架，对词类的规定也就具备了语法意义。英语单词的形态会根据其功能的差异发生一部分变化，这就确保了英语以单词形态、形态变化以及功能差异为基础对词类进行划分的准确性，使人们可以较为方便地构筑统一的分类体系。对词类的研究也就因此成为词法研究与句法研究的必要的组成部分。在与英语有着相同特征的其他语言里，这种词类划分方法同样发挥着积极的作用。

　　古代汉语语法的下级领域也套用了英语语法的研究成果。无论是古代汉语，还是现代汉语，都是将语法分为词法和句法两部分进行描述。词法本涉及词的构成规则与词形变化的领域①，而古代汉语的词几乎不存在所谓的"形态"。其结果就是近年来的语法书大都在词法部分悄悄删去了词的构成规则以及词形变化，由词类取而代之。词类与句法就此被放在了同一层面，成为汉语语法的两大组成部分。句法研究的是句子的内部结构，即句子构成要素（词或词组）间的各种关系以及句子的类型。按照构成要素在句中的功能，决定句子"成分"的称谓，并设定一系列的语序。西欧语法的句法大都建立在词法的基础上，而汉语由于缺乏形态及形态变化，其句法所描述的内容自然与西欧语法大不相同②。

词类划分是指为分析句子结构而根据词的语法特征将其划归为不同的类别。词的语法特征指的是词的意义、功能及形态等。每种语言的单词都具有一定的意思，然而词所具备的功能或形态却存在着很大的差异。也就是说，可以根据词形说明各词间差异的词类划分相对要简单许多。此外，各词之间的功能差异明确，与句子成分（功能）有一定的对应关系也是词类划分的重要因素。然而汉语，特别是古代汉语，没有所谓的词形，词与句子成分间也不存在必然的对应关系。因此，很多语言通用的词类划分法对古代汉语来说没有什么意义。古代汉语主要依据词的意思进行划分，先找出每个词所对应的英语词，再将这些词归入其在英语中所属的词类。这种词类划分方式具有很大的随意性，划分结果会有很大的出入。

最能展现各种语言自身特征的要素就是词形变化。这种词形变化主要分为屈折要素与黏着要素。然而，古代汉语的词在句中出现时，却没有能够展现其语法功能差异的屈折要素与黏着要素。因此，在单词分类、词类设定上，词义成为划分的主要标准。就连词与词在结合方式上所展现出的一些语法特征，对词类的划分也起不到关键作用。以汉语的句式结构为基础，依据

---

① 在中国，词法研究分为两个部分，研究单词构成规则的"构词法（造语法）"和研究词形变化规则的"构形法"。这可以说是套用了英语语法的morphology这一概念。然而，无论在哪个框架下，词类（parts of speech）都被当作词法的下级领域。从严格的意义上讲，古代汉语不存在词形变化，古代汉语的词法实际上仅是指与形态基本毫无关联的构词法。古代汉语的词类由此挤掉了词法原有的组成部分"构词法""构形法"，成为词法的唯一内容。现行的大部分语法书都是由词类和句法这两大内容组成的。另外一些虽名为词法，但实际内容也只是词类而已。

② 汉语语法的下级领域划分方法也不尽一致。这一方面反映了西欧语法在下级领域划分上的差异，另一方面也说明西欧语言与汉语之间存在着相当大的差异，使得人们很难将西欧语法下级领域的划分体系直接套用在汉语上。

其构成成分间的意义关联所作的设定才是符合汉语特征的词类划分。

古代汉语语法的分析对象可以分为语素（morpheme）、词（word）、词组或短语（phrase）、句子（sentence）。其中，词是语法的核心单位。因为实际交流是以句子为基本单位的，而构成句子的正是词。词组或短语是为了方便说明由两个以上的词所组成的一个句子成分发挥语法功能的情况。语素是指构成词义的最小要素。汉语不存在词形与词形变化，理解词的构成可以方便我们理解词组与句子的构成。此外，语序的整理与归类在古代汉语语法中占有十分重要的地位。

## 第三节 古代汉语语法的语法项与主要内容

### 一、词的构成

#### （一）词的构成要素（语素）与汉字

词是有固定读音和特定意义的最小句子构成单位。换句话说，词是在由句子组成的话语里，可以单独使用并传递意义的最小单位。

古代汉语使用的汉字大体上都是表意性较强的文字。也就是说，在大部分情况下，汉字直接表达词义。事实上，汉字也同其他文字一样，其本质功能为记录发音，即表音。然而，由于每个汉字的发音对应的是一个音节，其性质与使用代表单个音素的韩国字或字母标注发音的韩语和英语有着巨大的差异。汉字不仅代表了发音，还包含着字义。因此，汉字除了表音外，还表意。

每个汉字的发音对应的都是一个音节。大部分的字，如"人、见、冷、七、匹、皆、汝、于、而、也、噫"等，不仅有着语法上的意义，还可以独立成句。由一个音节构成的词称为单音节词，单音节词是古代汉语词汇的主体。两个音节构成的词被称为复音节词，这类词也占有相当的比重。也有如

"欣欣然①、申申如②、戚戚焉③、巍巍乎④、公孙丑⑤"等三个音节构成的词，有些官职名甚至是四个音节以上。这些统称为多音节词。

"衣服、禽兽、动静、干戈、先生、将军、招致、地震、童子、忽然、悠悠"等为复音节词。构成这些词的每个字虽都有特定的意思，但由它们构成的这些词才是拥有实际意义及语法意义的最小单位。无法进一步分割的最小语法单位称为语素。构成单音节词的单个汉字就是一个语素、一个最小的意义单位。

"参差、逍遥、辗转、鹦鹉"等词中的每个字并不具有独立的意思，只是一个音节的标记、一个表音符号。只有当两个字结合在一起时，才成为一个语素、一个最小的具有意义（实际意义与功能意义）的单位。如果用语素这一概念来划分词类，那么由一个语素构成的单音节词就叫单纯词（单纯语素词），而由两个以上语素构成的复音节词和多音节词就是合成词（合成语素词）。

换句话说，并不是所有的字在任何情况下都能成为词或语素。字可以分为以下三类：第一，仅为表音符号（音节的单位）；第二，兼为语素；第三，既是表音符号、语素，又是词。以上所论的字、语素、词之间的关系可整理如下：

字≠语素≠词：参差、逍遥、辗转、鹦鹉等
　　⇒复音节语素=词
字=语素≠词：衣服、禽兽、动静、干戈等
　　⇒单音节语素+单音节语素=词
字=语素=词：人、见、冷、七、四、皆、汝等
　　⇒单音节语素=词

---

① 举欣欣然有喜色而上告曰。（《孟子·梁惠王下》）
② 子之燕居申申如也夭夭如也。（《论语·述而》）
③ 夫子言之，于我心戚戚焉。（《孟子·梁惠王上》）
④ 巍巍乎有天下之不与焉。（《孟子·滕文公上》）
⑤ 人名。

## （二）复音节词的构成

复音节词按照其构成方式可进行如下划分：

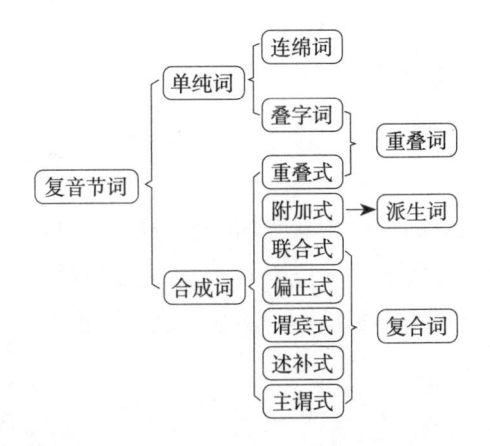

```
                    ┌─ 连绵词
            ┌─ 单纯词┤
            │       └─ 叠字词 ──┐
            │                   ├─ 重叠词
            │       ┌─ 重叠式 ──┘
复音节词 ──┤       ├─ 附加式 ──→ 派生词
            │       ├─ 联合式 ──┐
            └─ 合成词┤           │
                    ├─ 偏正式   │
                    ├─ 谓宾式   ├─ 复合词
                    ├─ 述补式   │
                    └─ 主谓式 ──┘
```

各类复音节词例示如下：

1. 单纯词

单纯词是指由两个音节构成一个语素的复音节词，可分为连绵词和叠字词[①]。这两类词的单个音节不具备任何意思，因此从词义上来讲，这些词的音节具有不可分割性。

（1）连绵词

连绵词是指发音不同的两个字组成一个语素的复音词。如：

---

[①] 双声、叠韵是用来描述相邻两字之间音韵关系的术语，是古诗文中格外重要的概念。严格来说，双声是指相邻的两个字声母相同，叠韵是指相邻的两个字韵母与声调一致。汉语的音节一般被分为声母、韵母和声调三部分。古代汉语有平、上、去、入四种声调。在诗歌的韵律上，上、去、入三声被归为仄声，与平声相对。在韵母的概念出现前，汉语一直使用"韵"这个概念。这两个概念虽然基本相通，然而以前诗歌的韵包含韵母和声调两个部分。需要注意的是，押韵并不是要求声调和韵母完全一致。韵母还可分为韵头、韵腹和韵尾（有些韵母没有韵头，还有些仅有韵腹）。押韵只需使两个字的韵腹与韵尾保持一致。有时韵腹和韵尾相似也可算作押韵。所以，传统的"韵"要比韵母的概念更广一些。大部分的韵书中普遍使用"韵"的概念。实际上，双声和叠韵并不是指声母相同，或韵母、声调完全一致，声母相似就可称为双声，韵母相似、声调一致就可称为叠韵。此外，即使相邻的两个汉字声母相同，或韵母、声调完全一致，随着时间的推移，字音发生变化，两者的声母、韵母及声调也会出现不尽相同，甚至毫不相似的情况。因此，我们很难通过现代汉语的发音或是韩国汉字的发音来判断双声和叠韵。

参差①、蟋蟀②、邂逅③、憔悴④（双声）

逍遥⑤、崔嵬⑥、窈窕⑦、婆娑⑧（叠韵）

辗转⑨、缱绻⑩（双声兼叠韵）

梧桐⑪、雎鸠⑫、滂沱⑬

（2）叠字词

两个相同的字组成的词叫作重叠词。重叠词可再分为两类。重叠使用的字若与连绵字一样，不能单独构成语素，这类重叠词即为叠字词；相反，若是重叠使用的字可以作为语素构成一个独立的词，那么这类重叠词为了与叠字词相区别，就称为重叠式。如：

交交⑭、汤汤⑮、夭夭⑯

2. 合成词

合成词可分为重叠式、附加式、联合式、偏正式、谓宾式、述补式、主谓式七种⑰。其中，联合式、偏正式、谓宾式、述补式、主谓式这五种是由

---

① 参差荇菜，左右流之。(《诗经·周南·关雎》)
② 蟋蟀在堂，岁聿其逝。(《诗经·唐风·蟋蟀》)
③ 邂逅相遇，适我愿兮。(《诗经·郑风·野有蔓草》)
④ 民之憔悴于虐政，未有甚。(《孟子·公孙丑上》)
⑤ 二矛重乔，河上乎逍遥。(《诗经·郑风·清人》)
⑥ 陟彼崔嵬，我马虺隤。(《诗经·周南·卷耳》)
⑦ 窈窕淑女，君子好逑。(《诗经·周南·关雎》)
⑧ 子仲之子，婆娑其下。(《诗经·陈风·东门之枌》)
⑨ 悠哉悠哉，辗转反侧。(《诗经·周南·关雎》)
⑩ 无纵诡随，以谨缱绻。(《诗经·大雅·生民之什·民劳》)
⑪ 梧桐生矣，于彼朝阳。(《诗经·大雅·生民之什·卷阿》)
⑫ 关关雎鸠，在河之洲。(《诗经·周南·关雎》)
⑬ 寤寐无为，涕泗滂沱。(《诗经·陈风·泽陂》)
⑭ 交交黄鸟，止于棘。(《诗经·秦风·黄鸟》)
⑮ 淇水汤汤，渐车帷裳。(《诗经·卫风·氓》)
⑯ 桃之夭夭，灼灼其华。(《诗经·周南·桃夭》)
⑰ 在合成词的划分上也存在着不同的意见。有的学者特意划分出一类称为"偏义复词"的合成词。比如，"异同"这个词在句中意为"不相同"，由此被认作"同"字无义，仅表达了"异"字的意思。这实际上是不正确的。这类词其实是谓宾结构的合成词，意为"使相同的东西相异"，两个字都保有各自的意思。

各不相同的对等语素以"语干+语干"的形态结合而成。这五种合成词构成了古代汉语词汇的主体,不同于被称作重叠词的重叠式及被称作派生词的附加式。

(1)重叠式、附加式

①重叠式(叠词)

重叠词中,两个字可单独构成语素的词为重叠式。重叠式与连绵词不易区分。重叠式的结合形式为"语干+语干";构成重叠式的字单独使用也可表达相同的意义范畴,重叠使用有加强语义的效果。如:

悠悠[1]、惴惴[2]、肃肃[3]、迟迟[4]、怛怛[5]、皎皎[6]

(2)附加式

附加式是指在成为语干[词根]的语素上附加其他语素所形成的词语。附加要素有前缀与后缀两种[7]。以这种方式构成的词语称为派生词。如:

语干[词根]+后缀:弟子、童子、忽然、喟然、率尔、莞尔等

前缀+语干[词根]:阿母、畴昔等

附加式词语在先秦时期较为罕见,直至汉代数量依然很少。

(3)联合式、偏正式、谓宾式、述补式、主谓式

这五种形式完全是按照词中两个构成成分(语干)间的意义关系来划分的。因此,即使语干的排列顺序相同,也有可能被看作不同的结合形式。这种情况一般依据上下文,也就是该单词与其他词汇的相互关系进行区分。

---

[1] 莫往莫来,悠悠我思。(《诗经·邶风·终风》)
[2] 临其穴,惴惴其栗。(《诗经·秦风·黄鸟》)
[3] 肃肃宵征,夙夜在公。(《诗经·召南·小星》)
[4] 曰:迟迟吾行也。(《孟子·万章下》)
[5] 无思远人,劳心怛怛。(《诗经·齐风·甫田》)
[6] 皎皎白驹,食我场苗。(《诗经·小雅·鸿雁之什·白驹》)
[7] 构成古代汉语附加式合成词(派生词)的词缀,即前缀与后缀的范畴仍有待研究。一些词汇论学者将"有政""有方"的"有"也看作前缀。关于派生词词缀的成分范畴,尚有诸多问题需要探讨。

这五种结合形式也可用于分析词与词的结合关系（句子结构）。这是由于古代汉语无论是语素构成词，还是词构成句子，都不存在能表现相互关系的形态成分。因此，分析句法关系乃至句子结构都需要以词汇的意义为主要依据。有些组合常常很难判断到底是词还是句子，以一些差异明显的词与句子为基准进行分析，可以看出哪些组合在性质上介于两者之间或是兼而有之。现代汉语亦存在众多此类现象。

①联合式

这一形式的两语干表达对等的意思。如：

○ 两语素意思相同或相近：衣服[①]、恭敬[②]、禽兽[③]、国家[④]
○ 两语素性质上意思相近：社稷[⑤]、子孙[⑥]、聪明[⑦]
○ 两语素意思相对：男女[⑧]、左右[⑨]

②偏正式

在这一形式中，前语干修饰后语干，后语干为中心语（被修饰语），表达核心意思。可以说，这是一种修饰成分与被修饰成分的结合。作为中心的被修饰成分称为"正"，作为从属的修饰成分称为"偏"。如：

---

[①] 夫人蚕缫，以为衣服。(《孟子·滕文公下》)
[②] 恭敬之心，人皆有之。《孟子·告子上》)
其他示例：神，聪明正直而壹者也，依人而行。(《左传·庄公三十二年》)
暴虐淫从，肆行非度，无所还忌，不思谤讟，不惮鬼神。(《左传·昭公二十年》)
皆斟酌其本，相与放依而驰骋云。(《汉书·扬雄传》)
郑人缓也呻吟于裘氏之地。(《庄子·列御寇》)
[③] 君子之于禽兽也，见其生不忍见其死。(《孟子·梁惠王上》)
[④] 至于治国家。(《孟子·梁惠王下》)
其他示例：争寻常以尽其民，略其武夫。(《左传·成公十二年》)
惟乃祖乃父，世笃忠贞，服劳王家，厥惟成绩纪于太常。(《尚书·君牙》)
望见冯妇。(《孟子·尽心下》)
[⑤] 诸侯不仁，不保社稷。(《孟子·离娄上》)
[⑥] 苟为善，后世子孙必有王者矣。(《孟子·梁惠王下》)
[⑦] 悉其聪明，致其忠爱，以尽之。(《礼记·王制》)
[⑧] 饮食男女，人之大欲之存焉。(《礼记·檀弓》)
[⑨] 王顾左右而言他。(《孟子·梁惠王下》)

黄泉[1]、大夫[2]、布衣[3]、行人[4]、嚆矢[5]、先生[6]、不辜[7]、不谷[8]

③谓宾式

两语干间的关系就好像前者为谓语，后者为宾语。通常称为谓宾式。如：

将军[9]、执事[10]、用事[11]

④述补式

前语干类似于作为中心语的谓语，后语干则是对其进行补充说明的成分。通常称为述补式。如：

招致[12]

述补式在先秦时期极为罕见，汉代以后数量逐渐增加。很多述补式结构到底是词还是句，界限十分模糊，不易分辨。

⑤主谓式

两语干间的关系就好像主语后面跟着谓语。如：

---

[1] 不及黄泉，无相见也。(《左传·隐公元年》)
[2] 大夫曰何以利吾家。(《孟子·梁惠王上》)
[3] 人主之行与布衣异。(《吕氏春秋·行论》)
[4] 行人子羽修饰之，东里子产润色之。(《论语·宪问》)
[5] 仁义之不为桎梏凿枘也，焉知曾史之不为桀跖嚆矢也！(《庄子·在宥》)
[6] 曰：先生何为出此言也？(《孟子·离娄上》)
[7] 与其杀不辜，宁失不经。(《尚书·大禹谟》)
[8] 楚王飨之曰：公子若反晋国，则何以报不谷？(《左传·僖公二十三年》)
[9] 鲁欲使慎子为将军。(《孟子·告子下》)
[10] 王总其百执事，以奉其社稷之祭。(《国语·吴语》)
[11] 今秦太后穰侯用事，高陵泾阳佐之。(《战国策·秦策三》)
[12] 是时齐有孟尝君，赵有平原君，魏有信陵君，方争下士，招致宾客，以相倾夺。(《史记·春申君传》)

地震①、月蚀②

主谓式不仅在先秦时期极为罕见，两汉时期亦很少见。

按某一成分在句中所表达的意思判断其是词还是词组，从语法上来说是很有限的。事实上，只能这样区分两者：当两个组成成分具有独立性的时候就是词组；相反，不具备独立性，紧密结合而形成"一个特别的意思"时，就看作一个词。"一个特别的意思"指的是一个新的、抽象的或具体的意思③。

## 二、词的分类

### （一）古代汉语既存词类划分与新式词类划分

词类划分是语法研究的传统范畴。从语法的角度来看，所有语言都是由单词构成的。现有研究的分类基本上是依据单词用法上的特征，即词性。然而，正如前面所提到的，古代汉语词义上的差别几乎没有语法标识，而仅依靠词义又无法对词类进行明确的划分。将某一语言的全部单词划分为几个词义群，依据的只能是每个语言使用者自己总结的抽象概念，不可能得出统一的结论。可以说，这项工作已经超出了语法的范畴。

只有当单词具有一定的形态，或有用法上的形态变化，或是有功能上的差异时，才可能有明确的划分标准，这些划分标准也才具有语法意义。

不同语言的词类划分所依据的形态与功能各不相同。因此，不顾语言间的差异而进行相同或类似的词类划分必然会出现问题。有时同一语言也有可能无法使用同一标准对所有的单词进行划分。这是由于单词群出现与变化的时期以及变化的程度存在着差异。虽然所有语言都会经历出现、变化、消亡的过程，但由于语法要素并不都是同时出现的，对所有单词进行统一分类是

---

① "阳伏而不能出，阴迫而不能蒸，于是有地震。"（《国语·周语上》）尚无法断言句中的"地震"在当时是否已经明确地被用作指称自然科学中的地震这一现象。"地震"还可以被解释为"大地震动"这样一个词组。而且，也没有明确的标准可以判定其为主谓结构的"地震动"，还是偏正结构的"地的震动"。

② 延寿又取官铜物候月蚀铸作刀剑钩镡。（《汉书·韩延寿传》）

③ "三王之祭川也，皆先河而后海，或源也，或委也，此之谓务本。"（《礼记·学记》）此处"先河"为"先祭河"之意，是两个单词。而后世成为一个单词，意为"创始或倡导之人、之物"。

不符合语言实际的。

可见，如果词的形态或句法功能没有明显的差异，而需要依据词义进行划分，我们可以说这种词类划分意义不大。因此，将具有形态或功能差异的语言所划分的词类套用在不具备类似特征的语言上，难免会出现各种问题。

下文举汉语与英语的例子来说明。

汉语的词类一般分为名词、动词、形容词、数词、量词、副词、代词、介词、连词、助词、感叹词等。从分类的框架来看，仅在词类中加入了英语所没有的"助词"。数词和量词可放在名词当中，这样看来汉语和英语在词类划分上差别不大。可我们不禁要问，汉语与英语的词类相似吗？答案自然是否定的。这种分类只是机械套用西欧语法词类划分的结果。除"助词"以外，基本上就是先确定英语各词类单词的词义，再将汉语对应的单词归入同义词类。因此，看上去两种语言的词类划分极为相似。

目前，对古代汉语主要是依据词义进行词类划分。人们自古就意识到语言里存在着有实质意义和没有实质意义的两种单词。古代人根据这一抽象概念将词分为"实词"与"虚词"。然而，这样的名称与概念既缺乏系统性，又没有语言学上的根据。不仅如此，虚实概念的使用还具有很强的随意性。

1898年马建忠借鉴西欧语法撰写了第一部古代汉语语法书《马氏文通》，具体论述了词的两大类别，称之为"实字"与"虚字"。随着近代的语法研究逐渐重视词的概念，这两个名称悄然变成了"实词"与"虚词"。《马氏文通》套用了英语词类划分的框架，外加一个英语没有的助词类。此后的语法书，无论是研究现代汉语还是古代汉语，基本都继承了这一划分方法，将词划分为名词、动词、形容词、数词、量词、副词、代词、介词、连词、助词、感叹词等，再将其分别归入实词与虚词两大类。虚词被解释为没有实质意义，能表达一定语法关系的词。

本书十分重视虚实概念在使用上的模糊性。学术界关于副词虚实性的争论一直没有间断，后来还出现了将代词看作虚词的观点。本书特别注意到古代汉语里表现词与词之间语法关系的单词极为稀少这一事实，并据此大幅缩小了虚词的范围。

本书将古代汉语的词类分为名词、动词、形容词、副词、代词、感叹词（以上为实词类）以及助词（虚词类）这七类。各类词所涵盖的内容及下级分类都与现有的分类有着很大的差别。

### （二）词类划分的特征

本书中的词类划分特征如下：

其一，实词类中没有数词和量词。这两类词在古代汉语中并没有特别的语法特征，在以词义为划分标准的实词类里可将其归入名词。

其二，虚词类中不设介词和连词。这是本书的一大特征。现有的介词被划入动词、助词；连词被分别划入副词、名词、动词、代词以及助词，或归为词组。取消介词与连词，将其划入实词类，主要在于本书对虚实有着不同的判别标准。

其三，事实上，感叹词是虚词是实词并不重要，其判断标准也无从确定。感叹词可单独使用表达各种感情，构成独立的句子成分，为此本书将其看作实词。

使用本书的这种划分方法一定要注意分类的性质问题。

对古代汉语名词、动词、形容词（有时也包括副词）的划分，除了少数单词是依据其所具备的形态，大部分单词借助了一些有代表性的现代语言在词类划分上的特征。

对这些实词进行分类只是一种分析上的"需要"。没有这些分类，我们在使用现代汉语或韩语、英语等其他语言对古代汉语句子的句意进行分析时会遇到很大的困难。借用词类划分明确的语言进行说明时，至少能帮助我们理解古代汉语句子的句法意义。

古代汉语中只有极少数的单词具有体现其词类的标识。单词在句中使用既没有形态变化或附加要素，句法关系也主要通过与相邻单词的意义关系来表达。语序虽然能够表达一定的句法关系，但一种语序并不一定只对应一种句法关系。通过与英语的比较，可以很容易地看出古代汉语划分名词、动词、形容词并不具备什么重要的语法意义[①]。

---

[①] 除少数带有分类标识的单词外，用一个名称将名词、动词、形容词概括在一起的分类方法才符合古代汉语的实际特征。由于实词类还包括代词与副词，所以不能直接使用"实词"这一名称。将这三类词概括在一起时，应使用一个与代词、副词相对应的称谓，对这一词类的说明也会有所不同。本书沿用了名词、动词、形容词这三个根据词义划分的词类，因此在词的分类上也没能准确地反映古代汉语单词的特征。

### （三）现有词类划分的特征

现代英语与古代英语相比，已经丧失了大部分的屈折语尾，具备了一些孤立语的特征，但相较于古代汉语，现代英语仍然是具备多种形态与形态变化的语言。英语在词类划分上除了看形态，还要看单词所对应的功能。英语语法中的"转换生成"理论就是一个很好的证明。

我们先来看一下传统英语语法基本句型与词类关系中单词的功能。

1. S+P（V）
2. S+P（V）+SC
3. S+P（V）+O
4. S+P（V）+IO+DO
5. S+P（V）+O+OC

*S（Subject）：主语；P（Predicate）：谓语；O（Object）：宾语；IO（Indirect Object）：间接宾语；DO（Direct Object）：直接宾语；SC（Subject Complement）：主格补语；OC（Object Complement）：宾格补语；V（Verb）：动词。

上面的英语大写字母S、P、O、C代表各句子成分，即依据词或词组在句中的功能而命名的主语、谓语、宾语、补语。它们在确定基本句型上发挥了决定性作用。

英语中只有动词能作谓语，因此常常用V（动词）代替P（谓语）来表述上面的句型和语序。这就意味着在英语里动词这一词类与谓语这一功能有着一一对应的关系，单词的词义在词类划分上仅处于次要地位。名词和代词以及相应的词组或分句可以充当主语和宾语。可见，名词、代词与主语、宾语间也存在着一定的对应关系。此外，名词和代词还可以充当补语或定语。主语、宾语、补语、定语都可由名词和代词充当，这不免使它们之间的对应关系看上去有些松散①。形容词只可作定语或补语，副词只能作状语。如上所述，英语的词类与功能间的对应关系相当明确，因此动词要想成为主语或宾语，就必须使用"V+ing"或"to+V"的形态。即使在同一个词义范畴里，名词与形容词、动词也都存在着明显的形态差异（主要为后缀的差异）。比如，kind↔kindly/kindness, beauty↔beautiful, danger↔dangerous, live↔life, think↔thought, happy↔happily/happiness, identify↔identification等。虽说并不是所有的单词都具备类似特征，这仍然意味着可以根据形态差异对英语单词进行划分。即使是词形上没有差异的单词，也可以根据形态分出的类别进行类推，以确认词类的分界线。此外，英语中还存在名词的复数"-(e)s"、代词的格、时态、被动式、助动词等很多变化的标识。因此，英语的词类基本上是根据单词的形态、形态变化及其功能划分的。

然而，古代汉语的词几乎没有形态可言，词类与功能没有英语那样严格的对应关系，现有的古代汉语词类划分实际上依据的就是词义。按照现有的词类划分与句子成分（功能）的分类，古代汉语中除了动词，名词和形容词也可作谓语。宾语的位置除了名词和代词，还可放入动词或形容词。动词和形容词还可以充当补语。此外，名词、动词、形容词、代词都可作为定语使用。状语不只可使用副词，还可使用名词、动词、形容词和代词。也就是说，动词和形容词可充当谓语、宾语、补语、主语、定语、状语六种句子成分；名词也可充当除补语外②的其他五种成分（主语、宾语、谓语、定语、状语）。只有副词能和状语形成一一对应关系。总的来说，古代汉语的词类与现

---

① 代词充当补语或定语时存在格的变化，不同的格有不同的形态。作补语时，使用宾格；作定语时，使用所有格。因此，代词用作补语或定语时，其形态是相当固定的。代词分为主格、所有格和宾格，与句子成分之间有着明确的一一对应关系。

② 现代汉语的补语中不设"数量补语"，而将谓语后表达数量的成分看作一种宾语。详见句法论"单宾语：'谓语+宾语'的语义类型"。

第一章　古代汉语语法的构成成分与内容

有的六种句子成分①间不存在严格的对应关系。这也说明目前的词类划分基本上就是一种词义分类，与传统的句法论上的词类划分有着本质的区别。

另一方面，从严格的意义上讲，古代汉语的句法基础只有语序这一条，其他的则需要依靠词义、上下文等语言环境。在不把词义算作语法要素的情况下，汉语几乎没有可以看作语法要素的成分。因此，汉语是一种典型的孤立语②。

综上所述，语序才是最主要的语法要素，也就是句子的构成方式，虚词的语法功能则处于次要地位。本书将虚词范围限定为只有助词与感叹词这两类。

那么我们应该怎样理解一个词具有好几种词性这种现象呢？这种词一直被称作"兼类"词。严格来说，这也只是为了便于理解。因为这种现象很难按照现代汉语词语的使用与概念来理解，也很难用其他语言的观点来说明。迄今为止还没有一个方法可以对其进行恰当的说明。"黔敖左奉食右执饮"（《礼记·檀弓》）中的"食"和"饮"就是代表性的例子。句子中的这两个单词不是作动词，而是作名词使用。现在我们使用"吃"和"吃的"、"喝"

---

① 这六种句子成分也源自西欧语法，古代汉语和现代汉语基本上都使用"主语、谓语、宾语、补语、定语、状语"这几个名称。然而，每个语言的这些成分所对应的内容却不尽相同。汉语主语的范畴和内容与英语并不一致，其功能也各不相同。汉语里谓语句首的成分可分为"主语"与"主题"。谓语范畴的差异更加明显。与英语不同，汉语的谓语不局限于动词，宾语的范畴也颇为不同。古代汉语的宾语无法与英语的直接宾语与间接宾语建立对应关系。补语的差异是汉英两种语言在句子成分上差异最大的部分。就补语的种类而言，古代汉语与现代汉语间也存在着很大的不同。定语与状语虽然也是参照英语句子成分的功能而设立的，然而其所对应的单词、词组与英语差异显著。

② 以单词的形态变化标记时态（tense）、人称（person）、性（gender）、数（number）、格（case）、语气（mood）、语态（voice）等语法现象，从而展示其与其他单词间的关系，这一语法表现方式称为"屈折"（inflection）。使用这一方法表达语法关系的语言称为屈折语（inflectional language）。英语、法语、德语等印欧语系的大部分语种都属于屈折语。与此相对，韩语以及阿尔泰语系的各语言都是通过在单词的基本型上添加某一要素来表达语法关系，这些语言称为黏着语或添加语（agglutinative language）。而汉语等大部分汉藏语系的语言与屈折语或添加语不同，没有屈折形态或添加要素，主要是依靠一定的语序来表达语法关系，称为孤立语（isolating language）。

这三种语言形态上的分类并不是绝对的，只是一种相对的、便捷的分法，现实中的语言可能在很多方面都包含两种以上的类型。然而，在描述个别语言的语法时，这种分类还是很有必要的，尤其是在描述汉语这种孤立语的特征上。现代语法理论主要是建立在对屈折语的研究上，添加语与屈折语的研究一直使用这些理论框架和研究方法来整理自身的语法体系。这些屈折语与添加语的语法体系对没有屈折形态与添加要素的汉语来说有着很深的负面影响。

和"喝的"来区分不同词义,而当时的人们即便也有类似的意识,但使用的词语在发音与构成上却没有任何区别。可见,把"食"和"饮"看作拥有名词和动词两种词性只是为了易于理解,是为了弄清与其他单词间的词义关系所使用的一种手段。

古代汉语中副词只能充当状语,然而,副词与名词、形容词、动词间的界线却不甚明朗。

综上所述,汉语的词类只有从"分化的过程"这一观点出发,才能最大限度地对其性质作出恰当的说明。古代汉语与现代汉语在单词的使用上也存在差异,因此我们也必须要考虑古代汉语词汇内部的历史因素。

### (四)古代汉语词类划分上的问题点

总的来说,古代汉语词类划分分为实词与虚词两大类别。

将实词再分为名词、动词、形容词等小类并不完全符合古代汉语的特征。虽然有少量词可以根据语音上的差异(主要是声调上的不同)划为名词、动词或形容词,然而大多数词汇却有着综合性的特点。因此,我们不能对古代汉语词类进行细致的划分。

虚词的分类也同样如此。在现有研究中,学者们认为汉语也有与英语的前置词(preposition)和接续词(conjunction)相对应的词类,分别将其命名为"介词"和"连词",并将它们与助词一起归入虚词,同时把感叹词视为特别的虚词。实际上,这些词大部分可归入实词,剩下的可看作助词。感叹词则是句外的独立成分。从词义上看,既可以把感叹词当作实词,也可以把它当作虚词。助词一般分为语气助词和结构助词,然而很多词实际上并非结构助词。

下面我们就来对上述内容做具体说明。

1.可依据词的形态差异进行词类划分

(1)衣

①岂曰无衣,与子同袍。(《诗经·秦风·无衣》)

【译】怎么说没有衣服呢?与君同穿一种长袍。

②衣敝缊袍,与衣狐貉者立而不耻者,其由也与!(《论语·子罕》)

【译】穿着破旧的棉袍子,与穿着狐貉皮袍的人站在一起而不感到丢脸的，那是仲由啊。

（2）好

①不如叔也，洵美且好。(《诗经·郑风·叔于田》)
【译】不如那个年轻人，的确俊美又美好。
②我有嘉宾，中心好之。(《诗经·小雅·彤弓》)
【译】我有好的宾客，从心底喜爱他。

（3）雨

①有渰萋萋，兴雨祈祈。(《诗经·小雅·大田》)
【译】乌云密布，带来细雨绵绵。
②雨我公田，遂及我私。(《诗经·小雅·大田》)
【译】雨落在我的公田里，通达到我的私田里。

（4）数

①号物之数谓之万，人处一焉。(《庄子·秋水》)
【译】说出（世间）物的数量，称之为万，人（只）是其中之一。
②归而饮至，以数军实。(《左传·隐公五年》)
【译】（从宗庙）回来后要置备宴会，清点军用物资。
③吾数谏王，王不用，吾今见吴之亡矣。(《史记·伍子胥列传》)
【译】我屡次向大王进谏，大王却没有采纳，我今天看到了吴国的灭亡。

在上述例子中，"衣"读平声时，意为"衣服"；读去声时，意为"穿（衣服）"。这是将其分为名词与动词的依据。同理，"好"读上声时，为形容词；读去声时，为动词（喜欢）。"雨"读上声时，为名词；读去声时，为动词（下雨）。"数"读去声时为名词，读上声时为动词，意为"屡次、数次"时，则可看作副词。这时的"数"字不仅声调与前两种情况不同，其他部分的发音也不相同①。

2. 没有形态差异而不易分类的词

首先，我们通过"一"这个例子来考察一下词类的划分标准。

①一生二。(《老子·第四十二章》)

【译】一生出二。

②以一服八。(《孟子·梁惠王上》)

【译】以一个使八个服从。

③一朝而获十。(《孟子·滕文公下》)

【译】一个早上打到十只。

④一失其位，不得列于诸侯。(《左传·成公二年》)

【译】一次（一旦）失去他的地位，就不能列在诸侯之中。

⑤孰能一之?(《孟子·梁惠王上》)

【译】哪个人（谁）能统一它（天下）呢？

①中的"一"为主语，②中的"一"为宾语，③中的"一"为定语，④中的"一"为状语，⑤中的"一"为谓语。若仿照英语以功能进行划分的话，①与②接近名词，③接近形容词，④接近副词，⑤接近动词。这样"一"虽然形态上没有任何变化，却按其在句中的功能被划入了不同的词类。

那么没有形态差异的古代汉语到底该如何划分词类呢？没有人去探究①与②当如何区分，只是简单地将它们放入"数词"一类。可见，与存在形态及功能差异的语言不同，汉语里名词与形容词间的主要功能差异尚未受到重视。

古代汉语中表达"数"的词在使用上与名词没有什么不同。因此，实词类只应包含名词、动词、形容词、副词、感叹词以及代词，而表达数和量的词应被归入名词，作为名词词义上的一个小类（数也可归入形容词类）。名词

---

① "数"的发音在现代汉语中也随意思的不同而有区别，分别为 shǔ、shù、shuò。

根据其词义还可细分为好几类，没有必要把那些词单列为一类。

我们再来看④。如果设立副词类，并将其在句中的功能划为状语的话，那么"一失其位"的"一"就是修饰谓语"失"的状语。因为找不出与其他"一"在词义上的差异，以及与其他名词功能上的差异，很多人会犹豫是不是该称其为副词。最终，由于①②③和④在词义上没有什么特别的差异，就把它们一并归入数词。

最后，我们仔细观察"孰能一之"的"一"。句中的"之"（代词，代称上文中的"天下"）是带宾语的谓语，根据整理出的语序与句子成分，属于"谓语+宾语"的关系，意为"统一"。在西欧语法中被划分为动词，因此这里的"一"也被看作动词。可见，这是按照其句法功能划分的。那么，为什么不能根据句法功能将④"一失其位"的"一"看作副词，将③"一朝而获十"的"一"看作形容词呢？难道当时的人们意识到了"一"具备了上面列出的不同词义吗？答案是否定的。这种词类划分整体上依照的是现代汉语或其他语言词类的划分标准，仅仅是为了方便人们理解古代汉语。

无论是将"一"单列为数词，还是归入名词，④"一失其位"中的"一"都不能看作副词。前文所列举的"黔敖左奉食右执饮"中，"左""右"具有相同的性质。如果将这里的"左""右"看作副词的话，那么几乎所有的古代汉语名词就都可以兼作副词了。因此，这些应被看作可作状语的名词。可见，古代汉语的词类划分依据的是词义，而非功能。古代汉语中类似的例子很常见，如：

①失期，法皆斩。（《史记·陈涉世家》）

【译】误了期限，依法都会被斩首。

②吾得兄事之。（《史记·项羽本纪》）

【译】我能够把他当作兄长侍奉。

③群臣吏民能面刺寡人之过者，受上赏。（《战国策·齐策》）

【译】群臣、官吏及百姓能当面指责寡人过失的人将得到上等赏赐。

"法""兄""面"等不能划为副词，这反映了现行古代汉语词类划分的局限性。

3. "黔敖左奉食右执饮"的"食、饮"与"孰能一之?"的"一"也是古代汉语的常见用例

①火烛一隅。(《吕氏春秋·士容》)

【译】火照亮了一个角落。

②范增数目项王。(《史记·项羽本纪》)

【译】范增数次向项王使眼色。

③勇士入其门,则无人门焉者。(《公羊传·宣公六年》)

【译】勇士进入大门,没看到有人守门。

④相如视秦王无意偿赵城,乃前曰:"璧有瑕,请指示王。"王授璧。(《史记·廉颇蔺相如列传》)

【译】相如见秦王无意偿还赵国城池,于是上前说到:"玉璧上有瑕疵,请让我指给您看。"王将玉璧递给(他)。

以上几例中的"烛、目、门、前"一直被解释为名词活用作动词。这种解释源于词性转换的观点。然而,本来是名词,后转化为动词的这种说法并无依据。因此,无论实际用例是多是少,都没有理由将其称为词类活用或词性转换。名词就是名词,动词就是动词,根本不存在哪个词性在先,哪个词性在后的问题。只有掌握了词类划分的真正方法,我们才可以进一步了解古代汉语的特征,而所谓的"活用""转换",不过是这些词本来的使用方式,是具有一贯性的。

下面将列举被称作"使动"或"意动"的句子。首先来看"使动"的用例:

①纵江东父老怜而王我,我何面目见之?(《史记·项羽本纪》)

【译】即使江东父老怜悯我而奉我为王,我又有什么面目见他们呢?

②工师得大木,则王喜……匠人斫而小之,则王怒。(《孟子·梁惠王下》)

【译】工师(百工之首)得到大木料,大王就高兴……木匠砍削(木料),把它弄小了,大王就发怒了。

③城不入，臣请完璧归赵。(《史记·廉颇蔺相如列传》)
【译】若城池没入（赵国手中），臣请求将玉璧完整地带回赵国。

"王"本是名词，在句中作动词，意为"使成为王"，因此被解释为使动。"小"和"完"本是形容词，和"王"一样，在句中表达了使动的意思，这种解释与古代汉语的实际存在差异。古代汉语的单词是一个融合了多种性质的整体，并不是说一个单词具有很多种用法。"使动"只是对我们的认知方式进行的一种说明。古代汉语的动词不分自动、他动、使动、意动、被动，而具有一种综合性。动词在与前后词结合形成整体句意的过程中，决定了其表达的是上述的哪种意思。关于动词用法的整体特征，后面会详细说明。

下面我们再来看被解释为"意动"用法的句子：

①叟不远千里而来，亦将有以利吾国乎？(《孟子·梁惠王上》)
【译】老人家不以千里为远来（此），还是有将用来利于我国的（东西）吧？
②孔子登东山而小鲁，登泰山而小天下。(《孟子·尽心上》)
【译】孔子登上东山而觉得鲁国小，登上泰山而感到天下小。
③宝珠玉者，殃必及身。(《孟子·尽心下》)
【译】以珠玉为宝，灾祸必定落到身上。
④夫人之，我可以不夫人之乎。(《穀梁传·僖公八年》)
【译】（别人）把她看作夫人，我可以不把她看作夫人吗？

"远"和"小"一直被解释为形容词作动词，"宝"和"夫人"则被看作名词的意动用法。实际上，这些都是由上下文决定的，只是现代汉语里没有类似的用法罢了。

下面是被解释为形容词作名词的句子：

①泛爱众而亲仁(《论语·学而》)
【译】（要）广泛地爱众人，亲近有仁德的人。
②将军身被坚执锐，伐无道，诛暴秦。(《史记·陈涉世家》)

【译】将军身披坚固的铠甲，拿着锐利的东西（武器），讨伐无道（之人），诛灭了暴虐的秦。

上面几例中的"众""仁""坚""锐"一直被看作形容词活用作名词。而实际上，在古代汉语里，无论是形容词义还是名词义，都是这些词在语境中表达出来的。用现代汉语来解释的话，"仁"可作形容词表"有仁德的"，作名词表"仁德"，还可以表达"有仁德的人"或"有仁德的行为"等。除此之外，还可以根据上下文表达"看作有仁德""使有仁德"等多种意思。那么这些词到底该如何分类呢？真要划分的话，就像所有名词都可作副词一样，所有的形容词也都可以作名词。可以说，这些词无法被彻底地划分为形容词或名词。将这些词看作具有两种或两种以上的词性是一种生搬硬套的做法，应该说这些词包含两种性质。

下列句中的"食"和"饮"一直被看作动词活用为名词：

①黔敖左奉食，右执饮。（《礼记·檀弓》）
【译】黔敖左边捧着吃的，右边拿着喝的。

下面也是一个动词不同用法的例子①：

①使赵不将括则已，若必将之，破赵军者必括也。（《史记·廉颇蔺相如列传》）
【译】假使赵国不用赵括做将军也就罢了，如果一定要让他当将军，那么使赵军被击破的（人）一定是赵括。

"破"是"破坏"的意思，在句中被看作使动，译为"使被击破"。这样看的话，在动词分自动和他动的英语等语言中，相当多的动词都有使动这一

---

① "中心好之，曷饮食之？"（《诗经·唐风·有杕之杜》）此处的"饮食"不是"吃喝"，而是"让吃喝"的意思。表达的意思不是由"饮""食"自身意义决定的，而是由整体句意来决定的。称其为"使动"只不过是现代语言的一种解释方式而已。实际上，古人并没有区别使用两者的概念。

用法。"使动"其实就是"他动"的一种。与英语他动词相对应的古代汉语词中本就具有使动意义，对古代汉语的整体构造没有准确的认识，才会将其解释为"活用作使动"。

如果说动词通过与前后文相结合而确立自身词义，形成整体句意，那么其分类标准到底应该如何决定呢，又有着怎样的语法意义呢？

这些词只有一种性质，按词义特征将它们称为"动词"，其性质包含自动、他动（包括使动和意动）、被动，等等，是一种不可分割的综合性性质，也可以说具有中立性。

本书尚未能确立一个可将名词、动词、形容词结合到一起的用语，也还没有什么方法能对其进行恰当的解释。因此，只能暂时仍将其分为这三类，并且反复强调这只是个"权宜之计"，并不能反映古代汉语的真正特征。如果说要依据古代汉语词汇的综合性色彩，为这类词暂定一个名称的话，可将实词再分为名动形词（不将其细分作名词、动词、形容词，而看作一个整体）、代词和副词。

4. 实词与虚词的界限

很多学者认为古代汉语里也存在与英语的前置词和接续词相对应的词类，分别将其命名为介词与连词，其实被归入这两类的词实际上大都为实词。介词里除了"于"和"乎"属于助词，其余的都可划入动词类；连词又可分别归入动词、名词、代词、副词、助词等词类。将上古时期汉语的所有词语分为实词和虚词两大类是比较合理的划分方式。实词类中可再细分出词义上替代其他实词使用的代词，以及只有状语功能的副词。也就是说，在虚实两分的基础上，还可进一步分出名动形词、代词、副词、感叹词（以上为实词）、助词（以上为虚词）这五类。名动形词不能继续细分，将其再分为名词、动词、形容词的方式只是一种"一时取巧"的做法。按词义划分的名词、动词、形容词，通过比较不难发现，它们之间很难划出明确的界限。此外，这里虽然将副词单列为一类，然而我们往往很难对副词和名动形词进行准确的区分。

（五）兼词：合音的标识

古代汉语中有一类被称作兼词的词，兼词是由词性不同的两个字结合而成的合音词①。字音相同或相近的两个字结合使用有时会出现连音现象，发音与某个既有汉字相同，人们往往会借用这个汉字来表达，这就是合音词。原本的两个汉字字义加在一起就是合音词的词义。如：

①叵＝不可（副词+能愿形容词）
　　布目备曰：大耳儿最叵信。（《后汉书·吕布传》）
　【译】吕布看着刘备说："大耳儿最不可信。"
②诸＝之于（代词+语气助词[强调]）
　　投诸渤海之尾，殷土之北。（《列子·汤问》）
　【译】把它们扔到渤海的边上，殷土的北面。
③诸＝之乎（代词+语气助词[疑问]）
　　文王之囿方七十里，有诸？（《孟子·梁惠王上》）
　【译】文王的狩猎场方圆七十里，有这样的事吗？
　　虽有粟，吾得而食诸？（《论语·颜渊》）
　【译】即使有粮食，我能吃到（它）吗？
④耳＝而已（助词[强调]+动词）

---

① 虽然也有人将"然、若、云、尔"等看作兼词，但由于这些词并不是合音而成的。古代汉语里有很多这种具有综合性词义的词，它们的词义与其他某两个词结合而成的词义相通，而不是某两个词的替代物。也就是说，拥有综合词义的某个单字词偶然地与某个词组合词义相通，这实际上只是一种表达方法上的差异，并非以另一方的存在为前提的同义关系。因此，这些词并不是兼词，只不过是可以由其他某两个词来解释罢了。其用例如下：

然＝如此（动词+代词）
　　人人皆以我为好士，然，故士至。（《荀子·大略》）
若＝如此（动词+代词）
　　以若所为求若所欲犹缘木而求鱼也。（《孟子·梁惠王上》）
云＝如此（动词+代词）
　　上曰：吾欲云云。（《汉书·汲黯传》）

"焉"也被视为兼词，解释为"于之（或于是、于此）"，这实际上是一种误解。"焉"与"之"语法性质相同，是"那（个）[不分单复数]"的代词，比"之"的语气更强些。另外，"于"也不是介词，而是语气助词。"之"或"焉"在没有"于"的情况下也随时可以与前面的谓语构成谓宾结构，表达多种意思。因此，"焉"绝不是"于（介词）+之"。"焉"只不过是用于表达比"之"更强的语气而已。在下面的例子中，"死焉"的被动意义并非由"于"来表达的。"死虎""死之""死焉"本身就完全可以表达，而"于"只是用来强调后面词语的语气助词。如："昔者吾舅死于虎，吾夫又死焉，今吾子又死焉。"（《礼记·檀弓》）

直不百步耳，是亦走也。(《孟子·梁惠王上》)

【译】只不过没有（跑）一百步罢了，这也是逃跑啊。

⑤ 曷＝何不（代词+副词）

中心好之，曷饮食之？(《诗经·唐风·有杕之杜》)

【译】心中[真心]喜爱他，何不请他吃喝？

⑥ 盍＝何不（代词+副词）

颜渊季路侍。子曰："盍各言尔志？"(《论语·公冶长》)

【译】颜渊和季路（在旁）侍候，孔子说："何不各自说说你们的志向？"

## 三、词组的结构类型

词组是指两个或两个以上的词按照一定的句法关系结合在一起的语言单位。词组作为一个整体在句中充当某一成分，与单独充当句子成分的词发挥的作用相同。词组主要由联合结构、偏正结构、述宾结构[动宾结构]①、述补[补充]结构、主谓结构这五种类型构成。这些结构与合成词的五种结合方式（联合式、偏正式、述宾式、述补式、主谓式）有着很大关联。这五种结合方式都是依据两个构成成分间的实际意义关系来划分并命名的。因此，这些都是以表达具体意义的实词为中心的结合方式。

在这五种结构之外，还存在一种"所"字结构②。这是一种虚词与实词相结合的形式。将"所"字归入虚词是因为这一结构中的"所"字不能单独构成句子成分。"所"字在与其后的成分结合时，与上面的五种结构不同，构成成分间的意义关系并不是对等的。"所"字在这一结构中发挥着一种确立某一结构形式的语法功能。后面所跟的实词才是这一结构的中心语，词组的整体

---

① 这一结构有好几种称谓，"动宾结构"是目前最常见的一种，"动"指的就是动词。然而，若是按照现行的分类法将动词与形容词分为不同词类的话，我们就需要认识到在古代汉语里不仅动词可以带宾语，形容词也可以带宾语。

② 现有的古代汉语语法书中，归纳了三种实词与虚词相结合（"实词+虚词"或"虚词+实词"）的词组，除"所"字结构以外，还有"者"字结构和介宾结构。本书未把"者"看作名词性词组的构成要素，而将其归入语气助词一类。另外，本书认为古代汉语中不存在介词类，故未单独列出介宾结构。

意义也是由这个实词来决定的。

（一）联合结构

构成词组的词与词的意义关系基本上是一种水平结构。按照两个构成成分意义关系上的细微差异，还可将其分为并列关系（等立、对比、选择、递进、同格）与先后关系（顺接）等进行分析。这些只是依据两者的意义关系进行的分类，并不具备任何语法上的差异。也就是说，它们只是由上下文引起的一些意义关系上的差异，其结合方式在本质上是一致的。

还有一点需要注意的是，常常会碰到联合结构与偏正结构难以区分的情况。在古代汉语里，协助表达意义结合关系的词汇并不是必需的，大体上是靠双方的意义关系来作出判断。因此，上述两种结构在区分上有着很强的直观性与概念性，涉及很多个人的主观看法。在很多情况下，即使有上下文，也很难作出明确的判断，这恰恰说明五种结构关系的设定并不是以某种语法功能为基础的。结构类型间界限模糊的这种现象也更能说明词组构成成分本身是相当中立的。

①楚越之地，地广人希，饭稻羹鱼。(《史记·货殖列传》)

【译】楚国、越国地区地域广阔，人烟稀少，以稻米为饭，以鱼类为羹。

②颜渊季路侍。(《论语·公冶长》)

【译】颜渊与季路侍奉着。

③以残年余力曾不能毁山之一毛，其如土石何？(《列子·汤问》)

【译】就凭你余生剩下的力量连山的一根毫毛也不曾毁掉，又能把土石怎么样呢？

④其下四者，乃仁义礼智之德。(《中庸》)

【译】其下面的四个乃是仁义礼智的德。

⑤吏二缚一人诣王。(《晏子春秋·内篇杂下》)

【译】公差两人绑着一个人来到王的面前。

⑥左师触龙愿见太后。(《战国策·赵策》)

【译】左师[官职名]触龙想要谒见太后。

⑦其巫老女子也，已年七十。从弟子女十人所。(《史记·滑稽列传》)

【译】那个巫师是个老婆子,已经七十岁了。跟从的弟子有女子十人左右。

⑧项王则夜起饮帐中。(《史记·项羽本纪》)

【译】项王于是夜里起来在帐中饮酒。

⑨子曰:"刚毅木讷,近仁。"(《论语·子路》)

【译】孔子说:"刚强、坚毅、质朴、不善言辞,近于仁德。"

◎构成成分间插入其他单词的情况

1. 而(语气助词)

①予既烹而食之。(《孟子·万章上》)

【译】我已经做熟吃掉了。

②上古之世,人民少而禽兽众。(《韩非子·五蠹》)

【译】上古世上人少,禽兽多。

③直而温,宽而栗,刚而无虐,简而无傲。(《尚书·舜典》)

【译】正直而温厚,宽容而明辨是非,刚强而不暴虐,志高而不傲慢。

④曰:美而艳。(《左传·桓公元年》)

【译】说:"既秀美又艳丽。"

⑤狙公赋芧曰:朝三而暮四。众狙皆怒。(《庄子·齐物论》)

【译】养猴子的老人一边给(它们)橡子一边说:"早上三个,晚上四个。"群猴都发怒了。

2. 且(副词)

①仁且智,夫子既圣矣。(《孟子·公孙丑上》)

【译】既有仁又有智,老师已经是圣贤了。

②不义而富且贵①，于我如浮云。(《论语·述而》)
【译】不义却富有、高贵，对我来说就像浮云一样。

### (二) 偏正结构

这是由词组的核心部分"正"与修饰、限制核心部分的"偏"组成的结构。"正"的部分一般被为中心语（被修饰语），"偏"的部分称为修饰语，且修饰语放在中心语的前面。实词从词义上被分为名词、动词、形容词时，其充当中心语的偏正结构可进行如下分类。

1. 中心语在词义上为名词（包括词组）

①齐人固善盗乎？(《晏子春秋·内篇杂下》)
【译】齐国人本就善于偷盗吗？
②臣观吴王之色，类有大忧。(《国语·吴语》)
【译】臣看吴王的脸色，好像有很大的忧虑。
③四战之后赵之亡卒数十万，邯郸仅存。(《史记·张仪列传》)
【译】四战之后，赵国战死的士卒有数十万，只剩邯郸。
④叟不远千里而来，亦将有以利吾国乎？(《孟子·梁惠王上》)
【译】老人家不以千里为远来（此），还是有将用来利于我国的（东西）吧？
⑤虎求百兽而食之。(《战国策·楚策》)
【译】老虎寻找各种野兽来吃。
⑥大夫曰何以利吾家。(《孟子·梁惠王上》)
【译】大夫说："拿什么来利于我的家门呢？"
⑦名尊地广以至王者，何故？战胜者也。(《商君书·画策》)
【译】名声尊贵，土地广阔，最后成为王，这是为什么呢？（是因为）战

---

① 现有的古代汉语语法设有连词，一般将"以""且""而""与""及"看作联合结构使用的连词。然而，本书认为古代汉语里不存在连词，"以""与""及"实际上是动词，"且"是副词，"而"是助词。本书将以往被视作连词的词语分别划入动词、副词、代词以及助词这几类，甚至有些应当视为两个词，如"于是""是故"等。按照以往的分类方式，"以""且""而"等是用来连接动词或形容词的连词，而"与""及"等是用来连接名词或名词句的连词（如矛与盾、予与汝等）。这些词实际上并不是用来表达联合关系的同质连词，其具体意义是各不相同的。

胜了。

⑧纵江东父老怜而王我，我何面目见之？(《史记·项羽本纪》)

【译】即使江东的父老怜悯我而奉我为王，我又有什么脸面见他们呢？

⑨其实畏王之甲兵也，犹百兽之畏虎也。(《战国策·楚策》)

【译】其实是害怕大王的军队，就像百兽害怕老虎一样。

⑩数口之家可以无饥矣。(《孟子·梁惠王上》)

【译】几口人的家庭可以没有挨饿的事。

⑪拘礼之人不足与言事，制法之人不足与论变。(《商君书·更法》)

【译】拘于礼节的人不足以与其说事，受制于法律的人不足以与其讨论变化。

⑫相如曰："五步之内，相如请得以颈血溅大王矣。"(《史记·廉颇蔺相如列传》)

【译】相如说："五步之内相如请求让（我）颈上之血能溅到大王（身上）。"

⑬万乘之国，弑其君者，必千乘之家。(《孟子·梁惠王上》)

【译】万乘之国弑其君王的（人、事、情况）必定是千乘之家。

⑭今媪尊长安君之位而封之以膏腴之地，多予之重器而不及今令有功于国。(《战国策·赵策》)

【译】现在太后您提升长安君的地位，封给他肥沃的土地，给予他很多贵重的器物，却不趁现在让他为国立功。

以上偏正结构中的修饰语在句子成分上被看作定语。各种实词和词组都可以充当定语。定语在词类划分较为明确的语言当中，仅限于修饰名词。当修饰语用来修饰动词、形容词或副词时，称为状语。

定语与中心语之间可加入表强调的助词"之"，本书认为"之"是强调前词的语气助词。①

---

① "之"一直被看作助词，并按照其功能上的差异再分作结构助词与语气助词两种。定语与中心语（被修饰语）之间的"之"被归入结构助词。然而，事实上"之"字并没有结构助词的功能。本书认为"之"无论在哪种情况下，都只是强调前面词语的语气助词。后面的助词篇里会对这一问题进行详细说明。

## 2. 中心语在词义上为动词或形容词（包括词组）①

（1）动词

①人不知而不愠，不亦君子乎？（《论语·学而》）

【译】别人不了解（自己）也不生气，不也是君子吗？

②不患人之不己知，患不知人也。②（《论语·学而》）

【译】不（不要）担心别人不了解自己，而（要）担心自己不了解别人。

③国将亡，本必先颠而后枝叶从之。（《左传·闵公元年》）

【译】国家将要灭亡之时，树根必定先崩毁，然后枝叶跟着（破碎）。

④曰：然则王之所大欲可知已。（《孟子·梁惠王上》）

【译】说："那么大王非常想得到的就可以知道了。"

⑤赵太后新用事，秦急攻之。（《战国策·赵策》）

【译】赵国的太后刚刚摄政，秦国就急着攻打它。

⑥墨氏兼爱，是无父也。（《孟子·滕文公下》）

【译】墨子同时爱（不同的人或事物），这是不要父亲。

⑦吾得兄事之。（《史记·项羽本纪》）

【译】我能够把他当作兄长侍奉。

⑧将军身被坚执锐，伐无道，诛暴秦，复立楚国之社稷，功宜为王。（《史记·陈涉世家》）

【译】将军身披坚固的铠甲，拿着锐利的东西（武器），讨伐无道（之人），诛灭了暴虐的秦，重新建立了楚国的社稷，（论）功劳应当称王。

⑨子之哭也，壹似重有忧者。（《礼记·檀弓下》）

【译】您（这样）哭，真的好像有着非常忧伤的事。

---

① 词义上有动词性特征的偏正结构与联合结构是通过上下文脉的意义关系来确定的。因此，在很多情况下，两者很难明确界定。"烹而食"虽被看作联合结构，然而从表达的意义上来说，其与偏正结构并没有什么明显的区别。应该说，分析方式有待于进一步探究。

② "不己知""不知人"的"不"通常被看作副词。本书却持不同意见，从句子成分来看，这里的"不"是否定"之"的状语。然而，若是将"不"看成动词，在分析句法结构时，"不+己知""不+知人"则成了谓宾结构。进一步分析的话，"己知""知人"也是"谓语+宾语"的结构。

（2）形容词

①颜渊曰："回虽不敏，请事斯语矣。"（《论语·颜渊》）
【译】颜渊说："回即使不聪敏，也请让我按照这番话去做。"
②仁且智，夫子既圣矣。（《孟子·公孙丑上》）
【译】仁爱而聪慧，孔子已经是圣人了。
③吾见亦罕矣。（《孟子·告子上》）
【译】我（和您）见面也很稀罕。

3. 构成成分间插入其他词语的情况

在状语与中心语之间还可使用强调前面成分的助词"而"。以往学者一直将"而"视作连词①，后面的助词篇里对此会有详细的说明。

①佣者笑而应曰："若为佣耕，何富贵也？"（《汉书·陈胜项籍传》）
【译】佣者笑着回答说："你是个受雇耕地的人，怎么富贵呢？"
②子曰："力不足者，中道而废。今女画。"（《论语·雍也》）
【译】孔子说："力量不足，会中途放弃，现在你划了界线（使自己不能前进）。"
③人不知而不愠，不亦君子乎？（《论语·学而》）
【译】别人不了解（自己）也不生气，不也是君子吗？
④仆欲北攻燕东伐齐何若而有功？（《史记·淮阴侯列传》）
【译】我想要向北进攻燕国，向东讨伐齐国，怎样才能有功劳？

名词或名词句作谓语时，前面也可使用状语。

①万乘之国，弑其君者，必千乘之家。（《孟子·梁惠王上》）
【译】万乘之国，弑其君王的（人、事、情况）必定是千乘之家。

---

① 状语与被修饰语之间的"以"也被看作连词，认为其功能与"而"相似。实际上，"以"并不是连词。不同于助词"而"，"以"是实词，发挥着动词的功能。

上面所举的大都是单词作修饰语的例子，除此之外，各种形式的词组也一样可以充当修饰语。

（三）述宾结构

述宾结构是谓语与宾语结合而成的结构。谓语部分为实词，按词义细分为动词及形容词。谓语与宾语间存在着多种意义关系。古代汉语中不仅动词可带宾语，形容词也可带宾语。因此，比起"动宾结构"来，将这一结构称为"述宾结构"更为恰当。

1. 动词+宾语

述宾结构绝大多数都是由"动词+宾语"构成的。

①景公饮酒。（《晏子春秋·内篇杂上》）

【译】景公喝酒。

②孔子见老聃而语仁义。（《庄子·天运》）

【译】孔子见到老聃，而谈论仁义。

③以若所为求若所欲，尽心力而为之，后必有灾。（《孟子·梁惠王上》）

【译】用像这样的做法去追求像这样的欲求，费尽心力去做，以后一定有灾祸。

④其一人专心致志。（《孟子·告子上》）

【译】他（其中的）一个人专心致志。

⑤非其位而居之曰贪位。（《史记·商君列传》）

【译】不是他的位子而处在那儿称为贪恋权位。

⑥公子行数里。（《史记·魏公子列传》）

【译】公子走了数里。

⑦桓公问管仲："富有涯乎？"（《韩非子·说林下》）

【译】桓公问管仲："财富有边际吗？"

⑧昔者鲁缪公无人乎子思之侧，则不能安子思。（《孟子·公孙丑下》）

【译】昔日鲁缪公如果没有人在子思身边，就不能安抚子思。

⑨文武之道未坠于地，在人。（《论语·子张》）

【译】文王、武王之道尚未掉落在地上（还没有消失），还存于人们身上。

⑩温故而知新，可以为师矣。(《论语·为政》)

【译】温习旧的（知识）而了解新的（知识），可以以这个成为老师（做老师的工作）。

⑪子在川上曰："逝者如斯夫！不舍昼夜。"(《论语·子罕》)

【译】孔子在河边说："流逝就像这样啊！日夜不停。"

⑫晏子曰："共立似君子，出言而非也。"(《晏子春秋·内篇杂下》)

【译】晏子说："站在一起好像君子，说出话来就不是了。"

⑬三王之祭川也，皆先河而后海①。(《礼记·学记》)

【译】三王祭祀百川，都是先祭河，而后祭海。

⑭城不入，臣请完璧②归赵③。(《史记·廉颇蔺相如列传》)

【译】若城池没入（赵国手中），臣请求将玉璧完整地带回赵国。

⑮国一日被攻，虽欲事秦不可得也。(《战国策·齐策》)

【译】国家有一天被进攻的话，即使想要侍奉秦国也不可能实现了。

⑯非曰能之，愿学焉。(《论语·先进》)

【译】不说做得好这个，愿意学这个。

⑰文公如齐。(《左传·成公三年》)

【译】文公去齐国。

⑱小人殉财，君子殉名。(《庄子·盗跖》)

【译】小人为财而死，君子为名而死。

⑲楚越之地，地广人希，饭稻羹鱼。(《史记·货殖列传》)

【译】楚国、越国地区地域广阔，人烟稀少，以稻米为饭，以鱼类为羹。

⑳拘礼之人不足与言事，制法之人不足与论变。(《商君书·更法》)

【译】拘于礼节的人不足以与其说事，受制于法律的人不足以与其讨论变化。

谓语的宾语为表达疑问的疑问代词时，一般将宾语放到谓语前。

---

① 三王之祭川也，皆先河而后海，或源也，或委也，此之谓务本。
② "完璧"在这里是谓宾结构，意为"使玉璧完整"。在其他语境中也可用作偏正结构，意为"完整的玉璧"。
③ 根据上下文，"归赵"应解释为"使回到赵国"。然而，根据情况也可表达"回到赵国"的意思。两者皆为谓宾结构。

①无父何怙？无母何恃？（《诗经·小雅·蓼莪》）

【译】没有父亲，依靠什么呢？没有母亲依赖什么呢？

②以一服八，何以异于邹敌楚哉？（《孟子·梁惠王上》）

【译】（想要）用一个制服八个，跟邹国对抗楚国有什么不同呢？

③沛公安在？（《史记·项羽本纪》）

【译】沛公在哪里？

④居恶在？仁是也。路恶在？义是也。居仁由义，大人之事备矣。（《孟子·尽心上》）

【译】居所在哪里？仁就是。道路在哪里？义就是。居住于仁，因义行事，大人的事就都具备了。

谓语前有否定词，且宾语为代词时，宾语放在谓语之前。

①不患人之不己知，患不知人也。（《论语·学而》）

【译】不（不要）担心别人不了解自己，而（要）担心自己不了解别人。

有些谓语根据词义，后接各种词组作其宾语。

①得天下英才而教育之，三乐也。（《孟子·尽心上》）

【译】得到天下的英才，教授、培育他们，这是第三种乐趣。

②王如知此，则无望民之多于邻国也。（《孟子·梁惠王上》）

【译】大王如果知道这个，就没有期望百姓比邻国多的事了。

③臣闻昔汤武以百里昌桀纣以天下亡。（《战国策·楚策》）

【译】臣听说昔日汤王与武王以百里之地而兴盛，桀王与纣王有天下而灭亡。

## 2. 形容词+宾语①

①其为人也，坚中而廉外，少欲而多信。(《韩非子·十过》)

【译】他的为人内心坚强而外在廉洁，欲望少而信誉多（淡泊寡欲，很讲信用）。

②家富良马，其子好骑。(《淮南子·人间训》)

【译】家中有很多好马，他的儿子喜好骑马。

③虽有天下易生之物也，一日暴之十日寒之，未有能生者也。(《孟子·告子上》)

【译】即使有天下易生长之物，一天暴晒它，十天冻着它，还没有能够生长的。

⑤商也好与贤己者处。(《说苑·杂言》)

【译】商喜欢与比自己贤能的人相处。

⑥岂可用哉?！(《墨子·兼爱》)

【译】怎么可以用呢?！

⑦曰：然则王之所大欲，可知已。(《孟子·梁惠王上》)

【译】说："那么大王非常想要的就可以知道了。"

### （四）述补结构

述补结构是由核心成分（谓语）及后面对其进行补充说明的补充成分

---

① 一定要对谓宾结构进行细分的话，可再分为动宾结构与形宾结构。"可用""足食"与"难成""易生"在结构上并没有什么差别，不同的只是宾语的词性。它们与"多才、寡言、富马、贤己"等一样都是"形容词+宾语"的结构。

（补语）构成的结构。①

①能捕得谋反卖城踰城敌者一人。（《墨子·号令》）

【译】能抓到谋反、卖城、越城投敌的一人。

②毁绝钩绳而弃规矩。（《庄子·胠箧》）

【译】将钩和绳破坏殆尽，丢弃圆规与角尺。

③名尊地广以至王者何故？战胜者也。名卑地削以至于亡者何故？战罢者也。（《商君书·画策》）

【译】名声尊贵，土地广阔，以至称王，是什么原因呢？（是因为）战胜了。名望低微，土地削减，以至灭亡，是什么原因呢？（是因为）战败了。

④太甲颠覆汤之典刑（《孟子·万章上》）

【译】太甲推翻了汤王的典章与刑法。

⑤以相如攻大，拜为上卿。（《史记·廉颇蔺相如列传》）

【译】因相如功劳大，官拜上卿。

补语由词义上的动词与形容词充当。

### （五）主谓结构

主谓结构前面的部分是叙述的对象，即主语，后面的部分是对主语进行的描述，即谓语部分。

---

① 本书认为古代汉语中不存在介词，所以不会有介宾词组作补语的情况。本书将被视作介词代表的"于（於）"归入助词。"乎"虽然与"于"性质不同，但同样是助词。那些被认为是由动词虚化而成的介词仍被看作动词，如为、以、与、由、自等。学界普遍将"介词+宾语"的形式称为介词词组。介词词组的使用又被分为置于谓语前与置于谓语后两种情况。一般放在后面的看作补语；放在前面的情况与偏正结构语序一致，形成义上的修饰关系，看作状语。因此，"昔者吾舅死于虎""以若所为求若所欲""由此观之""其剑自舟中坠于水"中的"于虎""于水"可看作补语，而"以若所为""由此""自舟中"可看作状语。"楚人为小门于大门之侧而延晏子"中的"小门"可看作宾语，"于大门之侧"可看作补语。"处二十日（住二十天）"或"（不）舍昼夜（昼夜不停）"这些表达数量的词或词组应该看成一种宾语。现代汉语中"谓语+宾语"的形式也可以表达多种意义范畴。将一直被当作数量补语的这一成分看作宾语的一种才更为妥当。"美甚"的"甚"一直被看作副词，也有人主张其为补语。要弄清楚这一成分就一定要把它跟主语放在一起进行分析。原文为"君美甚"，"甚"从词义上来说是形容词，是对主谓结构"君美"继续进行说明的谓语。也就是说，这是一个主谓短语作主语的句子。

①曾子曰：上失其道，民散久矣。(《论语·子张》)

【译】曾子说："君主丧失他的道义，百姓离散已经很久了。"

②吾见亦罕矣。(《孟子·告子上》)

【译】我（和您）见面也很稀罕。

③国人望君如望慈父母焉。(《左传·哀公十六年》)

【译】百姓敬仰您就像敬仰慈祥的父母一样。

④甘罗年少，然出一奇计，声称后世。(《史记·甘茂列传》)

【译】甘罗年纪虽小却献出一条妙计，名垂后世。

⑤君美甚，徐公何能及君也？(《战国策·齐策》)

【译】您的相貌之美程度更甚，徐公怎么能比得上您呢？

⑥以相如功大，拜为上卿。(《史记·廉颇蔺相如列传》)

【译】因相如功劳大，官拜上卿。

⑦上古之世，人民少而禽兽众。(《韩非子·五蠹》)

【译】上古世上人少，禽兽多。

⑨何由知吾可也？(《孟子·梁惠王上》)

【译】通过什么知道我可以呢？

⑩冰，水为之而寒于水。(《荀子·劝学》)

【译】冰是水形成的，却比水寒冷。

⑪故曰：城郭不完，兵甲不多，非国之灾也。(《孟子·离娄上》)

【译】因此说："城郭不完整，武器与盔甲不多，不是国家的灾祸。"

⑫北山愚公者年且九十面山而居。(《列子·汤问》)

【译】北山的愚公年纪将近九十，面朝山居住。

古代汉语中，所有的实词类词语都可以作谓语，包括主谓词组里的谓语。在按照词义进行划分的实词类中，除了副词，动词、形容词、名词（包括数词和量词）构成了大部分的中心语。

无论是简单的主谓结构，还是复杂的主谓结构，虽然大部分都可以独立成句，但在其仅充当某一句子成分的时候，我们还是把它看作一个词组。①

主谓词组的主语与谓语部分之间有时会放入助词"之"。"之"为强调前面成分的助词，在此起着强调主语的作用。例如"奕之为数"②"民之多于邻国"③"荆国之为政"④"汝之不惠"⑤"松柏之后凋"⑥"强秦之为渔父"⑦"王之不智"⑧等。

这些例子无论有没有"之"都仅仅是句子的一个成分（主语、宾语等），因此这些都是词组而不是句子。没有"之"的主谓词组以及词义上的动词、形容词单独使用时，都可以充当主语、宾语等名词性成分。

关于助词"之"的功能，后面虚词部分会进一步作出综合性说明。

(六)"所"字结构

"所"字结构是一种将"所"字放在动词或动词性词组之前从而构成名词性词组的结构。"所"字通常被看作构成名词性词组的标识，归入结构助词一类。因此，这种情况下的"所"字属于虚词。"所"字结构是一种由"虚词+实词"结合而成的词组。

①人善其所私学以非上之所建立。(《史记·秦始皇本纪》)

【译】人们擅长自己私下学习的东西，以此诽谤君上所建立的。

②和氏璧，天下所共传宝也。(《史记·廉颇蔺相如列传》)

【译】和氏璧是天下共同传承的宝物。

③强秦之所以不敢加兵于赵者，徒以吾两人在也。(《史记·廉颇蔺相如列传》)

---

① "主语+谓语"结合而成的主谓结构虽然具备构成句子的基本要素，然而由于在汉语里，词组没有什么特殊的形态标识，在这种情况下，我们将其看作词组的一种。在西欧语法里，不能独立成句的主谓结构称为"分句（clause）"。受其影响，也有人将汉语句子中主谓结构的词组称为"子句"。在西欧语法里，主谓结构自身并不能充当句子成分，而与此相对，汉语中主谓结构却可以充当句子的多种结构。可见，汉语与西欧语言的语法单位体系是迥然不同的。
② 奕之为数小数也。(《孟子·告子上》)
③ 王如知此，则无望民之多于邻国也。(《孟子·梁惠王上》)
④ 荆国之为政，有似于此。(《吕氏春秋·察今》)
⑤ 甚矣，汝之不惠。(《列子·汤问》)
⑥ 岁寒，然后知松柏之后凋也。(《论语·子罕》)
⑦ 臣恐强秦之为渔父也，故愿王之熟计之也。(《战国策·燕策》)
⑧ 无或乎王之不智也。(《孟子·告子上》)

【译】强大的秦国不敢向赵国派兵的原因只是（因为）我们两个人在。

④楚人有涉江者，其剑自舟中坠于水，遽契其舟曰：是吾剑之所从坠。（《吕氏春秋·察今》）

【译】有个楚国人过江，他的剑从船里掉到水中，于是在那个船上刻画，说："这是我的剑顺着坠落的地方。"

## 四、句子成分=词与词组的功能

人们在使用语言进行沟通与交流时是以句子为基本单位的。对话双方的话语交替是通过一个个句子的衔接来实现的。因此，句子是由词或词组构成的最高层级的语法单位。分析句子所依靠的手段就是"句子成分"。句子成分可归纳为主语、谓语、宾语、补语、定语、状语六类，如果包括由感叹词单独构成的独立语，句子成分可分为七类。

句子一般可以分为作为描述对象的主语部分（或主语）和主语描述的谓语部分（或谓语）。如在"鄙贱之人不知将军宽之至此也"一句中，"鄙贱之人"为主语部分，"不知将军宽之至此"为谓语部分。当主语部分是两个以上的词构成的偏正词组时，只有其核心部分为主语，其他部分各自构成不同的成分。同样，谓语部分在大多数情况下也是由两个以上的成分构成的，核心部分被单分出来，称为谓语。在上面的例子中，"人"是主语部分的核心，即主语，"知"就是谓语部分的核心，即谓语，其余部分是构成句子的其他成分。这样在分析句子成分时，可先划分出构成句子的核心成分主语和谓语，以及宾语、补语、定语、状语等成分。我们先通过下面的例子观察一下这六种成分。

①始皇悦。（《史记·秦始皇本纪》）

【译】秦始皇很高兴。

②孟子见梁惠王。（《孟子·梁惠王上》）

【译】孟子见到梁惠王。

③王授璧。（《史记·廉颇蔺相如列传》）

【译】王（递）给（他）玉璧。

王赐晏子酒。(《晏子春秋·内篇杂下》)

【译】王赐给晏子酒。

赵氏求救于齐。(《战国策·赵策》)

【译】赵太后向齐国求救。

④曾子以斯言告于子游。(《礼记·檀弓》)

【译】曾子将这些话告诉子游。

⑤名尊地广以至王者,何故?(∨)①战胜者也。(《商君书·画策》)

【译】名胜尊贵,土地广阔,最后成为王,这是为什么呢?(是因为)战胜了。

太甲颠覆汤之典刑。(《孟子·万章上》)

【译】太甲推翻了汤王的典章与刑法。

⑥太后之色少解。(《战国策·赵策》)

【译】太后的脸色稍微缓解一些。

众狙皆起而怒。(《列子·黄帝》)

【译】群猴都起身,发怒了。

①是仅由主语和谓语两个核心成分构成的句子。

句中的谓语常会携带宾语或补语,称为连带成分。

②是两个谓语携带宾语的例子。谓语"见"和"授"后面分别跟着宾语"梁惠王"和"璧"。

③的第一个例子中,谓语"赐"携带了"晏子"与"酒"两个宾语。第二个例子中的"求"也有两个宾语,分别是"救"与"齐",并为强调宾语"齐"而使用了语气助词"于"。

④是由两个谓语部分连接而成的,"斯言"是"以"的宾语,"告"是"子游"的宾语。从表达的意思来看,前面的"以斯言"修饰后面的"告子游"。"于"是用来强调宾语的语气助词。

⑤的"胜"与"覆"都是补语,补充说明"战"与"颠"的结果。"汤之典刑"是宾语。

---

① "(∨)"处可补充所省略的成分。

此外，句子中常常会有定语和状语等修饰成分。在⑥的第一个例子中，"太后"修饰主语"色"，"少"修饰"解"。第二个例子中，"众"修饰"狙"，"皆"修饰"起而怒"。像"太后"和"众"这种修饰词义上为名词（或类似单词及词组）的成分称为定语，"少""皆"这种修饰词义上为动词、形容词或其他副词（或类似单词及词组）的成分称为状语（副词性修饰语）。

名词、动词、形容词间没有明显的词性或功能上的差异，这样我们就可以理解实词词类划分的意义，避免对句子成分做出不必要或不确切的说明。在有名词谓语句的古代汉语里，名词可以作谓语，那么也就有名词前面可以放状语的情况。不按照词义对实词进行细分的话，就没有必要将修饰语再分为两类。实际上，不对修饰语进行分类更符合古代汉语的特征。①

修饰语置于中心语（被修饰语）的前面。

使用上述六种句子成分划分法将"鄙贱之人不知将军宽之至此也"的主语部分与谓语部分再进行细分，"将军宽之至此"为"知"的宾语，"鄙贱"为主语"人"的定语，"不"是"知"的状语。"知"的宾语"将军宽之至此"又可以再分出主语部分"将军宽之"与谓语部分"至此"。"将军宽之"还可以再分作"主语[将军]+谓语[宽]+宾语[之]"，谓语部分也可以再分为"谓语[至]+宾语[此]"。②

一般情况下，构成句子的基本要素为上述六种成分中作为核心成分的主语与谓语或以其为中心的主语部分与谓语部分。因此，在句法里，主语和谓语具有极为重要的地位。

分析句子成分时，需要注意的是通常所说的六种成分并不包括独立于句子之外的感叹词，感叹词单独发挥作用，是独立语。主语、谓语、宾语、补语、定语、状语这六种句子成分相互间在句中形成各种句法关系，而独立语并没有这种句法上的关联。因此，虽然我们常说有六种句子成分，可实际上严格地说应该是七种。

---

① 虽然状语（副词性修饰语）是为了与修饰名词的定语相对应而使用的术语，但按照副词的定义，副词只能用作状语，因此与其他实词相比，副词有着独特的用法。

② 将"至"看作介词的人认为"将军宽之至此"是由"主语（将军[名词]）+谓语（宽[动词]）+宾语（之[代词]）+补语（至此[介宾词组]）"这一形式构成的。

## 五、六种句子成分与五种词组结构类型的关系

联合、偏正、述宾、补充、主谓是五种由实词结合而成的词组结构类型。其中的偏正、述宾、补充、主谓结构都是由两个句子成分一一对应的关系构成的。这四种词组结构与句子成分平行,可以说是构成句子的基本语序。而联合结构作为一个整体是由同一种句子成分构成的,也就是说这一结构并不是由互不相同的句子成分组成的,因此各句子成分间并不存在一定的语序关系。

此外,主谓结构也是句子成立的条件。然而,主谓形式在古代汉语里并没有特别的形态标识,可以充当各种句子成分,因此我们不将其看作独立的句子或分句,而把它当作一个句子成分,即主谓形式有着词组的特征。

现将前文例句的句子成分与语序关系整理如下:

①主语+谓语
②主语+谓语+宾语
③主语+谓语+宾语1+宾语2
④主语+谓语1+宾语+谓语2+宾语
⑤(主语)+谓语+补语
　主语+谓语+补语+宾语
⑥定语+主语+状语+谓语
　定语+主语+状语+谓语1+谓语2

## 六、多种句子划分方法

### (一)主谓句与非主谓句

如果说同时具备主语和谓语,或其中一方的句子被称谓"主谓句",那么不能添加主语和谓语使用的句子就是非主谓句。首先观察下列无主语例句:

①三年春不雨,夏六月雨。(《左传·僖公三年》)
【译】三年春天没下雨,夏季六月下雨了。

谓语"雨"的前面没有可以添加的主语。这种句子通常都没有主语。

下面的例子是一个由三个分句构成的复句,第一个分句和第二个分句没有主语。"有"常常像这样构成没有主语的句子。

①虽有天下易生之物也,(∨)一日暴之十日寒之,未有能生者也。(《孟子·告子上》)

【译】即使有天下易生长之物,一天暴晒它,十天冻着它,还没有能够生长的。

再如下列例句:

①吾未闻枉己而正人者也,况辱己而正天下者乎?(《孟子·万章上》)

【译】我没听说过自己行为不端正还去纠正别人的,更何况是做有辱自身的事还去匡正天下的呢?

这是一个由两个分句组成的复句,后一分句是由副词"况"与疑问助词"乎"构成的反问句。这种分句是由谓语单独构成的。①

下面这些复句,后一分句都缺少谓语,仅存有主语。

①中材以上且羞其行,况王者乎?(《史记·彭越列传》)

【译】中等才能以上(的人)尚且对他们的行为感到羞耻,何况是王呢?

②窃人之财犹曰是盗,况贪天之功以为己功乎?(《史记·晋世家》)

【译】偷别人的财物尚且说这是盗窃,更何况贪图天的功劳把它当作是自己的功劳呢?

③且庸人尚羞之,况于将相乎?(《史记·廉颇蔺相如列传》)

【译】而且平庸之人也对此感到羞耻,何况将军与宰相呢?

---

① 与前一分句的句子结构相对照,后一分句省略了"闻",可以说其谓语部分是由单宾语构成的。

这些句子虽然按照句意可依次理解为"[王者+（羞其行）]""[贪天之功以为己功+（曰是盗）]""[将相+（羞之）]",然而在此类句子中并未出现谓语。最后一个例句中的语气助词"于"是用来强调"将相"的。

（二）单句与复句

句子按照结构上的差异可分为单句和复句。单句是指由一个主谓结构构成的句子。复句是指由两个或两个以上的主谓结构连接而成的句子。构成复句的各主谓结构称为分句。①

①往者不可谏，来者犹可追。（《论语·微子》）

【译】过去的无法弥补，要来的（未来的）还可以追赶。

②夫子知之矣，我则不知。（《左传·昭公十年》）

【译】老师知道这些（道理），我就不知道。

③论至德者不和于俗，成大功者不谋于众。（《史记·商君列书》）

【译】谈论极致的道德不附和世俗，成就伟大的功业不与大众谋划。

④赵太后新用事，秦急攻之。（《战国策·赵策》）

【译】赵国的太后刚刚摄政，秦国就急着攻打它。

⑤昔者吾舅死于虎，吾夫又死焉，今吾子又死焉。（《礼记·檀弓下》）

【译】以前我的公公被老虎咬死了，（后来）我的丈夫又被老虎咬死了，现在我的儿子又死于虎口。

⑥群臣吏民能面刺寡人之过者受上赏，上书谏寡人者受中赏，能谤讥于市朝闻寡人之耳者受下赏。（《战国策·齐策》）

【译】群臣、官吏和百姓能当面斥责寡人过失的给予上等奖赏，上书劝谏寡人的授予中等奖赏，能在街市（众人聚集的店铺、官衙等地）批评（寡人），并传到寡人耳中的授予下等奖赏。

⑦虽有天下易生之物也，（∨）一日暴之十日寒之，未有能生者也。（《孟子·告子上》）

【译】即使有天下易生长之物，一天暴晒它，十天冻着它，能够生长的迄今为止还没有。

---

① 分句在英语语法中称为"clause"。在汉语里这一语法单位受到了与"sentence"同等的重视，在"句子"一词的中心语"句"前面加上"分"，命名为"分句"。

总的来说，一个句子中包含几个主谓结构，或一个主谓结构连接着另一个主谓结构，而这些主谓结构又有着对等的地位时，这个句子就是复句。然而，当某一主谓结构充当句子成分时，这一主谓结构就只是一个词组，这个句子就只能被看作一个单句。

①国人望君如望慈父母焉。(《左传·哀公十六年》)
[国人望君：主语]
【译】百姓敬仰您就像敬仰慈祥的父母一样。
②北山愚公者，年且九十，面山而居。(《列子·汤问》)
[年且九十：复数谓语部分中的一个]
【译】北山的愚公年纪将近九十，面朝山居住。
③臣闻昔汤武以百里昌，桀纣以天下亡。(《战国策·楚策》)
[昔汤武以百里昌，桀纣以天下亡：两个主谓句连接而成的宾语]
【译】臣听说昔日汤王与武王以百里之地而兴盛，而桀王与纣王拥有天下却灭亡。

"国人望君""年且九十""昔汤武以百里昌桀纣以天下亡"都有自己的主语部分与谓语部分，可以独立成句，然而在上面的句子中它们都只是主谓词组，只能充当句子的一个成分。也就是说，它们在句中仅仅依次充当了主语、谓语和宾语。

即①中的主谓词组是"如望慈父母"的主语，②中的主谓词组是"北山愚公"谓语部分中的一个，③中的主谓词组是"闻"的宾语。因此，上面的例句都属于单句。①

其他的单复句区分上的问题在后面句法一章里会有进一步的论述。现在我们需要清楚的是单句与复句的区别并不在于句子的长短。

主语和谓语是句子成立的基本条件。然而，有些句子没有主语，只有谓语。这种现象在古代汉语里很常见。有些情况主语可添加使用，有些主语则没必要特意提及，这被看作句子成分的省略。主语部分和谓语部分的省略频

---

① 有些人将这种不能成为（构成复句的）分句的主谓词组称为"子句"，将包含子句的单句称为"包孕句"。

度进行比较的话，谓语部分是必须存在的，而主语部分更容易被省略。

（三）以谓语为中心的句子分类：基本句型

按照构成谓语的内容可分为动词谓语句、形容词谓语句、名词谓语句和由主谓词组充当谓语的主谓谓语句。前三种是按照词义来划分的，严格地说它们都属于同一种类。因为某一句中被当作动词、形容词或名词的单词，在其他句子中完全可能被赋予其他的词性。

动词谓语句、形容词谓语句、名词谓语句的划分表现出一种特征，即在古代汉语里，除副词外几乎所有的实词都可以用作谓语。充当谓语并不需要特别的形态或形式，即使是主谓词组，只要是放在了谓语的位置上，也同样可以成为谓语。

在划分句型及进一步细分时，六种句子成分中（主语、谓语、宾语、补语、定语、状语）充当修饰成分的定语和状语一般不作考虑。

下面我们来依次看一下这四种句型的具体内容。

1. 动词谓语句

有时会伴有宾语或补语。

## （1）主语+谓语（动词）

①晏子至。(《晏子春秋·内篇杂下》)

【译】晏子到了。

②太后之色少解。(《战国策·赵策》)

【译】太后的脸色稍微缓和了一点。

③本立而道生。(《论语·学而》)

【译】根本确立了，道就生成了。

## （2）主语+谓语（动词）+宾语

①君子务本。(《论语·学而》)

【译】君子专注于根本。

②孟子见梁惠王。(《孟子·梁惠王上》)

【译】孟子见到梁惠王。

③景公饮酒。(《晏子春秋·内篇杂上》)

【译】景公喝酒。

④王授璧。(《史记·廉颇蔺相如列传》)

【译】王（递）给（他）玉璧。

⑤文公如齐。(《左传·成公三年》)

【译】文公去齐国。

⑥寡人愿安承教。(《孟子·梁惠王上》)

【译】寡人愿意静心听您指教。

⑦臣恐强秦之为渔父也。(《战国策·燕策》)

【译】臣担心强大的秦国会成为渔夫[→取得渔翁之利]。

（3）主语+谓语（动词）+宾语1+宾语2

①王赐晏子酒。① （《晏子春秋·内篇杂下》）
【译】王赐给晏子酒。
②后世无传焉。② （《孟子·梁惠王上》）
【译】后世对此没有流传。[→这些没有流传于后世。]
③赵氏求救于齐。（《战国策·赵策》）
【译】赵太后向齐国求救。

（4）主语+{[谓语1（动词）+宾语1+宾语2]}（状语）+谓语2（动词）+宾语

①楚人为小门于大门之侧而延晏子。（《晏子春秋·内篇杂下》）
【译】楚国人在大门旁边造了一个小门，请晏子（进去）。

"为"和"延"是中心谓语。"为"所携带的宾语"小门"与"大门之侧"以"宾语1+宾语2"的形式出现。而"延"的宾语只有一个"晏子"。为强调在"大门旁边"故意修了一个"小门"而使用了语气助词"于"。为了用"大门"强调"侧"又使用了语气助词"之"。

①曾子以斯言告于子游。（《礼记·檀弓》）
【译】曾子将这些话告诉子游了。

同样地，"以"和"告"也都是谓语。在古代汉语中，两个以上的谓语可以像这样直接连接在一起。前面谓语的宾语是"斯言"，后面谓语的宾语为

---

① "王赐晏子酒"一直被认为可以与"王赐晏子以酒"表达同一个意思。其实句子表达的具体意思会根据语序和词汇使用的不同而不同。"王赐晏子以酒。"该句需要一个"以酒"能成为焦点的语境。"王以酒赐晏子。"该句需要一个"以酒"只是单纯表达一种赏赐方式的语境。"王赐酒于晏子。"这是使用助词"于"强调赏赐的对象为"晏子"。而《晏子春秋·内篇杂下》里，三个句子并不具备能使这些词以这些形式出现的语境。
② 这里的"焉"是比"之"语气更强的代词。

"子游"。下列句子也为此类例文。

①廉颇以勇气闻于诸侯。(《史记·廉颇蔺相如列传》)
【译】廉颇以勇气闻名于诸侯。

两个谓语"以"和"闻"分别以"勇气"和"诸侯"为宾语。"于"是语气助词,用来强调后面的成分。

①橘生淮南则为橘,生于淮北则为枳。(《晏子春秋·内篇杂下》)
【译】橘子生长在淮河以南是橘子,生长在淮河以北就成为了枳。

"生淮南则为橘,生于淮北则为枳"整体是该句的谓语部分。这个句子从句意上也分为"生淮南则为橘"和"生于淮北则为枳"两部分。二者分别由"生+淮南"(谓语+宾语)与"为+橘"(谓语+宾语)连接,以及"生+(于)+淮北"(谓语+[于]+宾语)与"为+枳"(谓语+宾语)的连接构成的。"于"还是表强调的语气助词。

(5)主语+谓语(动词)+补语+宾语

①太甲颠覆汤之典刑。(《孟子·万章上》)
【译】太甲推翻了汤王的典章与刑法。
②陈余击走常山王张耳。(《史记·张丞相列传》)
【译】陈余打跑了常山王张耳。

"颠"是谓语,"覆"是补语,"汤之典刑"是宾语。
"击"是谓语,"走"是补语,"常山王张耳"是宾语。

(6)主语+谓语1(动词)+兼语+谓语2

①使其喜怒哉!(《列子·黄帝》)
【译】既让它们高兴,又让它们生气!
②魏安釐王使将军晋鄙救赵。(《战国策·赵策》)

【译】魏国的安釐王派将军晋鄙营救赵国。

③[虽曰未学]，吾必谓之学矣。(《论语·学而》)

【译】我一定称之为学(了)。[→我一定会说他已经有学问了。]

当句子的谓语由两个谓语连接而成，且谓语1携带的宾语是谓语2意义上的主语时，这个兼为谓语1的宾语与谓语2的主语的成分被称为"兼语"。"将军晋鄙"就是一个兼语。在有兼语的句子里，前面的谓语并不限于类似例句中"谓"这种带有使动含义的词语。①

其他谓语相连的形式并不具备这种意义关系，因此我们将两者分别称为"兼语式"和"连动式"。然而，并非一定要这样去理解。比如，如果给"救"赋予"让救、使救"的意思，那么"使"与"救"就是一种等位连接，也就没有区分连动式与兼语式的必要。因此，也可以说，兼语式是连动式所能表达的句意关系之一。关于兼语式，后面的句法论部分里会有进一步的说明。

2. 形容词谓语句

(1) 主语+谓语 (形容词)

①水土异也。(《晏子春秋·内篇杂下》)

【译】(因为)水土不同。

②沛公默然。(《史记·项羽本纪》)

【译】沛公默不作声。

③管仲之器，小哉！(《论语·八佾》)

【译】管仲的器量太小了！

④天下苦秦久矣。(《史记·陈涉世家》)

【译】天下苦于秦(的暴政)很久了。

⑤君美甚。(《战国策·齐策》)

【译】您的美更胜一筹。[→您更美。]

---

① "楚人谓乳谷，谓虎於菟，故命之曰斗谷於菟。"(《左传·宣公四年》)在这句里，"楚人"与谓语部分的"谓乳谷，谓虎於菟"是"主语+谓语+兼语+谓语，谓语+兼语+谓语"的结构。

出现于构成复句的一部分分句中：

①[举世皆浊]，[我独清]，众人皆醉，我独醒。(《屈原·渔父辞》)
【译】整个世上全都污浊，只有我清净，众人都醉了唯独我清醒。

（2）主语+[谓语（形容词）+宾语]

①苛政[猛于虎]也。(《礼记·檀弓》)
["于"是助词，"虎"是宾语]
【译】苛酷的政治比老虎还要凶恶。
②秦王之国[危于累卵]。(《史记·范雎蔡泽列传》)
【译】秦王的国家比堆起来的鸡蛋还要危险。

同一形式的多个谓语：

①其为人也，[坚中]而[廉外]，[少欲]而[多信]。(《韩非子·十过》)
【译】他的为人，内心坚强，行为廉洁，淡泊寡欲，很有信用。

出现于构成复句的一部分分句中：

①家[富良马]，其子好骑。(《淮南子·人间训》)
【译】家中有很多好马，他的儿子喜好骑马。
②人固有一死，或[重于泰山]，或[轻于鸿毛]。(《报任安书》)
【译】人固然会有一死，有的比泰山还重，有的却比鸿毛还轻。

如上所述，词义上被划入形容词的词语在很多情况下也可以携带宾语。"于"在这里同样是强调宾语的语气助词。

3.名词谓语句

主语+（状语）+谓语（名词或名词性词组）

①夫子，圣人也。(《庄子·德充符》)

【译】孔夫子是圣人。

②农，天下之本。(《史记·孝文本纪》)

【译】农业是天下的根本。

③回也，非助我者也。(《论语·先进》)

【译】颜回不是帮助我的人[→对我有帮助的人]。

④此则寡人之罪也。① (《孟子·公孙丑下》)

【译】这则是寡人的罪过啊。

⑤是诚何心哉？(《孟子·梁惠王上》)

【译】这实在（→到底）是一种什么想法呢？

⑥圣人非所与熙也，寡人反取病焉。(《晏子春秋·内篇杂下》)

【译】圣人不是可以戏弄的，寡人反而自讨没趣。


4. 主谓谓语句

（1）主语+主谓谓语（主语+谓语）

①君子之交[淡若水]。(《庄子·山木》)

【译】君子的交往平淡如水。

②是[仁义用于古而不用于今]也。(《韩非子·五蠹》)

【译】这（说明）仁与义（适）用于古代，而不（适）用于今天。

主语"君子之交"的谓语"淡+若+水"是以"主语（主语部分）+[谓语+宾语]（谓语部分）"的形式构成的主谓谓语。主语"是"的谓语部分"仁义+

---

① "农，天下之本"的"本"以及"此则寡人之罪也"的"罪"等谓语的中心词很明显在词义上属于名词。然而，这些并不是以名词性词语为中心词的偏正结构或"所"字结构，而是整体上具有名词性特征的词组。"回也，非助我者也"也为同例，意为"颜回不是帮助我（→对我有帮助）的人"。"助我"是谓语，加上"非"变为否定句。

"者"以往一直被看作结构助词，是构成名词词组的标识。然而，本书却未将其看作结构助词。谓语部分的"非助我者"即使没有"者"，也仍然可以表达同样的意思。"助我"既可意为"帮助我"，也可意为"帮助我的人"。这正是古代汉语的一大特征。其实将该句释为"颜回不是帮助我（→对我没有帮助）"亦无不可。无论在哪种情况下，"者"都只是语气助词。在这句里起着强调"助我"的作用。（关于"者"的功能，后面的"助词"一项里有详细的说明）

用于古而不用于今"也是由"主语部分+谓语部分"构成的主谓谓语。

多个谓语中的主谓谓语：

①冰，[水为之]而寒于水。(《荀子·劝学》)

【译】冰是水形成的，却比水寒冷。

②弥与纥[吾皆爱之]，欲择才焉而立之。(《左传·襄公二十三年》)

【译】弥与纥我都喜爱（他们），想选在那方面有才能的人立（为王）。

③显[为人巧慧习事]，能探得人主微意。(《汉书·石显传》)

【译】显为人灵巧、聪慧、懂事，能察觉君主的深意。

④北山愚公者，[年且九十]，面山而居。(《列子·汤问》)

【译】北山的愚公年纪将近九十，面朝山居住。

各句的第一个谓语"水为之"（主语+谓语）、"吾皆爱之"（主语+谓语部分）、"为人巧慧习事"{主语部分（谓语+宾语）+谓语部分[谓语+谓语+（谓语+宾语）]}、"年且九十"（主语+谓语部分）都是主谓谓语。

前面已经强调过这四种句型分类上使用的词类，即名词、动词、形容词都只是为方便起见而进行的分类。这些词语在不同的位置可能表现出不同的词性。总而言之，古代汉语的实词大体上是融合了名词、动词、形容词等特征的综合性词。因此，动词谓语句、形容词谓语句、名词谓语句的划分往往存在局限性。

①直不（∨）百步耳，是亦走也。(《孟子·梁惠王上》)

【译】只不过没有（跑）一百步罢了，这也是逃跑啊。

"走"是名词谓语呢，还是动词谓语呢？这里的"走"并不是指逃跑这个动作，而是指逃跑这种行为，从整体句意来看，它是名词性谓语，因此该句应该属于名词谓语句。然而，这点似乎并没有受到重视。要知道表示判断的谓语并不是只能由词义上的名词构成。以词义上的动词、形容词为中心的谓语也同样可以表达出名词性的意思。确切地说，拥有实际词义的词语并不是各自具有动词性、形容词性或名词性，而是把这些性质都融合在了一起。

也就是说，按照古代汉语的特征来说，这些词的词性是不能进行细分的。这也说明了前面"既有词类划分的特征"部分提到的实词类的细分只是一种取巧的做法。

再看下面的例子。

①是使民养生丧死无憾也。(《孟子·梁惠王上》)

【译】这让百姓供养活着的人，埋葬死了的人，没有遗憾。

"使民无憾"是谓语部分的核心成分。只看这一部分的话，是"使百姓没有遗憾"的意思，然而主语"是"指代前面的内容，因此整句的意思应该为"这（这样做）是使百姓没有遗憾的做法"。既然这句也是一个名词句，其谓语是不是也应该看作名词谓语呢？然而，这句又跟"直不百步耳，是亦走也"不一样，也可理解成"这使没有遗憾"。那么这是个动词句吗？答案是否定的。由于实词类的词语具有综合性的词性，因此古代汉语里并没有区分动词词组与名词词组的标识，有的只是语境。

勉强将具有综合性词性的实词分成名词、动词、形容词，就产生了类似的问题。这也再次说明了这种分类只是一种词义上的以简便为目的的划分。这种词义上的动词谓语、名词谓语实际上都是以一种形式出现的，而这些实词实际上具有融合动词、名词、形容词特征的综合性词性。

此外，还要注意到"养生丧死"（[谓语+宾语]+[谓语+宾语]）虽是个动词性词组却充当了状语。可见，词组即使充当不同的句子成分，其基本形式也不会发生变化。这正是以词义、语序及语境为主要依据的语言所展现出的特征。

就像按照词义划分词类一样，上述四种基本句型也只是一种便于理解的划分。若要按照谓语的内容来设定基本句型的话，那么从语法上来说，只能整理出"主语部分+谓语部分"这一种框架。主语部分和谓语部分的各种结构并不是按词类划分的，其分类主要依据的是主语、谓语、宾语、补语这几种句子成分。在"主语部分+谓语部分"这一结构之下，再按照宾语、补语等谓语连带成分的有无进行划分就可以了。

### （四）其他句子种类

以同时具备主语部分和谓语部分为标准，可将句子分为"主谓句"与"非主谓句"，再根据"主语部分+谓语部分"结构的个数，分出单句与复句，还可以将充当谓语的词语或词组作为中心，把句子分为动词谓语句、形容词谓语句、名词谓语句和主谓谓语句。此外，按不同标准还可划分出很多句子类型。

从句义出发，根据句子的用途，可分为陈述句、疑问句、祈使句[①]、感叹句等。其他语言中也可看到类似的分类。古代汉语的疑问句中，针对命题真伪进行询问时，一般在句尾添加表示疑问的语气助词；对特定成分进行询问时，大部分情况下会使用疑问助词。感叹句一般也是在句尾加上表达感叹的语气助词。

还有些是以谓语的内容为着眼点，根据主语部分与谓语部分结合所表达的意义关系将句子分为判断、陈述、描写等类型。这种分类不具备语法意义。

此外，还可以将句子分成肯定句与否定句。

"不""非""未"及其不同形态是最具代表性的否定词。这些词被看作副词。"无"类动词明明是与"有"对立的词汇，却也常被看作否定词。"无"虽然具有否定的词义，却并不是否定副词。无论在哪种情况下，"无"都是动词，始终表达着"没有、不存在"的意思。

将古代汉语的句子分成主动句与被动句时，一定要以整体句义为依据。被动句并不是靠表达被动的特殊成分（形态）或某种句型来构成的，而是单纯地从语境与词义中体现出来的。关于这点，后文将会进一步阐释与说明。

---

[①] 祈使句是表达"愿望""命令与禁止"等句型的总称，大体相当于"命令句"。严格来说，祈使句包括"命令句"与"祈愿句"。古代汉语里其实没有祈使句的句式标识，句式基本上和陈述句一样。所以表达"愿望""命令与禁止"等句义的就是上下文以及语境。这种句型的特征在句法论部分将会详细说明。

# 第二章

# 实词的分类及用法

## 第一节　名词、动词、形容词、副词、代词、感叹词的区分

目前为止，实词的词类基本上都是按照词义来划分的，大体上可分为名词（本书将数词与量词也归入名词）、动词、形容词、副词、代词、感叹词等类别。关于副词，一般从词义上对其进行描述，称其主要用作"表达程度、范围、时间、语气、否定与肯定等内容"，同时又引入西方语言学中词类与句子成分的概念，对副词的功能（作状语）进行说明，称其"主要用作修饰动词与形容词"。名词（包括数词和量词）、动词、形容词的功能范围都很广，且功能种类基本一致。

根据词义划分的各词类分别具有下列功能（可充当的句子成分）：名词可充当主语、宾语、定语、状语、谓语；动词可充当谓语、定语、状语、补语、主语、宾语；形容词可充当谓语、定语、状语、补语、主语、宾语；副词只充当状语；代词基本上具有与其他实词类相同的功能；感叹词置于句子前，因作为独立成分而被称为独立语。除副词外，各类词的功能没有什么差异。只是动词和形容词在可以作补语方面稍有不同。代词也是这样。代词是指一类可代替词、词组、句子或整个段落使用的词，可表达由名词、动词、形容词、数词、量词、副词等概念化而得出的各种内容（人物、事件、场所、时间、行为、性状、方式、原因、理由、数量等），以及由这些组合而表

达的更为宽泛的意义。

　　只有副词是只对应状语这一种句法功能的词类。这与西方语言中副词的语法功能基本一致。副词的功能被定义为充当"副词性修饰语（状语）"，而副词与状语之间也成了古代汉语当中唯一一组词类与功能一一对应的关系。当然，在副词与其他词类的划分界限上仍然存有争议。

　　从功能的种类来看，动词与形容词都有六种功能，除词义外，两者在语法上没有什么差异。汉语中的补语是一种较为特殊的句子成分，人们对其范围的认识略有不同，名词和代词不能充当补语这点还是比较容易理解的。总的来说，它们与动词、形容词的功能十分相似，可任意充当除补语外的其他五种成分。

　　代词一般被分为人称代词、指示代词和疑问代词三种。代词是一个整体概念，不应按其功能分为代名词、代形容词、代动词和代副词。也就是说，代替名词、形容词、动词、副词使用的词皆称为"代词"。不能说代词是代替其他词语或词组使用的就不具备词性，也不能说名词、形容词、动词、副词被替代了其原本的词性就消失了。这样的话，代词就同时具备了两种词性，一种是其自身固有的词性，还有一种是临时生成的其所代替的那个词语（或词组）的词性。古代汉语的同一个代词常常既可以是人称代词，也可以是指示代词。

　　除此之外，值得注意的是数词与量词一直被合为一类词。数词是指表达"一、二、三、十、百、千、万、亿"等数的词，而量词是统计数时作为计量单位使用的词。古代汉语量词的使用与现代汉语有着很大差异，其功能基本与名词一致。每个量词的功能范围有着一定的差异，与名词相比整体上范围要略小一些。然而，无论是表达数的词，还是表达量的词，从词义来看都属于名词，将其归入名词语法上也不存在任何问题。因此，本书不单列数词与量词。

　　事实上，只通过句子成分来说明古代汉语的语法特征更符合汉语的实际。由于实词分类并不具备什么语法意义，也就没有必要再将修饰语分为定语和状语。对定语与状语的区分，即将修饰名词与名词词组的成分称为定语，将修饰动词、形容词、副词及其他充当谓语的词语或词组的成分称为状语，本来就是西方的语言框架。这种区分只在名词与动词、形容词、副词间存在明显对立的语言里才有意义。而古代汉语的名词、动词、形容词间的界限不十分明确，除"所"字句外，词与词组的名词性、动词性或形容词性都可以通过语境得到确认。因此，我们完全可以不用区分定语与状语，而将其看作同一种修饰语。

总体来看，现有的词汇分类中，词与其功能间没有严谨的对应关系。可以说，只要是对古代汉语词汇进行划分，就无法避免其与古代汉语本质存有出入的弊端，尤其是划分名词、动词、形容词，不得不把词义作为划分标准。在充分理解这一点的基础上，本书将副词与代词也归入实词类，并对实词的各分类作出如下定义。

**名词**：用于表达人、物及各种概念的名称，可充当除补语外的各种句子成分。与其他语言相比有着可单独构成谓语的特征。被规定为名词的词常常同时属于动词、形容词，语音上没有变化，且表达着相同的概念。在词类划分较为清晰的语言里，分类主要依据形态差异与形态变化，这些都是古代汉语所没有的。关于这一点，前文中有详细说明。

**动词**：是用来表达动作及行为等具体活动、变化、有无、存在、出现、消失、可能、意愿、需要、心理、感知、关联等多种意思的词语，可充当六种句子成分中的任何一种。动词兼为名词的情况较多。从现代语言研究的角度来看，一个词若分为两种以上的概念，那么在分类上会呈现出一定的局限性。

**形容词**：是用于表达人或物的形状、性质、动作、行为、变化的状态，以及可能、应当、意愿等意思的词语，同动词一样可充当六种句子成分中的任意一种。由于是从词义上进行的划分，形容词兼为名词的情况较多。与动词的情况相类似，同一个词往往有两种以上的词性，说明古代汉语词类划分存在缺陷。尤其是其与动词的界限十分模糊，由于缺乏形态、形态变化及功能上的差异，难以对两者作出明确的区分。

**副词**：是用来表达程度、范围、时间与频度、情态与推测、否定与应答、反语、关联、转换等意思的词语。由于其只可用作状语，可以说是唯一一类与功能有着绝对对应关系的词。副词充当副词性修饰语，有着实际的词义，属于实词。认为副词独立性较差，不具备其他功能，只可作状语，而将其看作虚词是不合理的。副词与其他词类间并没有统一的区分标准。按照现行的分类，有很多动词、形容词和名词都可以兼作副词。

**代词**：是代替其他词、词组、句子及段落使用的词语，可代替人物、事物、场所、时间、行为、性状、方式、原因、理由、数量等由名词、动词、形容词、副词所表达的所有内容。代词同名词一样可充当除补语外的所有句子成分。

**感叹词**：是指表达吃惊、伤心、愤怒、斥责、感叹、叹息、称赞、许诺等各种语气的词。独立于句子之外，是主语、谓语、宾语、补语、定语、状语六种句子成分之外的独立成分，也被称为"独立语"。由于能够独立表达意义而被看作实词。

从上述内容可以看出，除副词以外，古代汉语很难依据词的功能对词类进行划分。

## 第二节 名词、动词、形容词的词性分类局限性

名词、动词、形容词到底是依据什么来划分的呢？请先看如下例句：

①弟子入则孝，出则弟，谨而信，泛爱众而亲仁，行有余力则以学文。(《论语·学而》)

【译】弟子们回家要孝（孝顺父母），外出要悌（尊敬长辈），谨慎而守信，博爱民众，亲近有仁德的人。做到这些以后，还有多余的精力，就用来习文。

②其为人也，孝弟而好犯上者，鲜矣。不好犯上而好作乱者，未之有也。君子务本，本立而道生。孝弟也者，其为仁之本与！(《论语·学而》)

【译】他为人孝顺父母、敬爱兄长，却喜好顶撞长辈、上级的情况很少见。不喜好顶撞长辈或上级，却喜好造反的还从未有过。君子致力于根本，根本树立了，道也就有了。孝顺父母、敬爱兄长，那就是行仁的根本啊！

我们先来看一下①②中的"孝"与"弟"。①里的"孝"和"弟"作谓语，若释为"孝顺""敬爱"，则是形容词。倘若我们将其理解为一种行为呢？它们就变成动词了吗？在②里，前面的"孝、弟"是谓语，而后面的是主语，作主语的"孝、弟"既可以看作形容词，也可以看作动词，意思上没有什么不同。在现行的词类划分体系中，动词和形容词都可充当主语，也可充当宾语。然而，我们通常认为后面的"孝、弟"是名词，解释起来也没有什么不同。在没有任何语法标识的情况下，名词、动词、形容词到底是如何划分的呢？

②里的"仁"也有着同样的问题。当作抽象名词时，"仁"指一种抽象的道德概念；当作形容词时，则意为"仁慈的"。"仁"若充当宾语，即使本身是形容词，也肯定已经名词化了。那么，"仁"到底是名词，还是形容词呢？又是根据什么来划分的呢？"孝弟乃仁之根本"里的"孝、弟"和"仁"，其词性又是什么呢？

我们再来看一下①里的"众"与"仁"。作形容词时，"众"意为"多"，"仁"意为"仁慈的"。然而，若将句中充当宾语的"众"和"仁"看作名词化的形容词，句意上又解释不通。因此，现在一般将它们分别译作"大众"和"仁慈的人"。这时的"众"和"仁"又变成了一般名词。由此可见，同一个词既可以是形容词，又可以是动词，作动词时又有着诸多用法。不仅如此，这个词甚至还可以是名词，且可以在抽象名词与一般名词之间自由转换。像这样的词类划分法真的能如实反映古代汉语的特征吗？另外，后面带宾语可以看作动词的标识吗？形容词不是也可以带宾语吗？下面例⑦中"远耻辱"的"远"通常被看作形容词的使动用法，释作"远离"。这种看法是否妥当呢？事实上，将这个词组理解为"耻辱（离～）远"也未尝不可。这样，"耻辱"就成了形容词"远"的宾语。再者，按照现行的分类法，①里"亲仁"的"亲"并不是形容词，而是动词。然而，当其在句中指"父亲、亲戚、亲近的人"或"亲密的关系"时，则又会被视作名词。

这种词类划分使得古代汉语的实词几乎都兼有多种词性，这主要是套用西方语言词类概念造成的。毕竟，西方语言在词汇的形态、种类等方面都与古代汉语有着天壤之别。那种建立在词的形态与功能差异上的分类方式仅适用于一部分现代语言，将其套用在性质截然不同的汉语上，无论是古代汉语，还是现代汉语，其结果是可想而知的。除非古代汉语能通过语调上的差异来区分词性，否则就应视其具有综合性，所以，目前应重新考虑描述说明综合性的观点，因为它与语法上的"描述"相差甚远。

古代汉语词汇在使用时并没有所谓的词性限制，因此我们不应该将现代一部分语言的词类划分套用在古代汉语上，试图对古代汉语词汇的词性及使用进行说明。目前，已知有一些词是靠声调来区分词性的。然而，大部分词并不具备这种特征。这时我们应该尝试上面提到的"综合性"来对古代汉语的词汇作出解释，而"实词"这一概念最能体现这种统括性的特征。当然，也可以将这类词称为"名动形副词"。词性的分化是有一定过程的，在某一时期里，可能先是分化出了类似"名动形词""名动词""名形词""动形词"等词类，最终逐渐形成了名词、动词、形容词、副词乃至代词等词群。副词只能作状语，是在经历了"名副词""动副词""形副词"等阶段后，最早独立出来的一类词。

古代汉语在词类划分上问题层出不穷的根本原因还是在于认为所有词都可划分出词性。我们拿下面的例子来作具体的说明。

③贤贤易色。(《论语·学而》)
【译】好像喜欢美女似的，以贤为贤。

"贤贤"从句义上来看不是联合结构，也不可能是主谓结构，将其看作述宾结构最为恰当。按现行的分类方法，两个"贤"的词性互不相同，前面的是动词，"以～为贤"，属意动用法，后面的是名词，意为"贤者"[①]。这两个"贤"在发音上没有不同，更不存在形态上的差异，所谓的词义上的差异并不是一种可以成为判断依据的客观标准。

④君子病无能焉，不病人之不己知也。(《论语·卫灵公》)
【译】君子担心没有能力，不担心别人不了解自己。
⑤主忠信。(《论语·学而》)

---

[①] 此外，将其看作抽象概念的"贤"也说得通。一些强调词类划分必要性的人将这种"贤"视为抽象名词，将"贤者"视为一般名词。

【译】以忠与信为主。

④中的"能"是"无"的宾语。这里的"能"是否一定就是名词，意为"能力"呢？按现行的词类划分体系，"有、无"等很多单词后面跟随的动词和动词句都被看作宾语。那么，将"能"看作动词，解释为"有能力、做得好"似乎也没什么问题。这样，"无能"这一谓宾结构所表达的意思就变为"没有能力""没有做得好（的事）"。"无能"又是"病"的宾语，"病"解释为"以～为病"，归入意动用法。

⑤"主忠信"的"主"也同样被当作动词，可理解为"以～为主"，也可理解为"使～为主"。可见，意动用法和使动用法在判断上具有很大的随意性，其判断标准相当模糊。此外，"忠"和"信"到底是形容词还是名词也很难得出结论。这点前面已经分析过了，不再赘述。

大多数动词在用作他动时，都可归入意动或使动。事实上，他动与意动、使动间的界限是十分模糊的。就拿动词"从"来说，作"跟从"讲时是自动，作"率领"讲时是他动。"率领"又可理解为"使跟从"，即为使动。这么说"率领"就是"使跟从"，"使跟从"就等于"率领"了吗？以此类推，会有更多的他动词被归入使动一类。然而，这只是一种译成现代汉语的方法而已。这些所谓的不同并不是词性上的差异，也不是用法上的差异，更不是语法特征上的差异，而只是古代汉语词汇在句中由前后搭配所产生的词义在现代汉语里表达方式不尽相同罢了。

由此可见，古代汉语单词本身并没有可供划分词类的标识，动词也不分自动、他动、被动，他动中也没有意动与使动的差别。根据上述方法划分的词性在与句法结合后，不可避免地出现了许多杂乱无章的现象。从下面这段对话中，我们可以很容易看到上文例句中"孝、弟、众、仁、贤、忠、信"及"主、能、病"等词在词类划分上的混乱。

⑥孟子见梁惠王。王曰："叟不远千里而来，亦将有以利吾国乎？！""王何必曰利？亦有仁义而已矣。王曰何以利吾国，大夫曰何以利吾家，士庶人曰何以利吾身，上下交征利而，国危矣。万乘之国，弑其君者必千乘之家，千乘之国，弑其君者必百乘之家。万取千焉，千取百焉，不为不多矣，苟为

第二章　实词的分类及用法

后义而先利，不夺不餍。未有仁而遗其亲者也，未有义而后其君者也。王亦曰仁义而已矣，何必曰利？"(《孟子·梁惠王上》)

【译】孟子见到梁惠王，梁惠王说："老人家不以千里为远来（此），还是有将用来利于我国的（东西）吧？""大王为什么一定要说有利呢？只有仁与义而已。大王问有什么利于我的国家的，大夫问有什么利于我的家门的，士族与百姓问有什么利于我自身的，上下交替谋求利益，国家就危险了。弑杀万乘之国国君的必定是千乘之家，弑杀千乘之国国君的必定是百乘之家，从万里取一千，从千里取一百，不可谓不多。若做事以义为后、以利为先，则不掠夺就不会满足。未曾有行仁却抛弃他的父亲的，未曾有行义把他的君王放在次要地位的。大王只该讲仁义，为什么一定要说利呢？"

按现在通用的解释方式，"远"为意动，"利、先、后"为使动，都是典型的动词用法。"远"和"利"是形容词活用作动词，"先"和"后"是名词活用作动词。然而，这种词性转化的先后顺序（哪个是原本的词性，哪个是转化后的词性）完全是靠主观判断来决定的。"王何必曰利"与"先利"中的"利"可以解释为名词"利益"，也可以解释为形容词"有利的"。也就是说，在现行的词类划分体系下，理解方式不同，"利"的词性就会不同。那"仁"和"义"又该如何划分呢？是否该与后面的"利"有所呼应呢？类似这种独立使用的情况又当如何归类呢？

至此，我们看到现行的词类划分完全是建立在现代汉语译文的基础上的，翻译不同，结论就会不同，译成外语就更是如此。古代汉语里根本就没有能够划分动词、名词、形容词的标准，一个单词难以既是动词，又是名词、形容词。换句话说，古代汉语的实词间没有词性的差别。

⑦信近于义，言可复也。恭近于礼，远耻辱也。因不失其亲，亦可宗也。(《论语·学而》)

【译】信念与义相近（→符合义），所说的话就可以实践。恭敬与礼相近（→符合礼），就能远离耻辱。因而这样做又不失亲近，就值得尊奉了。

例⑦中"信、义、恭、礼、亲"的词性与我们上面分析过的"远"相

065

似。在此，我们主要以"言"和"宗"为例来看一下名词与动词在划分上遇到的问题。"言"意为"话"的时候，是名词，意为"说"的时候，是动词。这种划分单纯以现代汉语的释义为依据，并不是一种合乎语法逻辑的说明。再看"宗"，表达"使～为宗"时，就是使动，表达"以～为宗"时，就是意动？这完全是一种想当然的分类法。事实上，就连"宗"到底是不是动词也很难说。句中的"宗"位于"可"之后，充当宾语，而能够充当宾语的并不只有动词，名词也是可以的。

古代汉语没有独立的名词、动词、形容词，应该说其主流词汇所具有的是一种未分化状态下的综合词性。

## 第三节　实词各词类与句子成分的对应关系

现在我们从词在句中的功能出发，来看一下所谓的名词、动词、形容词的具体用法，以弄清上述词类与语法功能间的相互关系，即句子成分与各词类间的对应关系。

### 一、主语

#### （一）名词

①庖丁为文惠君解牛。(《庄子·养生主》)

【译】庖丁为文惠君分解整牛。

②一可以胜十，十可以胜百，百可以胜千，千可以胜万，万可以胜天下矣。(《战国策·秦策》)

【译】一可以胜十，十可以胜百，百可以胜千，千可以胜万，万可以胜天下。

## （二）动词

①耕者①九一。(《孟子·梁惠王下》)

【译】耕田的情况九中取一（→九分之一纳税）。

②食不语，寝不言。(《论语·乡党》)

【译】吃饭（的时候）不说话，（上床）睡觉（的时候）不说话。

## （三）形容词

①小固不可以敌大，寡固不可以敌众，弱固不可以敌强。(《孟子·梁惠王上》)

【译】小的本来敌不过大的，少的敌不过多的，弱的敌不过强的。

## （四）代词

①我闻忠善以损怨，不闻作威以防怨。(《左传·襄公三十一年》)

【译】我听说过靠忠诚善良来减少怨恨的，没听说过靠作威作福来防止怨恨的。

# 二、宾语

## （一）名词

①齐侯以诸侯之师侵蔡。(《左传·僖公四年》)

【译】齐侯用诸侯的军队侵略蔡国。

---

① "者"是语气助词。

## （二）动词

①不违农时，谷不可胜食也。(《孟子·梁惠王上》)
【译】不违背农时，谷物就不会被吃光。

## （三）形容词

①民之憔悴于虐政未有甚。(《孟子·公孙丑上》)
【译】百姓因暴政而憔悴（→苦于暴政）的情况从没有这么厉害过。
②慎终追远，民德归厚矣。(《论语·学而》)
【译】慎重地办理丧事，追念（祭祀）遥远的祖先，百姓的德行就会回归敦厚。

## （四）代词

①子其怨我乎？(《左传·成公三年》)
【译】你怨恨我吗？

# 三、谓语

## （一）名词

①臣之所好者，道也。(《庄子·养生主》)
【译】臣所喜好的是道。
②君子道者三，我无能焉。(《论语·宪问》)
【译】君子之道有三，（这三个中）我没有做得好的。
③农，天下之本。(《史记·孝文本纪》)
【译】农业是天下的根本。

## （二）动词

①孟子见梁惠王。（《孟子·梁惠王上》）

【译】孟子谒见梁惠王。

②秦晋围郑，郑既知亡矣。（《左传·僖公三十年》）

【译】秦国和晋国包围了郑国，郑国已经知道国家将亡。

③曰：去食。自古皆有死，民无信，不立。（《论语·颜渊》）

【译】说："去掉粮食。人自古都有一死，百姓不相信（统治者），（国家）就无法立足。"

④寡人愿安承教。（《孟子·梁惠王上》）

【译】寡人欣然听您的指教。

⑤后世无传焉。（《孟子·梁惠王上》）

【译】后世对此没有流传。[这些没有流传于后世。]

## （三）形容词

①其志洁，故其称物芳。（《史记·屈原列传》）

【译】他的志向高洁，因此他把东西描写得充满芳香。

②管仲之器小哉！（《论语·八佾》）

【译】管仲的器量太小了！

③治者强，乱者弱，是强弱之本也。（《荀子·议兵》）

【译】安定的国家强盛，混乱的国家衰弱，这是强盛与衰弱的根本原因。

④天下苦秦久矣。（《史记·陈涉世家》）

【译】天下苦于秦（的暴政）很久了。

⑤沛公默然。（《史记·项羽本纪》）

【译】沛公默不作声。

⑥桑之未落，其叶沃若。（《诗经·卫风·氓》）

【译】桑树还没落叶的时候，它的叶子新鲜润泽。

⑦齐桓晋文之事，可得闻乎？（《孟子·梁惠王上》）

【译】齐桓公与晋文公的事（我）可以听听吗？

## （四）代词

①春者何？岁之始也。(《公羊传·隐公元年》)

【译】春是什么，是一年的开始。

②孟尝君怪之曰：此谁也？(《战国策·齐策》)

【译】孟尝君觉得很奇怪，问道："这是谁？"

## 四、补语

### （一）动词

①名尊地广以至王者，何故？战胜者也。名卑地削以至于亡者，何故？战罢者也。(《商君书·画策》)

【译】名声尊贵，土地广阔，以至称王，是什么原因呢？（是因为）战胜了。名望低微，土地削减，以至灭亡，是什么原因呢？（是因为）战败了。

②得天下英才而教育①之，三乐也。(《孟子·尽心上》)

【译】得到天下的英才，通过教化来培育他们，这是第三个乐趣。

### （二）形容词

①汉氏减轻田租。(《汉书·王莽传》)

【译】汉朝减轻了田租。

---

① 动词性或形容词性的词跟在谓语后以说明其结果，这种成分称为"补语"。然而，补语除了语序没有任何其他标识，仅靠意思进行区分的话，在很多语序相同的情况下，很难判别某一结构到底是联合结构，还是补充结构。"教育"就是这样的例子，若将其理解为"教育和养育"，就变成了联合结构。

070

## 五、定语

**（一）名词**

①上古之世，人民少而禽兽众。(《韩非子·五蠹》)

【译】上古世上人少，禽兽多。

②孔子过泰山侧。(《礼记·檀弓》)

【译】孔子路过泰山旁边。

③是社稷之臣也。(《论语·季氏》)

【译】这些人是社稷之臣（摄理朝政的能臣）。

④三人行，必有我师焉。(《论语·述而》)

【译】三人走在一起，（其中）肯定会有我的老师[有一个人可以做我的老师]。

**（二）动词**

①其巫，老女子也，已年七十。从弟子女十人所。(《史记·滑稽列传》)

【译】那个巫师是个老妇人，已经七十岁了。跟从的弟子中女子有十人左右。

②行有余力，则以学文。(《论语·学而》)

【译】做到这些以后，还有多余的精力，就用来习文。

**（三）形容词**

①虽有高城深池严法重刑，犹不能禁也。(《汉书·食货志上》)

【译】即使有又高又深的城池、严厉的法律和酷重的刑法，还是不能禁止。

②窈窕淑女，君子好逑。(《诗经·周南·关雎》)

【译】美丽的淑女是君子的好配偶。

## （四）代词

①三人行，必有我师焉。(《论语·述而》)

【译】三人走在一起，（其中）肯定会有我的老师[有一个人可以做我的老师]。

②颜渊季路侍。子曰："盍各言尔志？"(《论语·公冶长》)

【译】颜渊和季路（在旁）侍候，孔子说："何不各自说说你们的志向？"

## 六、状语

### （一）名词

①王陵者故沛人，始为县豪，高祖微时兄事陵。(《史记·陈丞相世家》)

【译】王陵是以前沛县的人，起初是县里的豪俊，高祖微贱时像对待兄长一样侍奉王陵。

②于是信谓广武君曰："仆欲北攻燕东伐齐何若而有功？"(《史记·淮阴侯列传》)

【译】于是，韩信对广武君说："我想要向北攻打燕国，向东讨伐齐国，怎样才能有功劳呢？"

③臣恐强秦之为渔父也，故愿王之熟计之也。(《战国策·燕策》)

【译】臣担心强大的秦国会成为渔夫[取得渔翁之利]，因此希望大王深思熟虑这件事。

④齐王四与寡人约，四欺寡人。(《史记·苏秦列传》)

【译】齐王四次与寡人相约，四次欺骗寡人。

### （二）动词

①足下必欲诛无道秦，不宜踞见长者。(《史记·高祖本纪》)

【译】您一定要讨伐无道之秦的话，就不应叉腿坐着面见长者。

②良业为取履，因长跪履之。(《史记·留侯世家》)

【译】张良既然为（老翁）取来了鞋子，就跪下给他穿上了。

### （三）形容词

①赵太后新用事，秦急攻之。(《战国策·赵策》)

【译】赵国的太后刚刚摄政，秦国就急着攻打它。

②帝废位，太后幽杀之。(《史记·吕太后本纪》)

【译】皇帝被废后，太后将其秘密杀死。

③毛羽未成，不可以高飞。(《史记·苏秦列传》)

【译】毛和羽尚未长成，不能高飞。

### （四）副词

①国将亡，本必先颠而后枝叶从之。(《左传·闵公元年》)

【译】国家将要灭亡之时，树根必定先崩毁，然后枝叶跟着（破碎）。

②怠慢忘身，灾祸乃作。(《荀子·劝学》)

【译】懈怠疏忽使得忘记自身［忘记了要对自身加以控制］，灾祸就会出现。

③万乘之国，弑其君者必千乘之家。(《孟子·梁惠王上》)

【译】万乘之国弑其君王的必定是千乘之家。

### （五）代词

①礼之用，和为贵。先王之道，斯为美。小大由之。(《论语·学而》)

【译】礼的应用以和谐为贵。古代君王法度就美在这里。大事小事都照此去做。

②季文子三思而后行，子闻之曰：再斯可矣。(《论语·公冶长》)

【译】季文子（做事）想三次［再三考虑］之后才会去行动。孔子听到后，说："想两次就可以了。"

只有副词与状语有一一对应的关系。动词与形容词可充当六种句子成分，且两者没有任何差异。名词可充当除补语外的其他成分，从功能上来看，其与动词、形容词也没有明显的差别。总而言之，除副词外，古代汉语的词性与句子成分间不存在严格的对应关系，因此，将词类划分作为句法论的基础是没有任何语法意义的。绝大多数被划分为名词、动词、形容词的单词都同时拥有这三种（或两种）词性。可以说，这三种（或两种）词性交融于这些词当中，无法分割、剥离或抽取。本书仍使用名词、动词、形容词这三个概念仅是为了便于说明与描述，而非继续采用这种划分方法。

## 第四节 实词的综合词性

如上所述，古代汉语中的实词是很难细分词类的。若强行划分，必然会导致一个词同时具有几种词性。然而，现行的语法体系无视眼前的这种矛盾现象，直观地根据词义给单词分类，当归入某一词类的词展现出其他词性时，就想当然地将其看成"活用"，并附以说明，称此为"根据词句中的使用来判别其词性"。而事实上，这种分析方式使得一个词具有了多种词性，而又没有任何标准来确定到底哪一个才是其基本词性。

现在我们来看一些以现有方法对词的词性及其用法进行说明所举的例子。

### 一、名词作动词

#### （一）一般用法

①火烛一隅。（《吕氏春秋·士容》）
【译】火照着一个角落。
②范增数目项王。（《史记·项羽本纪》）

【译】范增数次看项王。

③子谓公冶长可妻也，虽在缧绁之中，非其罪也，以其子妻之。(《论语·公冶长》)

【译】孔子说："公冶长，可以将女儿嫁给他，虽然他在牢狱之中，但这并不是他的错。(而后) 把自己的女儿嫁给了他。"

④匈奴未灭，何以家为？(《汉书·霍去病传》)[为：表疑问的语气助词]

【译】匈奴尚未灭亡，拿什么来成家呢？

⑤勇士入其门，则无人门焉者。(《公羊传·宣公六年》)

【译】勇士进入他家的门，而那儿没有看门的人。

### (二) 意动用法

①宝珠玉者，殃必及身。(《孟子·尽心下》)

【译】将珠玉看作宝贝，灾祸必定会降到 (他) 身上。

②夫人之，我可以不夫人之乎？(《穀梁传·僖公八年》)

【译】(别人) 把她看作夫人[正室]，我可以不把她看作夫人[正室]吗？

③不如吾闻而药之也。(《左传·襄公三十一年》)

【译】不如我听后把它当作药[治病的良药]。

### (三) 使动用法

①齐威王欲将孙膑。(《史记·孙子列传》)

【译】齐威王想要让孙膑当将军。

②纵江东父老怜而王我，我何面目见之？(《史记·项羽本纪》)

【译】即使江东父老可怜我，让我当王，我 (有) 什么面目见他们呢？

③不居关中而都彭城。(《史记·淮阴侯列传》)

【译】不在关中居住，而把彭城当作都城。

## 二、动词作名词

①黔敖左奉食，右执饮。(《礼记·檀弓》)
【译】黔敖左边捧着吃的，右边拿着喝的。

## 三、使动用法

①欲辟土地，朝秦楚，莅中国而抚四夷也。(《孟子·梁惠王上》)
【译】想要开辟疆土，使秦和楚前来朝拜，立于国家的中心［君临中原］，安抚四方少数民族。
②沛公旦日从百余骑来见项王。(《史记·项羽本纪》)
【译】沛公第二天使百余骑随从［率领百余骑］来见项王。
③使赵不将括则已，若必将之，破赵军者必括也。(《史记·廉颇蔺相如列传》)
【译】假使赵国不用赵括做将军也就罢了，如果一定要让他当将军，那么使赵军被击破的（人）一定是赵括。

## 四、形容词作名词

①泛爱众而亲仁。(《论语·学而》)
【译】（要）广泛地爱众人，亲近有仁德的人。
②将军身被坚执锐，伐无道，诛暴秦。(《史记·陈涉世家》)
【译】将军身披坚固的铠甲，拿着锐利的东西（武器），讨伐无道（之人），诛灭了暴虐的秦。

### 五、形容词作动词

①工师得大木,则王喜。……匠人斫而小之,则王怒。(《孟子·梁惠王下》)

【译】工师(百工之首)得到大木料,大王就高兴……木匠砍削(木料),把它弄小了,大王就发怒了。

②孔子登东山而小鲁,登泰山而小天下。(《孟子·尽心上》)

孔子登上东山而觉得鲁国小,登上泰山而感到天下小。

上面这些例子分别被解释为名词作动词、动词作名词、形容词作名词、形容词作动词,还给词性分出了先后。此外,又将动词的使用分为两种,一种是一般的使用,一种是用作意动或使动。这些说明只是符合现代汉语的理解方式。

古代汉语的实词,正如前文已提及的,不一定同时具备多种词性,而是具有一种综合词性。这才是一种从语法角度出发的客观认知,有助于我们正确地把握古代汉语的固有特征。其实,古代汉语不仅在词性上,在词义上也同样有着综合性乃至统括性的特征。这一点我们在后面"需注意的动词"一项中会作出详细的说明。

## 第五节　名词、动词、形容词内部小类划分及特征

### 一、名词的分类

由于名词细分时,不得不以词义为基准,因此不同的人会有不同的分法。可将其分为一般名词、抽象名词、固有名词、时间名词、方位名词、数名词、量名词等。现有的分类方法将表达"数""量"概念的数名词、量名词升格为与实词中其他各类词有着对等地位的数词和量词。现代汉语中表达数的词与表达量的词多结合在一起使用,确实也可将这两类词独立出来。然

而，古代汉语并没有这类特点，因此还是应该将它们归入名词一类。另外，表达时间、场所、方位的词无异于其他名词的语法特征，因此不宜将其从名词中分离出去。

### （一）一般名词

一般名词包括"君、臣、士、卒、将、帅、隐士、君子、圣贤、日、月、山、川、楼、台、刀、剑、杯、盘、衣、冠、茶、酒、草木、鸟、兽、虫、鱼、身、口、鼻、诗、赋、书、画"等所有事物的名称。有许多用例显示它们具有动词性和形容词性。因此，它们一直以来被视为兼作动词和形容词。

### （二）抽象名词

抽象名词指的是"仁、义、礼、智、勇、道、德、廉、耻、心、气"等表达抽象概念的名词。这类词语中有很多都可以兼作形容词，有些情况下还可表现出动词词性。因此，这类名词也被归入可以兼为形容词或动词的一类。

### （三）固有名词

固有名词是指如"黄帝、孔丘、孟子、韩非子、夏、商、周、司徒、太史令、江（长江）、河（黄河）、泰山、北海、匈奴、貊"等一些特定的、具体的名词。这类名词只有在极其罕见的情况下才会表现出动词性或形容词性。

### （四）时间名词

时间名词是指"年、岁、月、日、春、秋、朝、夕、旦、昼、夜、古、今、曩、昔、须臾"等表达时间的名词，可充当除补语外的任意一种句子成分。除了跟其他名词一样可随时作修饰谓语的状语外，时间名词还可置于句首充当整个句子的状语。因此，有些词难以区分其到底是名词，还是副词。[1]

### （五）方位名词

方位名词是指"东、西、南、北、上、下、左、右、先、前、后、内、外、边、侧"等词。方位名词主要表达位置或方向，多是像"江南、河边、堂上、村中、邦内、西河之外、易水以北"这样将其置于表达地点的名词之

---

[1] 下面句子中的"须臾"就是一个例子。关于这个词的词性说法不一，在此我们不妨将其看作名词。"西门豹曰：诺，且留待之须臾[作宾语]。"（《史记·滑稽列传》）"须臾[作状语]豹曰：廷掾起矣！"（《史记·滑稽列传》）

后,有时也会像"五步之内、数月之后"这样,将其放在其他名词或词组之后。"数月之后"的"后"表达的是时间的先后关系,严格来讲不属于方位概念。

## (六) 数名词

数词常被单列为一类。本书将其放入名词,称为"数名词",是表达"一、二、十、百、千、万、再"等数的一类词。表达数的词可单独使用,也可与其他名词一起使用,表达基数、序数、分数、概数等概念。有一种用法是在各数字之间加入"有"字。"有"属实词中的动词类。

①吾十有五而志于学。(《论语·为政》)
【译】我十五岁立志于学问。
②即去大梁百有二十里耳。(《荀子·强国》)
【译】离大梁只有一百二十里。

在基数前加上"第"就是序数,如"第十八"。表达年、月、日的顺序时,不使用"第"。

表达分数的概念时,有时使用"分"字,有时不使用。如"三分二",意为"分作三份之中的两份";写作"三二"时也表达类似的意思,即"三中之二"。此外,"三+〇+二"的形式意为"三个〇中的两个"。

在涉及分割的对象时,将其放在"分"之后,作"分"宾语,有时也可能不使用"分"。有"分"时,在"分+(宾语)"后,没有"分"时,在分母后,常伴随有表强调的语气助词"之"。

①故关中之地,于天下三分之一。(《史记·货殖列传》)
【译】因此,关中之地为天下的三分之一。
②方今大王之兵众不能十分吴楚之一。(《史记·淮南衡山列传》)
【译】现今大王的兵力不及吴楚(吴国和楚国合计)的十分之一。
③先王之制,大都不过三国之一。(《左传·隐公元年》)
【译】先王的制度,大的城池不超过国都的三分之一。
④中五之一,小九之一。(《左传·隐公元年》)

【译】中的五分之一，小的九分之一。

⑤丁壮者引弦而战，近塞之人，死者十九。(《淮南子·人间训》)

【译】健壮的男子都拉弓（拿起武器）作战，边塞附近的人死了十分之九。

概数一般像"一二""三四"这样，由邻近的两个数字连用，或使用"几""几何"来表达。数字前后可使用"可""许""所""几""余""数""不满""不过""不下"等词。①

（七）量名词

量名词是指计量事物数量的名词。根据其具体内容，可分为表达事物单位的物量词，和表达动作、行为单位的动量词。古代使用的量名词主要有以下词语。

长度或面积：尺、寸、丈、雉、仞、里、亩、顷等。

容积或重量：龠、合、升、斗、豆、区、釜、钟、庾、斛、秉、黍、铢、两、斤、镒、钧、担等。

其他次数：次、回、阵等。

一般：乘、匹、头、卷等。

表达数或量时，一般使用"数字+量词"的形式。如下列例句：②

①西方有木焉，名曰射干，茎长四寸，生于高山之上而临百仞之渊。(《荀子·劝学》)

【译】西方有树，名为射干，茎长四寸，生长高山上，挨着百仞深的潭水。

---

① "昔亡父赐书四千许卷。"(《后汉书·列女传》)"其巫，老女子也，已年七十，从弟子女十人所。"(《史记·滑稽列传》)"汉之为汉，几四十年矣。"(《汉书·食货志上》)"夫行数千里而救人者，此国之利也。"(《战国策·魏策》)"初张苍父长不满五尺，及生苍，苍长八尺余。"(《史记·张丞相列传》)"大王之卒，悉之不过三十万。"(《战国策·韩策》)

② 其他例句："一箪食，一豆羹，得之则生，弗得则死。呼尔而与之，行道之人弗受。"(《孟子·告子上》)"齐旧四量，豆区釜钟。四升为豆，各自其四，以登于釜，釜十则钟。"(《左传·昭公三年》)"一龠，容千二百黍，重十二铢。"(《汉书·律历志》)"十六两为斤，三十斤为钧。"(《汉书·律历志》)"陵恶自赐武，使其妻赐武牛羊数十头。"(《汉书·苏武传》)

②今王之地方五千里。(《战国策·楚策》)

【译】现在大王的土地方圆五千里。

③子华使于齐，冉子为其母请粟，子曰："与之釜。"请益。曰："与之庾。"冉子与之粟五秉。(《论语·雍也》)

【译】子华（公西赤）出使齐国，冉子（冉有）为他（子华）的母亲请求谷粟米。孔子说："给她1釜（6斗4升）。"请求再多给一些。说："给她1庾（16斗）。"（最后）冉子给了她5秉（1秉=16斛）粟米。

④乌孙多马，其富人至有四五千匹马。(《史记·大宛列传》)

【译】乌孙地区马很多，那儿的富人能有四五千匹马。

## 二、动词的分类

动词的下级分类基本上只是根据词义来划分的。

大体上都是按照动作、行为、变化、有无、存在、心理、知觉、可能、意愿、关系等词义进行分类。然而，这种划分时常会导致出现归属不明确、难以严格界定的情况。

**（一）动作、行为、变化等**

像"坐、起、来、行、走、出、入、过、生、死、哭、笑、立、战、兴、灭、攻、防、杀、打、食、饮、赐、教、使、令、见、视、望、听、闻、问、语、论、得、求、逆、成、变、改"等表达各种动作、行为或变化意义的动词。

**（二）有无、存在等**

"有、无"表达的是有和没有的意思。非人称主语的情况下，常常可根据整体句意来解释。尤其是在主语为场所时，常称"有、无"为表存在的动词。然而，这并非"有、无"的本质含义，只不过是我们对词汇的使用所做出的主观判断而已。因此，此处将其单独列为"有、无"。

"在"才是表达存在的词。表达出现或消失的相关词汇都可归为一类。

**（三）心理、知觉等**

是指"喜、爱、恶、怒、畏、恐、惧、恨、忧"等表达各种心理、感情的词语，以及"思、念、知、忘、悟、悔、惑"等表达知觉的词语。这种划分也不十分明确。上面被归入动作、行为、变化类的"见、视、望、听、闻"等词也有心理、知觉类的特征。

### （四）可能、意愿

包括表达可能的"能、得"以及表达意愿（意志）的"欲、愿"等词。这里有一点需要注意，"可、足"等可能类、"肯、敢"等意志类、"宜、当、应"等应当类动词一直被放在一起称作能愿动词或助动词。实际上，如果按照现行的分类方式，在词义的基础上来划分的话，则"可、足、肯、敢、宜、当、应"等都应归入形容词类。古代汉语里没有助动词。从功能上来看，一般动词乃至形容词在使用上没有什么不同。这些动词或形容词常常携带其他动词（或形容词）宾语，"有、无、在"及心理、知觉动词也常可见到这种使用方法。不仅是动词和形容词，具有其他词性的词也常常会充当它们的宾语。

在西欧语法中，表达这些概念的词语基本上都有助动词的性质。而将古代汉语中与之对应的词语不加区分地归为一类就会出现所谓的能愿动词。将其命名为能愿动词而非助动词总体上考虑了汉语的特征，即使只是依据词义划分，也应考虑是否可将这些词一概划入动词，不考虑一般动词与形容词的界限，虽说按照词义划分动词和形容词，会有很多界限不清的地方，但既然要分出动词和形容词，理应尽量从词义上划分。

我们应该将"能、得（可能）、欲、愿（意愿）"等词称作能愿动词，而将"可、足、肯、敢、宜、当、应"等词称作能愿形容词。其实，后者不仅有可能、意愿类的词，还包括"宜、当、应"等应当类的词，因此将其称为"能愿当形容词"似乎更为贴切。①

### （五）关系

这一类词有表达判断关系的"为、是"，表达类似及相同的"如、若、似、犹、类"，以及表达称谓的"称、曰、谓、为"等。

上述根据词义进行的划分与既有分类方式类似。事实上这种分类在语法

---

① 详见韩国学者安奇燮论文《古代汉语助动词"不在"相关研究》（《中国语文学论集》第36号，2006年第2期）。按词义归入能愿当类的词中，有一些词如"须、必"等，其归属模糊不清，有人将其看作副词，也有人将其看作动词。后文"单—宾语：谓语+宾语"部分简单明了地展示了能愿当类在谓语中所具备的特征。这些能愿当类的动词或形容词可根据需要叠加使用。

## 三、形容词的分类

正如前文已经提到过的，一直以来我们只是根据词义来区别形容词和其他实词[1]，可想而知，其下级分类也是不具有语法意义的，也仅仅是按词义划分的而已。本书大致将形容词分为表达性质、表达状态以及表达能愿当（可能、意志、应当等）三大类。同时，将词义上属于拟声词和拟态词的也归入形容词一类。虽然还可根据词义分得更细，但那只是一种观念上的分类，实际意义并不大。

这种划分并不是绝对的。同一个形容词其结合的词不同，表现出的特征也不同，有时表现的是性质，有时表现的是状态。此外，虽然形容词总体上既可充当谓语，又可充当定语、状语，然而有时一些词又可能因词义上的限制而无法充当某一成分。这些都是我们需要注意的。

### （一）性质

"强、弱、锐、钝、轻、重、明、暗、贤、愚、真、伪、善、恶、精、粗、美、丑、巧、拙、清、浊、温、冷、苦、甘、雅、俗"等主要用于形容性质，如"强国、重器、明君、贤臣、良将、善政、巧言、美名、声清、性温、言甘"等。

### （二）状态

除"大、小、多、少、众、寡、高、低、长、短、曲、直、厚、薄、远、近、红、绿、深、浅、广、狭"等单音节词外，"交交、坎坎、萧萧"等拟声词，"扬扬、欣欣、濯濯、赫赫、绵绵、苍苍、汤汤"等叠音词，"参差、憔悴、彷徨、婆娑、逍遥"等双声词及叠韵词，"默然、欣然、昭然、茫然、茫茫然、堂堂乎、婉如、申申如、率尔、莞尔、沃若"等派生词（附加词）都属于表达状态的形容词。

正如上文所提到的，依据词义划分性质和状态，在很多情况下是不具备任何意义的。比如"大义、小利、曲解、直言、深青、浅黄"中的"大、

---

[1] "仁、义、礼、智、勇、廉、大、小、强、弱"等词也常被放入名词（抽象名词）类，一直被看作兼有两种词性，这种分类方式是不具备语法意义的。事实上，其他形容词也和这些词一样既可作主语，亦可作宾语。

小、曲、直、深、浅"虽然属于状态类形容词，但在这里表达的却是一种性质。

### （三）可能、意愿、应当

"可、足、敢、肯、当、宜、应"属于这一类形容词。从词义上可以将其细分为可能、意愿（意志）、应当这三种来分析。用例详见"表达可能、意愿、应当等词汇的使用"一项。这类形容词多携带由词或句子充当的宾语。

古代汉语中的形容词常常携带宾语。"可求、足食、敢问、当立、宜为王"等短语很明显是由表达可能、意愿、应当的形容词加宾语构成的。"多才、少言、富马、难成、易老、贤己"等也都是这种"形容词+宾语"的结构。① "形容词+宾语"与"动词+宾语"同属于"谓语+宾语"的结构，即述宾结构。

①乌孙多马，其富人至有四五千匹马。（《史记·大宛列传》）
【译】乌孙地区马很多，那儿的富人能有四五千匹马。
②家富良马，其子好骑。（《淮南子·人间训》）
【译】家里富有（有很多）好马，他的儿子好骑马。
③商也好与贤己者处。（《说苑·杂言》）
【译】商喜欢与比自己贤能的人相处。

能愿形容词后面跟随的动词或动词句也是宾语，与前面的能愿形容词一起构成一种述宾结构。为简便起见，一般将动词与宾语的结合称为动宾结构，把形容词与宾语的结合称为形宾结构。

---

① 不仅"易（难）+动词"是形宾结构，"易（难）+于+动词"亦如此。"于"是一个强调宾语的助词。② 谓语动词后的数量性词组一直被看作宾语的一种。同理，形容词后面的数量性词组也自然是宾语。

## 第六节　动词使用上的主要特征

可以说，词义上的动词在句中可作主语、谓语、宾语、定语、状语、补语，最常见的是充当谓语，且作谓语时可被副词或其他状语修饰。词义上的形容词也可充当六种句子成分中的任意一种。词义上的名词可用作除补语外的其他五种句子成分，作谓语时可被一部分副词或状语修饰。

从上述的功能特点来看，古代汉语的词类和句子成分间不存在严格的对应关系。从动词的使用上就可看出，我们无法依据词的功能来对词类进行划分。

### 一、古代汉语动词的基本性质

#### （一）自动、他动词义划分的性质与宾语

汉语的宾语有很多种类。动词与宾语结合而成的述宾结构可以在没有任何其他成分的帮助下表达几乎所有的词义关系。一部分形容词也可携带宾语（形容词与宾语结合所表达的词义关系的种类在句法论部分有详细的说明）。[①]西方语言中自动词与他动词的二分法不适用于分析汉语的动词。既不能说没有宾语的动词是自动词，也不能说携带了宾语的动词就是他动词。将西方语言里的自动词与他动词分类套用于汉语动词的学者在论述时分别将这两类词命名为"不及物动词"与"及物动词"，或"内动词"与"外动词"。[②]然而，由于这种分类方法无法囊括汉语所有的动词，其在说明汉语的词类体系时反而会导致混淆。可以说，这种方法在总结汉语动词的特征上难以发挥作用。

下面是一些动词不带宾语的例子，可以说是与西方语言中"自动"的概念最为接近的情况。

---

[①] 动词（或形容词）与宾语之间有时还会放入其他词，但这并不会影响动词（或形容词）与宾语的关系。比如，强调宾语的"于（于）"以及谓语动词、形容词之后的疑问助词"乎"等。

[②] 还有其他一些类似的名称。学者对每个名称所包含的动词的范围都有着各自的理解，即使使用了同一个名称，其对具体动词的处理也不尽相同。

①明日子路行。(《论语·微子》)

【译】第二天子路走了。

②使者出。(《论语·宪问》)

【译】使者出来了。

③列子入，泣涕沾襟以告壶子。(《庄子·应帝王》)

【译】列子进去后，痛哭流涕，沾满衣襟地（把这）告诉了壶子。

④子产归，未至，闻子皮卒。(《左传·昭公十三年》)

【译】子产返回，还没到就听说子皮死了。

⑤子之燕居，申申如也，夭夭如也。(《论语·述而》)

【译】孔子闲居，舒适又快乐。

⑥子路拱而立。(《论语·微子》)

【译】子路拱手站立。

上面例句中的"行、出、入、归、至、卒、居、立"都没有宾语。

下面是几个相同或类似的动词的用例，这些所谓的自动词都带有宾语。[①]

⑦孔子欲居九夷。(《论语·子罕》)

【译】孔子想要住在九夷的土地上。

⑧冉子退朝。(《论语·子路》)

【译】冉子从朝中退出。

⑨子入太庙，每事问。(《论语·八佾》)

【译】孔子进入太庙，询问每件事。

古代汉语中除了上面的"居、退、入"，还有很多不能称作"他动"却常常伴有宾语的动词。比如，表达"往来"之义的"之、适、如"等，在西方语言中被划作自动词，而在古代汉语中它们都可以直接携带宾语。

⑩孟子自范之齐。(《孟子·尽心上》)

---

① 这些宾语主要是表达处所的词或词组。

【译】孟子从范去齐国。

⑪虽使五尺童子适市，莫之或欺。(《孟子·滕文公上》)

【译】即使让五尺高的童子去集市，也不会欺骗他。

⑫文公如齐。(《左传·成公三年》)

【译】文公去齐国。

上面的例子都是一种"动词+宾语"的结构，而西欧语法中没有这种述宾结构，在表达相同意思时，需要选用其他的形式。除此之外，在西欧语法中述宾结构中的动词都是他动词，不能携带宾语的动词才是自动词（不受动词所表达的动作行为的影响）。可见，汉语述宾结构中的宾语范畴与西欧语法中的宾语有着巨大的差异，两者分属截然不同的体系。

在由表达"往来、存在、出现、消灭"等义的动词构成的述宾结构中，其所携带的宾语前往往会使用助词"于"来表示强调。

①王坐于堂上。(《孟子·梁惠王上》)

【译】梁惠王坐在堂上。

②王立于沼上。(《孟子·梁惠王上》)

【译】梁惠王站在池塘边上。

③庄子行于山中。(《庄子·山水》)

【译】庄子走在山中。

④仲尼适楚，出于林中。(《庄子·达生》)

【译】仲尼去了楚国，从林中出来。

⑤段入于鄢。(《左传·隐公元年》)

【译】段进入鄢。

⑥夫子至于是邦也，必闻其政。(《论语·学而》)

【译】孔子到了这个国家，一定会问它的政事。

下面是几个典型的词义上与西方语言里的"他动"十分相近的例子。

①子贡问君子。(《论语·宪问》)

【译】子贡问（关于）君子（的问题）。
②晋荀林父救郑伐陈。（《左传·宣公五年》）
【译】晋国的荀林父救郑国，讨伐秦国。
③景公饮酒。（《晏子春秋·内篇杂上》）
【译】景公喝酒。

"问、救、伐、饮"的宾语是这些动词的直接作用对象。然而这些动词并不是必须要有宾语，可以根据情况省略不用。下面是两个例子。

④冉有曰：夫子欲之，吾二臣者皆不欲也。（《论语·季氏》）
【译】冉有说："孔子想要那个，而我们两个臣子都不想要（那个）。"
⑤曰："吾知所过矣，将改之。"稽首而对曰："人谁无过，过而能改，善莫大焉。"（《左传·宣公二年》）
【译】说："我知道了所犯的过错，将会改正它。"跪拜而答道："人谁能没有过错？有过错而能改正（它），没有比这个更大的善了。"

这些例子中宾语的类型只是古代汉语宾语中的一小部分。古代汉语里谓语与宾语结合可以表达各种各样的意思，既不需要像英语一样使用前置词（介词），也不需要像韩语一样使用后置词（助词），仅通过"谓语+宾语"的形式就能表达多种词义关系。这一内容在后面的句法论部分会有详细的论述。

（二）**使动、意动：属于他动的一种**

西方语言中那些词义上属于"自动"的动词在古代汉语里不仅可以携带宾语，还可以表达"使动"的意思。无论有没有宾语，这些动词都可依据词义关系表达"使动"之义。这种情况下动词所表达的动作行为会直接或间接地受到后面宾语的影响，更接近西方语言里的他动词，从词义来看，与使役动词表达的意义相近，而西方语言里却没有这种用法的词。下面我们举几个例子来看一下由"自动"和"他动"所表现出的"使动"义。

1. 立

（1）自动

①子路拱而立。(《论语·微子》)
【译】子路拱手站立。

（2）他动表达出使动义

①爱共叔段，欲立之。(《左传·隐公元年》)
【译】喜爱共叔段，想立他为（储君）。
②夫仁者，己欲立而立人，己欲达而达人。(《论语·雍也》)
【译】仁啊，自己想站，就使别人站，自己想达到，就使别人达到。

2. 入

（1）自动

①三过其门而不入。(《孟子·滕文公上》)
【译】三次路过他（自己）家门前而没进去。

（2）他动表达出使动义

①鬼侯有子而好，故入之于纣。(《战国策·赵策》)
【译】鬼侯有一个女儿，很漂亮，就送她入宫献给纣王。
②入其社稷之臣于秦。(《战国策·秦策》)
【译】把他的社稷之臣（身负国家重任的大臣）送入秦国。

"自动"的"立、入"与"他动"表使动义（词义上属于他动，且表达使动义的情况）的"立、入"之间有着鲜明的对照。将上面的例子与"子入太庙，每事问"(《论语·八佾》)一句进行比较，就可看出是否存在宾语并不能作为判别"自动"与"他动"的标准。宾语的种类不同，其与动词的语义关系及语境也会有所不同。除述宾结合外，其他词或句子结构都不能成为判断句义的依据。这是古代汉语语法的一大重要特征。

动词表达使动义的情况在古代汉语中是很常见的。

①丘也幸。苟有过，人必知之。(《论语·述而》)

【译】丘（我）很幸福。如果有过错，人们一定会告诉我这个过错。

②使赵不将括则已，若必将之，破赵军者必括也。(《史记·廉颇蔺相如列传》)

【译】假使赵国不用括作将军也就罢了，如果一定要让他当将军，那么使赵军被击破的（人）一定是括。

"使动"与"意动"不存在形态上的差异也是古代汉语语法的一个重要特征。"意动"指的是古代汉语的个别动词包含"看作、认为是"之义的情况。我们来看下面的几个例子。

①苏秦曰："嗟乎！贫穷则父母不子，富贵则亲戚畏惧。"(《战国策·秦策》)

【译】苏秦说："啊！贫穷则父母也不（把他）当成孩子，富贵则亲戚也会害怕（他）。"

②叟不远千里而来，亦将有以利吾国乎？(《孟子·梁惠王上》)

【译】老人家不以千里为远来到（这里），还是有将用来利于我国的（东西）吧？

③孔子登东山而小鲁，登泰山而小天下。(《孟子·尽心上》)

【译】孔子登上东山而觉得鲁国小，登上泰山而感到天下小。

④纵江东父老怜而王我，我何面目见之？(《史记·项羽本纪》)

【译】即使江东父老怜悯我而奉我为王，我又有什么面目见他们呢？

（三）被动的词义表现

古代汉语里的被动基本上不需要什么特别的结构，单纯依靠动词的词义来表现。这时动词后面的宾语就是施事者。后文"需注意的词义表达方式"

一项中有详细说明。

①昔者龙逢斩，比干剖，苌弘胣，子胥靡。(《庄子·胠箧》)

【译】往昔龙逢被斩首，比干被剖心，苌弘被刳肠，子胥被沉江任尸体腐烂。

②劳心者治人，劳力者治于人。(《孟子·滕文公上》)

【译】劳费心神则管理他人，从事体力劳动则被人管理。

③若信者亦已为禽矣。(《史记·淮阴侯列传》)

【译】像韩信一样的人也已经被擒了。

④随之见伐，不自量力也。(《左传·僖公二十年》)

【译】跟随他被讨伐，是不自量力（不能估量自己的能力）。

⑤国一日被攻，虽欲事秦，不可得也。(《战国策·齐策》)

【译】国家有一天被攻占的话，即使想侍奉秦国，也是不可能的了。

正如上面所分析的，古代汉语动词可以在不借助其他成分的情况下表达"自动、他动（使动、意动）、被动"的意思。因此，对古代汉语里的"自动"与"他动"进行划分是没有实际意义的。

## 二、"有"与"无"类词语的使用

动词后续成分多为宾语，对此后文"宾语"一项里有详细说明。

这里主要对"有"和"无"的用例特征进行分析。

### （一）"有/无"的宾语

"有/无"的宾语位置上出现的词和词组无须分类。也就是说，它们不受实词种类与词组形式的限制。尤其需要注意的是"有/无+动词（或词组）"这一形式所表达的意思。

1.词

①子女玉帛，则君有之，羽毛齿革，则君地生焉。(《左传·僖公二十三年》)

【译】侍从美女、宝玉丝绸，大王您有（那些）；（珍禽的）羽和毛、象牙兽皮,您的土地生产(那些)。

②水至清则无鱼,人至察则无徒。(《汉书·东方朔传》)

【译】水极清,则没有鱼,人极苛察,则没有伙伴。

③自以为无患,与人无争也。(《战国策·楚策》)

【译】自己认为没有可担心的,与他人就没有要争夺的。

2.词组

①三人行,必有我师焉。(《论语·述而》)

【译】三人走在一起,(其中)肯定会有我的老师[有一个人可以做我的老师]。

②荆国之为政,有似于此。(《吕氏春秋·察今》)

【译】荆国处理政事有与此相似(的地方)。

③有牵牛而过堂下者。(《孟子·梁惠王上》)

【译】有个牵着牛经过殿堂之下的人。

④仲尼之徒无道桓文之事者。(《孟子·梁惠王上》)

【译】孔子的弟子中没有说桓公与文公之事的人。

⑤四境之内莫不有求于王。(《战国策·齐策》)

【译】四方边境之内没有不有求于您的。

⑥相人多矣,无如季相。(《史记·项羽本纪》)

【译】看过很多人的相,没有比得上刘邦相貌的。

⑦吾矛之利于物无不陷也。(《韩非子·难一》)

【译】我的矛,其锐利没有戳不破的盾。

⑧无友不如己者,过则勿惮改。(《论语·学而》)

【译】没有与不如自己的人做朋友,做错了,没有(不)害怕纠正。

"有+宾语"在用作其他动词的宾语时,与"有/无"携带动词或动词性词组的形式是一样的。"敏于事而慎于言,就有道而正焉"(《论语·学而》)中的"有道"就是"就"的宾语。

第二章　实词的分类及用法

（二）有/无（谓语1）+宾语+谓语2①

①｛有朋自远方来｝，不亦说乎？（《论语·学而》）

【译】有朋友从远方来，难道不高兴吗？

②一心以为｛有鸿鹄将至｝。（《孟子·告子上》）

【译】一心想着有鸿鹄要来了。

③｛无草不死｝｛无木不萎｝。（《诗经·小雅·谷风》）

【译】没有草不死，没有树不枯萎。

（三）有（无）+宾语｛以[谓语1（动词）]+谓语2[动词、形容词为主]｝

①杀人以梃与刃｛有以异｝乎？（《孟子·梁惠王上》）

【译】杀人用木棍还是用刀有什么不同吗？

②故不积跬步｛无以至千里｝，不积小流｛无以成江海｝。（《荀子·劝学》）

【译】因此不积累步伐，没有可用来到达千里的，不积累细小的水流，没有可用来成为江和海的。

③不学诗｛无以言｝。（《论语·季氏》）

【译】不学习诗，没有可用来说话的。

在这些句子中，动词"以"意为"用，凭借"，后面一般不跟宾语。②"以"构成的词组整体充当"有/无"的宾语。跟在其他动词或形容词后面时，也同样是这种结构。具体来说，不但"有/无+宾语（以+其他动词

---

① a."有+宾语+动词（或其他形式的谓语）"这一结构的句子中常常会出现"者"，"者"在任何情况下都是语气助词，有没有都不会影响整体句义。"齐人有冯谖者，贫乏不能自存。"（《战国策·齐策》）"郑人有欲买履者，先自度其足而置之其坐。"（《韩非子·外储说左上》）"魏人有唐且者，年九十余。"（《战国策·魏策》）"孔子对曰：有颜回者，好学，不迁怒，不二过，不幸短命死矣，今也则亡，未闻好学者也。"（《论语·雍也》）"者"的功能是对前面的成分进行强调。b."无草不死，无木不萎"一句省略"草"和"木"的话，就成了"无不死，无不萎"（没有不死的，没有不枯萎的）。

② 这里的"以"用法和现代汉语的"用来"相似。

或词组）"格式，而且"可+以～""足+以～""欲+以～"等也都能构成"动词、形容词+宾语（以+其他动词或词组）"的形式。

### （四）用于命令句中的"无"

古代汉语里陈述句与命令句的句型是相通的，是陈述句还是表禁止的命令句只能通过语境来判别。"无"就是"没有"的意思，即与"有"相对的否定义，毫无疑问是动词。

"相人多矣，无如季相"中的"无如季相"与"无攻人之恶""无忘告乃翁"在结构上并没有什么不同，然而从整体句义来看，前面的是陈述句，后面的是命令句。陈述句和命令句形式上是相同的（中立的），因此我们应该尽可能地把使用"无"的命令句译成陈述句的形式。句子表达的是命令还是禁止并不具有强制性，仅仅是一种对客观事实的陈述，只不过有时依据语境表达出命令的意思而已。可以说，这是一种具有中立性、谦让性的表现法。也正因为如此，表达陈述之义时，即陈述句，使用的也还是同一个形式。因此，语义并非表达命令式禁止之意时，即为陈述句，陈述句的形式与其相同。

使用其他谓语的命令句也是一样。①如果说与陈述句有差异，其差异就在于表达命令时大多没有主语。

下面是几个命令句的例子。

①攻其恶，无攻人之恶。（《论语·颜渊》）

【译】攻击那[自己的]缺点，不要攻击别人的缺点。

②王如知此，则无望民之多于邻国也。（《孟子·梁惠王上》）

【译】大王如果知道这个，就不要期望百姓比邻国多了。

命令或禁止的内容像下面这个例句一样充当其他谓语的宾语时，这一特征就更加明显了。

①楚人剽疾，愿上无与楚人争锋。（《史记·留侯世家》）

---

① 同理，其他动词所表达的肯定命令也与陈述句没有任何形式上的差异。

【译】楚国人强悍迅猛，希望您不要与楚国人争高下。

## （五）"无"类动词"○+动词（或动词性词组）"形式的意义

"莫、勿、毋、靡、蔑、罔"等都属于"无"类的动词①，用于陈述句时，和"无"一样表达"没有做～的人（事、物、地方、情况）"之义。

①朝廷之臣莫不畏王，四境之内莫不有求于王。（《战国策·齐策》）

【译】朝中大臣没有不畏惧大王的，四方边境之内没有不有求于大王的。

②祸莫大于轻敌。（《老子·第六十九章》）

【译】没有比轻敌更大的祸了。

③宋人请猛获于卫，卫人欲勿与。（《左传·庄公十二年》）

【译】宋国人向卫国请求猛获，卫国人想不给[不想给]。

④爱之，能勿劳乎？忠焉，能勿诲乎？（《论语·宪问》）

【译】爱他，能不使他劳累吗？忠诚能不后悔吗？

⑤其妻曰："嘻！子毋读书游说，安得此辱乎？"（《史记·张仪列传》）

【译】他的妻子说："唉！你不读书游说的话，又怎么会受到这种侮辱呢？"

⑥愿上所居宫毋令人知，然后不死之药殆可得也。（《史记·秦始皇本纪》）

【译】希望陛下居住的宫殿不让人知道，这样做之后，不死药几乎就可以得到了。

⑦所谓诚其意者毋自欺也。（《礼记·大学》）

【译】所谓使自己的心意真诚，就是不欺骗自己。

⑧物靡不得其所。（《史记·司马相如列传》）

【译】不使事物得不到它的位置。

⑨古布衣之侠，靡得而闻已。（《史记·游侠列传》）

【译】古代的民间游侠，已经无从知道他们的事迹了。

⑩宁事齐楚，有亡而已，蔑从晋矣。（《左传·成公十六年》）

---

① 还存在一种将它们看作"无指"代词的观点，这种观点是值得商榷的，因为这等同于说明与"无"相对的"有"是"有指"代词一样。

【译】宁可侍奉齐国和楚国，（不过是）会灭亡而已，也不追随晋国。

这些动词在命令句中的使用和"无"是一样的。由于形式上没有差别，可以将其翻译成中立性的陈述句。

①己所不欲，勿施于人。(《论语·颜渊》)
【译】自己不想要的，不施加给别人。
②距关，毋内诸侯。(《史记·项羽本纪》)
【译】据守关门，不让诸侯进入。
③罔罪尔众。(《尚书·盘庚》)
【译】不使你们犯罪。

## 三、表达可能、意愿、应当等义词语的用法

能愿类的单词无论是动词还是形容词，与一般的动词类和形容词类在用法上基本相同，也可充当其他谓语的宾语，然而由于词语上的特征，更常见的是其后伴随着谓语性单词或词组的情况。

一直以来，学术界将这些放在其他动词或形容词前的、表可能、意愿（意志）、应当等义的词与一般动词区别开来，称其为"能愿动词"，将其视为与西方语言中的"助动词"等同的成分。然而，除了词义上的差别，这些词在语法上没有什么区别于其他动词的特征。也就是说，其不具备可用于区别于其他动词的结构特征。有些人甚至因为其后续成分（宾语）多为动词性（或名词性）就直接将其看作"助动词"。事实上，古代汉语是没有所谓的"助动词"的。请看下面几个例子。

①非曰能之，愿学焉。(《论语·先进》)
【译】不敢说做得好这个，（只是）愿意学这个。
②姜氏欲之，焉辟害？(《左传·隐公元年》)
【译】姜氏想要这个，怎么躲避危害呢？

"之"是"能、欲"的代词宾语。"能、欲"分别是"做得好、能做"和"希望、想要、愿意、打算"的意思。

下面例子中的宾语都是动词性词组。

①是以泰山不让土壤,故能成其大。(《史记·李斯列传》)
【译】这是靠泰山不拒绝(每块)泥土,所以能成就它的高大。
②孔子下,欲与之言,趋而辟之,不得与之言。(《论语·微子》)
【译】孔子走下来,想要和他说话,小步快走避开他,没能和他说话。

从下面的例子我们可以看出,能愿类词语的宾语可以是多种形态的词组。

①夫子之文章可得而闻也。(《论语·公冶长》)
【译】孔子的文章可以得到,听闻。
②百工之事,固不可耕且为也。(《孟子·滕文公上》)
【译】所有工匠的工作本来就不可能一边耕作一边做。
③方今大王之兵众不能十分吴楚之一。(《史记·淮南衡山列传》)
【译】现今大王的兵力不及吴楚(吴国和楚国合计)的十分之一。

"得"后面的"与之言"同样也是一个宾语成分。"得"在这里是"得到、实现[能够做～]"的意思,虽然后面跟随的宾语不同,其具体释义会有所不同,然而其本质含义都是"得到"的意思。宾语位置可以放各种各样的词和词组。下面是两个使用"愿"的例子。

①左师触龙愿见太后。(《战国策·赵策》)
【译】左师[官职名]触龙想要见太后。
②丹所报,先生所言者,国之大事也,愿先生勿泄也。(《史记·刺客列传》)
【译】丹所报告的和先生所说的是国家的大事,希望先生不要泄露。

在古代汉语中，不只能愿类动词可以携带由动词或动词性词组构成的宾语，其他动词也同样可以。两者间只有词义上的不同，没有结构上的差异。

当作为宾语的动词性词组前有修饰语的时候，就很容易看出这些能愿类动词等同于西方语言中的助动词。

①仆欲北攻燕东伐齐，何若而有功？（《史记·淮阴侯列传》）

【译】我想要向北攻打燕国，向东攻打齐国，如何做[怎么样]才能有功[→建功]呢？

在这个例句里，"欲"明显不是一个助动词，"北攻燕东伐齐"整体都是"欲"的宾语。下面的这个例子也说明了"欲"是可以携带一个述宾结构的。

①宋人请猛获于卫，卫人欲勿与。①（《左传·庄公十二年》）

【译】宋国人向卫国请求猛获，卫国人想不给[不想给]。

下面是一个主谓词组作宾语的例子。主谓词组前面的"将"也是这个宾语的一部分。

①少帝曰："欲将我安之乎？"（《史记·吕太后本纪》）

【译】年少的皇帝说："想要以后我[我以后]去哪儿呢？"

如上文，按照统一的标准进行理解才是正确的。下面的例句是动词或形容词不接宾语的情况。对于它们到底是一般动词、形容词还是助动词的争论，实际上并无意义。

①己所不欲，勿施于人。（《论语·颜渊》）

【译】自己不想要的，不施加给别人。

---

① "勿"是动词。"欲勿与"和"欲不与"是一个意思。无论是什么形态的宾语，都只是"欲"的宾语，这与由其他动词构成的谓宾结构并无二致。

②非吾徒也，小子鸣鼓而攻之可也。①（《论语·先进》）

【译】不是我们一伙的，小的们鸣鼓攻击他们也可以[你们可以鸣鼓攻击他们]。

③大臣强谏，太后不肯。②（《战国策·赵策》）

【译】大臣强烈地建议，太后不肯[不愿意做]。

当然，我们还会遇到一些难以将其处理为述宾关系的情况。

①胜也何敢言事？（《战国策·赵策》）

【译】胜[我]如何[怎么]敢说事呢？

②丧事不敢不勉。（《论语·子罕》）

【译】丧事不敢不努力做。

③赤也惑，敢问。（《论语·先进》）

【译】赤[我]有疑惑，敢问。

虽然看起来和一般的述宾关系略有不同，但这些句中的"敢"和其后的动词性成分构成的也同样是一种述宾关系。③

将"欲、能、得"等动词后跟宾语的情况都看作述宾结构不存在什么大问题，然而使用"可、足、当、宜"的句子情况就会复杂一些。这首先是因为没有一个固定的标准来准确区分动词和形容词，其次是由于述宾结构与偏正结构语序一致，又没有什么可以用来辨别差异的形态标识。④因此，这里我们只能用形容词也可带宾语这一点来解决这个问题。

---

① "可"意为"对、行、好"，词义上应属于形容词类，但一直被看作能愿动词。"能、可、足、得"表达的虽然都是"可以"的意思，却不能说它们之间没有差别。它们都有各自不同的词义范畴，不能说它们词义相同或相近，就断定它们有同样的语法特征。

② "肯"在词义上也应属于形容词类，但同样一直被看作能愿动词。无论是"动词+宾语"还是"形容词+宾语"，都同样属于"谓语+宾语"这一结构类型，因此这里将它们放在一起进行说明。

③ "敢"在词义上也属于形容词类。将"赤也惑，敢问"中的"敢"看作表达尊敬的副词等一系列观点都是由于没有把握古代汉语词汇使用特征而出现的错误理解。实际上，英语的助动词在到底是谓语还是修饰语的问题上也一直存在争议。

④ 这也是把与英语的助动词词义相对应的汉语单词整合到一起称作能愿动词的原因之一。

①富而可求也，虽执鞭之士，吾亦为之。如不可求。从吾所好。(《论语·述而》)

【译】富贵如果是可以追求的，即使做拿鞭子的人[下等差事]，我也愿意。如果不可追求，就跟从我所喜好的[就去做我喜好的事]。

②故察己可以知人，察今可以知古。(《吕氏春秋·察今》)

【译】因此省察自己可凭此了解别人，省察现在可凭此了解以前（的情况）。

③拘礼之人不足与言事，制法之人不足与论变。(《商君书·更法》)

【译】拘泥于礼节的人不足以[不能]和他说事，受制于法律的人不足以[→不能]和他谈论变化。

④噫！斗筲之人，何足算也？(《论语·子路》)

【译】啊！气量狭小的人以什么[怎么]算得上呢？

⑤足下非刘氏，不当立？(《史记·吕太后本纪》)

【译】您不是刘姓的人，不应当被立为皇帝。

⑥文帝曰：吏不当若是邪？(《史记·张释之冯唐列传》)

【译】文帝说："官吏不应该像这样吗？"

⑦将军身被坚执锐，伐无道，诛暴秦，复立楚国之社稷，功宜为王。(《史记·陈涉世家》)

【译】将军身披坚固的铠甲，拿着锐利的东西（武器），讨伐无道（之人），诛灭了暴虐的秦，重新建立了楚国的社稷，（论）功劳应当称王。

能愿类词语与其他动词、形容词的区别主要在词义上，这一点是我们应当时刻注意的。

下面是一个能愿动词充当其他动词宾语的例子。①

①君子病无能②焉，不病人之不己知也。(《论语·卫灵公》)

【译】君子担心没有做得好的[→能力]，不担心别人不了解自己。

---

① 这也是能愿类词语不应该被看作助动词的原因之一。
② 虽然有很多人想要将"能"看作义为"能力"的名词，将同一个词归入好几种词类是不符合古代汉语词类实际的，无法准确把握其语法特征。

## 四、需注意的动词用法：被归入介词或连词的词

本书里没有介词类和连词类。当前被看作介词或连词的词大部分都被放入实词类，"于"和"而"则被归为助词。

### （一）介词、连词的性质

在现有的分类体系里，属于虚词的介词与其后跟随的宾语构成"介词+宾语"的形式，即介宾词组。受英语的影响，"于[乎]、为、以、与、由、自、至"等一直被看作古代汉语里几个典型的介词。还有一些人试图扩大古代汉语介词的范畴。这些词大都曾被用作动词或仍然被用作动词。其中，相当一部分动词被划入介词的范畴。事实上，这些词依据其本来的用法应该被赋予一种新的词性。

按照现有的观点，介宾结构[1]在句子中应该放在谓语前或谓语后，在谓语前是状语，在谓语后是补语。因此，"昔者吾舅死于虎""以若所为求若所欲""由此观之""其剑自舟中坠于水"中的"于虎""于水"可看作补语，"以若所为""由此""自舟中"可看作状语。

这种介词说实际上是把英语中大量介词的功能分类套用在似乎有类似词义的"以、为、与、由、自、至"等词上。这些词从其根源上来看是动词，也属于动词。非源于动词的"于"倒是可以说有着几乎所有英语介词的功能。一个介词有着各种不同的功能，这与说它没有介词的功能是一样的。汉语中被规定为介词的词语在数量上比英语要少得多，但很多不同的介词都被看作有着相同的功能。

认为介词具有这样那样功能的看法是没有说服力的。其功能应该依据其与前后词语间的词义关系来把握。比如"于"，其前后成分间的句法关系与不使用"于"时构成的述宾结构是一样的。"乎"被认为既是助词，又是介词，作介词时其功能与"于"相同。事实上，"乎"无论在什么情况下都只是一个

---

[1] 介词的功能一直被描述为放在各种词（主要是名词和代词）或词组（联合词组、偏正词组、谓宾词组、主谓词组、所字词组、者字词组）的前面，构成句中的介宾词组。介词的宾语一般表达与介宾词组前面或后面的动词、形容词相关联的场所、时间以及理由、原因、目的、道具、手段，或是依据、对象、范围、被动、方位、比较、引率、身份等内容。然而，这种观点是不正确的。上述这些词义关系单纯地只是通过宾语以及后面跟随的谓语本身的实词词义表达出来的。大部分实词间的词义关系都是通过它们自身的词义来表达的。

助词，和"于"有着不一样的功能。其他源于动词的介词也一直被同时划入动词和介词这两个词类，其划分标准相当模糊，至今仍没有人能够将其区分清楚。

尽管如此，学者们还是设立了介词类，并将归属其中的每个词与英语介词的功能一一对应。其实，对于那些源于动词的词，我们应该从其词义本身出发，依据其所构成的"谓语+宾语"的词义关系来把握其性质。

有些词不仅被归入介词类，还被归入连词类。这也是一个照搬英语语法分类的结果。具体来说，就是以英语里介词和连词的分类为基础，将古代汉语中表达相同或相近意思的词分别放入这两类词当中，从而出现了上述现象。[①]

古代汉语的连词也是通过对应英语的连词划分整理出来的。古代汉语的句法关系不是通过连词，而是通过词的实际词义以及上下文来表现的。"而、与、如、然、为、但、虽、且、况、则、故、斯、于是、是故"等是一些有代表性的所谓"连词"。下面是一些现有观点对这些词作出的说明。

"而"和上面的介词"于"一样被描述为一个拥有多个英语连词功能的词。不仅既能表达顺接（并列、先后等），又能表达逆接（转折），同时还具有多种不同的功能。其实这跟说"而"没有表达前后成分关系的功能是一个意思。这种说法是把由其他词表达的句义关系安在了"而"身上。

"与"被同时归入动词和连词。然而，无论是作动词，还是作介词，其词义本质上都是相同的。所谓的功能不同，实际上是由前后成分的意义关系来决定的。

"如"被划归为动词。但当出现假设、条件等意义时，又被看作连词。

"然"表示转折，"而"也有相同的功能。

"为"也既是动词，又是介词。

---

[①] 有很多关于介词类词语的说明都是存在争议的。比如"于"被说成是可以省略的，"以、为"后面的宾语可以省略等。这一方面是说有着建立词义关系功能的介词是可以省略的；另一方面又认为一个句子成分可以省略实词（宾语），保留没有实质意义的虚词。但是，同样是介词，"于"却表现出了与其他介词完全不同的特征，而"以、为"实际上就是动词，其后宾语成分的省略完全是由整体句义决定的。如果将"以、为+宾语"看作介宾结构，并且认为其放在谓语前面的时候是一个状语成分，那么在省略了宾语以后，就出现了介词（虚词）"以、为"独立充当状语的情况。

"但"还被放在副词类,划分标准十分模糊。"虽、且、况、则"是副词,是辅助表达接续关系的准连词,不是标准的连词,句子成分上属于状语。

"故"还被归入名词,词义上没有什么差别。在用作名词状语的情况下,被看作连词。

"斯"是代词,在作状语时,被说成连词。

给同一个词赋予不同的词性,不仅使同一个语音标识变成了好几个词,更导致了两个以上的连词用来表达同一个词义关系的情况。

"于是"实际上是在代词"是"前加上表强调的语气助词"于",而"是故"是一个由"代词+名词"构成的偏正关系的词组。

(二)取消介词与连词

正如上文所提及的,被看作介词的词,除了"于"和"乎"是两个功能各不相同的助词,其余的都属于词义上的动词。这些动词放在其他谓语前面时充当句子的状语成分,多数情况下会携带宾语,但也有一些没有宾语的情况。置于其他谓语前且伴有宾语的时候,和其他动词一样可携带由各种词或词组构成的宾语。单独使用或置于其他谓语后时,就是句子的中心谓语。

被放入连词中的"而"是助词,"与、如、然、为"等是动词,"但、虽、且、况、则"等是副词,"故"是名词,"斯"是代词。

下面我们具体分析一下那些一直被看作介词的词是如何使用的。先看一些放在其他谓语前作状语的例子。

①以德报怨,何如?(《论语·先进》)
【译】用德报答怨恨,像什么[怎么样]呢?
②为人谋而不忠乎?(《论语·学而》)
【译】为别人谋划,(我)不忠诚了吗?
③礼义由贤者出。(《孟子·梁惠王下》)
【译】礼和义由贤产生。

再看一个其后无宾语,单独充当状语的例子。

①行有余力，则以学文。(《论语·学而》)
【译】做到这些以后，还有多余的精力，就用来习文。

下面是几个置于谓语后的例子。①与单独使用时一样可成为中心谓语。

①及宋，宋襄公赠之以马二十乘。(《左传·僖公二十三年》)
【译】到了宋国以后，宋襄公送他礼物用二十乘马[送给他八十匹马]。
②道千乘之国，敬事而信，节用而爱人，使民以时。(《论语·学而》)
【译】治理拥有千辆兵车的国家，恭恭敬敬地做事，讲信用，节省消耗，爱惜人力，在适当的时节役使百姓。

下面是一个带宾语且没有其他谓语的例子。从这个例子可以看出"以"在词义上是动词，动词的用法才是它的基本功能。

①三代之得天下也以仁，其失天下也以不仁。(《孟子·离娄上》)
【译】(夏商周)三代得到天下是用仁，它们失去天下是用不仁。

"以"或其引导的词组也可以充当其他动词的宾语。前面我们分析过的"有、无+宾语（以[谓语1]+谓语2）"的结构就是一个例子。除"有、无"外，其他谓语如"欲、可"等也可携带"以[谓语1]+谓语2"这种形式的宾语。

（三）个别单词的用法分析

1. 为

（1）平声

"为"字读平声时一直被看作动词。"为"一般表达"判断""称谓""做"等义。虽然译成现代汉语或其他语言时，根据上下文其具体翻译会有很大的不同，但大体上都属于"做"一类的意思。这种"做"类动词包

---

① 按照以前的观点，"以+宾语"无论是放在其他谓语之前还是之后，都被看作介宾词组，在句子成分上前者是状语，后者是补语。这种观点其实也指出了前者和后者在实际表达的意思上没有任何不同。

括"称作、是、成、实施、认为、制作"等。很多其他的动词也同"为"一样,没有明确的词义分化,其用法具有一种总括性。现代的语言根据自身的特点对其进行解释时,就出现了同一个单词有不同译法的情况。随着时间的推移,这种趋势越来越明显。

①子游为武城宰。(《论语·雍也》)
【译】子游当了武城的宰相。
②高岸为谷,深谷为陵。(《诗经·小雅·节南山之什·十月之交》)
【译】高山变成深谷,深谷变成丘陵。
③唯天为大,唯尧则之。(《论语·泰伯》)
【译】只有天是(最)大的,只有尧效法了它。
④冰,水为之,而寒于水。(《荀子·劝学》)
【译】冰是水形成的,却比水寒冷。
⑤为国以礼,其言不让,是故哂之。(《论语·先进》)
【译】治理国家用礼,他的话不谦逊,(因为)这个理由[因此]嘲笑他。
⑥卫君待子而为政,子将奚先?(《论语·子路》)
【译】卫国国君等待老师处理国政,老师将先做什么呢?
⑦有为神农之言者许行,自楚之滕。(《孟子·滕文公上》)
【译】有个奉行神农氏之言的许行,从楚国来到滕国。
⑧散木也以为舟则沉,以为棺椁则速腐。(《庄子·人间世》)
【译】散木(不成材的树木)用来做船就会沉,用来做棺椁就会快速腐烂。
⑨为坛而盟,祭以尉首。(《史记·陈涉世家》)
【译】筑造了祭坛,盟誓,祭天用尉(官职名)的首级[用尉的首级祭天]。

有些读作平声的"为"也被看成介词。①

①为其来也,臣请缚一人过王而行。(《晏子春秋·内篇杂下》)

---

① 有时还被当作表达被动的介词。后文"需注意的词义表达方式:被动"一项中,论证了其属于"动词+宾语"的结构。

【译】等到他来（的时候），臣请求绑住一个人从大王面前走过。

"为"作为介词引出时间时，和"于"是一样的。这也是设立介词的一大弊端。事实上，在上面的例句中，"为"是动词，意为"成为、实现"，而"其来"是主谓词组作宾语。两者构成谓宾结构，其具体释义为"等到他来"。

（2）去声①

其构成的述宾词组放在其他谓语前作状语。虽然本质词义不变，但根据后面的宾语及上下文，主要可将其译成"为、替、对"和"因为"这两种意思。下面是几个宾语表对象的例子，其中的"为"可译作"为、替、对"。

①庖丁为文惠君解牛。（《庄子·养生主》）
【译】庖丁为文惠君分解整牛。
②为人谋而不忠乎？（《论语·学而》）
【译】为别人谋划，（我）不忠诚了吗？
③谁为大王为此计者？（《史记·项羽本纪》）
【译】谁为大王谋划这个计策的？
④吾将与楚人战，彼众我寡，为之奈何？（《韩非子·难一》）
【译】我将与楚国人征战，他们人多，我们人少，对此该如何[怎么办]呢？

下面既有"为"携带宾语且单独作谓语的例子，也有将"为"置于其他谓语前作状语的例子。

①我楚国之为，其为一人行也？（《左传·襄公二十八年》）
【译】我是为楚国，（难道）是为一个人而去吗？

该句中的"楚国之为"一直被看作"为楚国"的倒置用法。事实上，

---

① 现有的语法体系一直将去声的"为"看作介词。然而，当其表达出动词性词义的时候，又随时可以作状语。因此，不宜将"为+宾语"看成介宾词组。

"之"是表强调的语气助词，强调宾语"楚国"。那么，这句话也可以看作一个主谓结构。主语"楚国"和谓语"为"之间是一种被动关系，当然译成现代汉语都是"为楚国"的意思。需要注意的是，无论哪种情况，"之"都是表强调的语气助词。后面部分中的"为一人"是述宾词组，充当"行"的状语。总之，去声"为"也是实词。

当宾语表达的是原因、理由时，"为"可以翻译成"因为"。我们来看几个例子。

①天行有常，不为尧存，不为桀亡。(《荀子·天论》)
【译】天道运行有恒定的规律，不因为尧而存在，不因为桀而消失。
②十余万人皆入睢水，睢水为之不流。(《史记·项羽本纪》)
【译】十余万人都进入睢河，睢河因为这个不流淌。
③今战而胜之，齐之半可得，何为止？(《史记·淮阴侯列传》)
【译】现在战胜他的话，可以得到齐国的一半，因为什么止住了呢？

在"天行有常，不为尧存，不为桀亡"这个例子中，"为"也可以解释成"为了尧""为了桀"。最后一句中的"何为"也可以理解为"为了什么呢"。"为"在句中表达的到底是"为了"还是"因为"，首先要依据其与宾语的关系来判断，其次依靠上下文判断，并不需要将它们分作两种不同的意思来理解。

下面是几个宾语同样表达的是理由、原因，而"为"却被看作连词的例子。

①为其老，强忍下取履。(《史记·留侯世家》)
【译】因为他年老，强忍着下去取回（他的）鞋。
②为是其智弗若与？(《孟子·告子上》)
【译】这是因为他的智力不如（另一个人）吗？

同一个单词在被归入动词的同时又被看作介词、连词，由此出现了一系列的混乱。"为"无论是平声还是去声，都是动词，不同的只是其所表达的词义。"为其老""为是其智弗若"与前面的"为其来"一样，都是由"为+宾语"构成的述宾结构。"为"的本义就是"成为"，根据具体的语境可表达时间关系、因果关系等多种意义。

在上面的例句中，"为"的宾语都为主谓结构，很多人将"为"与英语单词"because"对应，将其后的主谓结构看作一个分句。实际上，汉语里的主谓结构是构成词组的五种基本句法结构之一，与词一样可以充当动词的宾语。若是将"为是其智弗若与"中的"为"看作连词，那么整句话就只有分句，没有主句。这显然是不合理的。"为"是动词，应是这个句子的中心谓语。

2. 以

我们先来看一下"以"单独作句子中心谓语的情况。

①三代之得天下也以仁，其失天下也以不仁。(《孟子·离娄上》)

【译】(夏商周) 三代得到天下是用仁，它们失去天下是用不仁。

②吾所以为此者，以先国家之急而后私仇也。(《史记·廉颇蔺相如列传》)

【译】我所以这么做是因为以国家危急为先、个人私仇为后。

以往的分析都认为"以先国家之急而后私仇"中的"以"和上面的"为"一样是与英文单词"because"对应的连词。如果真是这样的话，那么"以"引导的就是一个表原因的分句，而前面的"吾所以为此"是由"所"字句构成的主语，也就是说，这是一个没有主句，即没有中心谓语的句子。这实际上就是一个述宾结构，只不过是宾语部分有点长而已。"先国家之急而后私仇"是"以"的宾语，"以"是动词，是该句的中心谓语，根据整句话所表达的因果关系而翻译成"因为"。可见，没能正确把握"以"在句中的功能，才会将其误认作连词。在古代汉语中，实词类里所有种类的单词和词组都可充当主语或宾语。比如上面两个例子中的"以"，其宾语既可以是一个单音节词，也可以是一个很长的词组。

## 第二章 实词的分类及用法

（1）"以"构成的述宾词组放在其他谓语后面充当中心谓语

①为国以礼。(《论语·先进》)
【译】治理国家用礼[用开礼治理国家]。
②道千乘之国，敬事而信，节用而爱人，使民以时。(《论语·学而》)
【译】治理拥有千辆兵车的国家，恭恭敬敬地做事，讲信用，节省消耗，爱惜人力，在适当的时节役使百姓。
③及宋，宋襄公赠之以马二十乘。(《左传·僖公二十三年》)
【译】到了宋国以后，宋襄公送他礼物用二十乘马[送给他八十匹马]。

（2）"以"构成的述宾词组放在其他谓语后面充当状语

①以戈逐子犯。(《左传·僖公二十三年》)
【译】用戈追打子犯。
②以五十步笑百步，则何如？(《孟子·梁惠王上》)
【译】用五十步嘲笑一百步，就会像什么一样[怎么样]呢？
③以子之矛陷子之盾，何如？(《韩非子·难势》)
【译】用你的矛戳你的盾，会像什么样[怎么样]？
④以一服八何以异于邹敌楚哉？！(《孟子·梁惠王上》)
【译】（想要）用一个制服八个，用什么来与邹国对抗楚国相异[跟邹国对抗楚国有什么不同]呢？
⑤君子不以言举人，不以人废言。(《论语·卫灵公》)
【译】君子不用言语[因为他说的话]推举他，不用人[因为他的为人]否定（他说的）话。
⑥廉颇以勇气闻于诸侯。(《史记·廉颇蔺相如列传》)
【译】廉颇以勇猛闻名于诸侯。
⑦文以五月五日生。(《史记·孟尝君列传》)
【译】田文五月五日出生。
⑧齐使者如梁，孙膑以刑徒阴见。(《史记·孙子吴起列传》)
【译】齐国的使者到了梁国，孙膑以囚犯（的身份）秘密地见了（他）。

109

⑨宫之奇以其族行。(《左传·僖公五年》)

【译】宫之奇带着他的族人走了。

⑩老臣以媪为长安君计短也。(《战国策·赵策》)

【译】老臣认为太后为长安君考虑得太短浅了。

⑪曾子以斯言告于子游。(《礼记·檀弓》)

【译】曾子把这个告诉子游。

虽然说根据后面跟随的宾语，"以"可以解释成"拿着、凭借、因为"等多种意思，然而其基本词义为"用"的这一点是不变的。将其归入介词、连词的观点也主要是从"以"在句中的具体释义出发。"以"具备表达道具、手段、依据、理由、原因、时间、身份以及直接宾语前置等所有这些功能，只是依据宾语自身的意思以及上下文的语义关系，并非同一个介词被赋予各不相同的功能，或不同的介词功能相互重叠。

我们来看下面的例子。

①以相如功大，拜为上卿。(《史记·廉颇蔺相如列传》)

【译】因相如功劳大，官拜上卿。

"以相如功大，拜为上卿"中的"以"从整体句义来看，表达的是原因，即"因为相如功劳大"。有些人因此将其看作连词。同样又将"廉颇以勇气闻于诸侯"中的"以"看作介词。事实上，这两种情况都是"以+宾语"的述宾结构。两者间的差异仅在于前者的宾语是一个主谓词组，而后者是一个偏正词组。主谓词组也是完全可以充当宾语的，比如"吾所以为此者，以先国家之急而后私雠也"就是一个主谓词组作宾语的例子。"以+宾语"无论在什么情况下都是一个述宾结构，只不过语序不同时，其在句中充当的语法成分有所不同而已。放在其他谓语前面的时候是状语，放在后面的时候是中心谓语。

下面是一个没有宾语的例子。"以"的宾语省略很常见。

①行有余力则以学文。(《论语·学而》)

【译】做到这些以后，还有多余的精力，就用来习文。

下面几个例子中的"以"被认为用来明确前后成分间的修饰关系，与被归为连词的"而"有着同样的功能，即标明前面的成分是后面成分的修饰语。

①虏魏太子申以归。(《史记·孙子吴起列传》)
【译】俘虏了魏太子申带回了（齐国）。
②倚柱以笑，箕踞以骂。(《史记·刺客列传》)
【译】靠着柱子笑，两脚伸开（像箕一样）坐在地上骂。
③秦王大喜，传以示美人及左右。(《史记·廉颇蔺相如列传》)
【译】秦王非常高兴，传递（玉璧）给妃子看，涉及左右的人[让左右的人也看到了]。

这里的"以"与上面"行有余力则以学文"中的"以"是完全一样的，只不过指代前面成分的宾语没有出现而已。上述三个例子中的"以"之后都可分别加上"之"指代"虏魏太子申""倚柱""箕踞"以及"传"，但在没有需要重复的情况下，一般再使用"之"。这种"以"的用法类似于现代汉语的"用来"。甚至还有人试图将"以"放入名词类，例如：

①何其久也？必有以也。(《诗经·邶风·旄丘》)
【译】怎么这么久？一定有要做的事[→有原因]。

这个句子从整体句义来看，确实表达的是原因。我们在前面的章节已经说过了，古代汉语里所有词义上的动词或动词性词组既可以作谓语，也可以作宾语和主语。明确了这一点以后，我们就不应该再把这里的"以"看作名词。①其动词本义为"用"，充当宾语时可表达"用的、用处"等义。具体到

---

① "古人秉烛夜游良有以也"(《春夜宴桃李园序》)这句也常被看成"以"作名词的例子，意为"古人拿着蜡烛夜间游玩确实有原因"。其实，这里的"以"同样也是动词，所谓的"原因（理由）"只是通过整体语境表达出来的。

这句话，可以将其理解为"原因"，但并不能说它是一个意为"原因"的名词。将"以"看作动词才能保持分析上的一贯性。

我们再来看下面的例子。

①无以，则王乎？（《孟子·梁惠王上》）
【译】（如果）没有要用的[要用来说的→可说的]，那就来说王道吧。

这里的"以"和前面的例子一样是"有、无"类动词的宾语，然而却不是"原因"的意思。可见，"以"并没有所谓的作名词表"原因"的功能，那只是根据上下文而表达出来的整体句义。在此，我们要再次强调古代汉语里的动词性词语不仅名词性，就连动词性、形容词性的词以及词组也可以作为宾语。当现代汉语里没有类似用法时，我们往往按照现代汉语的习惯对其进行理解并作出解释。这种分析方式在很多情况下有助于我们理解古文。

总而言之，"以"只有一种实词性，属于词义上的动词。当然，正如我们在上一个章节提到过的，严格来讲，区分动词、形容词、名词对古代汉语来说是没有实际意义的。

3. 与

"与"一直被同时归入动词、介词和连词。实际上，"与"无论在什么情况下都仅是一个动词。"与"构成的述宾词组置于其他谓语前时充当状语。根据宾语的内容及具体的上下文，"与"可以表达好几种意思。看作介词时，其宾语主要表达一种动作的对象。

①公与之乘。（《左传·庄公十年》）
【译】鲁庄公和他（一起）乘坐。
②诸君子皆与欢言，孟子独不与欢言，是简欢也。（《孟子·离娄下》）
【译】众君子[大夫们]都和欢[我]说话，唯独孟子不和我说话，是怠慢我。
③邹人与楚人战，则王以为孰胜？（《孟子·梁惠王上》）
【译】邹国人与楚国人争战，那么大王（对此）认为哪边会胜呢？
④吾将与楚人战，彼众我寡，为之奈何？（《韩非子·难一》）

【译】我将与楚国人征战,他们人多,我们人少,怎么处理这件事[怎么办]呢?

"与"一般译作"与、和、同"等。"与+宾语"一般作状语,译为"和~一起"。如下面的例子。

①吴王夫差……遂与勾践禽。(《战国策·秦策》)
【译】吴王夫差……最后被勾践擒获了。

"与"后面的"勾践"是"禽(擒)"的行为主体,"禽"在这里表现出被动义。"与"也因此被看作引导施事者的介词。其实,这里的"与"就是动词"给"的意思,而被动义是由整体句意决定的。"给"和"与"在现代汉语里词义上也有交集。

"与"的前后成分有联合关系时,常看作连词;其引导的词组与后面的谓语构成偏正关系时,常看作介词。

①子罕言利与命与仁①(《论语·子罕》)
【译】孔子说利的时候很少和命或和仁一起说[孔子很少把利和命或仁放到一起说]。
②是以知天下之君子也,辨义与不义之乱也。(《墨子·非攻》)
【译】因为这个[因此]知道天下的君子,分辨和不义在一起的义上[在分辨义和不义上]的混乱。

如果将"与"看作连词,这句话就变成了"很少说利、命和仁"。孔子很

---

① 若把这句话译成"孔子说到利时把命或仁放在一起说是很少见的"的时候,就是将{"罕"+"言利与命与仁"}看作一个谓宾词组。如果将"罕"看成状语,则应译成"孔子很少说到利时把命或仁放在一起说"。无论译成哪一种,"言利与命与仁"中的"言、与、与"都依次为第一、二、三谓语。孔子在《论语·子罕》中很少谈到命,但在很多地方都提到了利和仁,尤其是仁,乃孔子思想的核心。因此,这里不能将其理解为"利和命和仁"。应该是孔子认为"利"与"命、仁"背道而驰,因此不将它们放到一起谈论。可见,"与"不是表达联合关系的连词,而是一个有着实际词义且充当谓语的动词。

113

重视且常常谈及仁，所以这种解释显然是不正确的。从上下文来看，这里应该是"不把命或仁这些与利相悖的概念与利放在一起说"的意思。因此，此处的"与"是一个动词。下面是两个"与"用于比较句的例子。

①与人刃我，宁自刃。(《史记·鲁仲连邹阳列传》)

【译】与别人拿刀杀我（相比），我宁愿自己拿刀杀［与其让别人杀我，我宁愿自杀］。

②礼与其奢也宁俭。丧与其易也宁戚。(《论语·八佾》)

【译】礼仪与奢华相比，不如节俭。丧事与周备相比，不如悲戚［礼仪与其奢华不如节俭，丧事与其周备不如悲戚］。

"与"在比较句中表达"与……相比"的意思。后面常常使用"宁、孰若……、岂若……"等词与之呼应。"与其……岂若……、孰若……、不若……不如……"等中的"与"也是同样的用法。古代汉语的每一个字都有各自的意思，按照其排列顺序表达语法关系。也就是说，依次解释这个句子中的每一个字，就可以正确地把握整个句子的意思。

4. 自、从、及、至、由

"自"也是动词，意为"从……做起，从……开始"。虽然在具体的语境中"自"可表达不同的意思，但我们仍应该从其动词词义出发进行诠释。

"自"构成的述宾结构作状语时，通常表达时间上的起点或地点上的出发点。与动词"至"结合可构成"自……至……"，其本义为"从……开始，到……为止"。由于其常作状语，所以多译成"从……到……"，并不能因此将其看作与英语的"from...to..."对应的介词。"自"和"至"都可以单独作谓语，认为它们既是动词又是介词的观点是缺乏理论依据的。

①孟子自范之齐。(《孟子·尽心上》)

【译】孟子从范去齐国。

②有朋自远方来，不亦说乎？(《论语·学而》)

【译】有朋友从远方来，难道不高兴吗？

## 第二章 实词的分类及用法

"从、及、至、由"等也可以用同样的方式来理解。动词"从"意为"跟从[从~做起]、通过",后跟表达动作、行为的起点或经过的地点时作状语,译为"通过、从"。

①吾从北方闻,子为梯,将以攻宋。(《墨子·公输上》)
【译】我从北方听说,您做了梯子,要用来攻打宋国。
②旦日,客从外来。(《战国策·齐策》)
【译】第二天,客人从外边来了。

"至"是"到"的意思,"及"是"波及、涉及"的意思。两者常常携带表达"到达的地点"和"涉及的对象"之义的宾语成分,组成述宾词组充当句子的状语。两者也可单独作谓语,表达的词义没有实质的变化。

①(V)不杀二子,忧必及君。(《左传·成公十七年》)
【译】不杀两人,忧患肯定会降临到您身上。
②诸将易得耳,至如信,国士无双。(《史记·淮阴侯列传》)
【译】众将领都很容易得到(罢了),至于像韩信这样的人,国中的士人里再没有第二个了[独一无二]。

下面是一个"及"当成连词的例子。而实际上若是将该句中的"及"看成连词,就无法对整个句子作出正确的解释。

①秦王大喜,传以示美人及左右。(《史记·廉颇蔺相如列传》)
【译】秦王非常高兴,传递(玉璧)给妃子看,涉及左右的人[让左右的人也看到了]。

如果将"及"看成表示联合关系的连词,就会错误地把句子理解成"给美人和左右的人看"。从"及"的本义来看,"美人"和"左右"并不是同等的,正确的理解应该是"给美人看,让左右的人也看到了"。

现行的古代汉语语法中,很多词被划入介词和连词,由此出现了很多两个或两个以上的词有着同一种功能的现象。本质上互不相同的词怎么会发挥相同的作用呢?"与、及、且、而"就都被看作同样表示联合关系的连词。

"由"与现代汉语的"由"差别不大,可根据上下文理解为"由于,由来,根据,通过",等等。常携带表达原因、理由、根据等义的宾语充当句子的状语。

①礼义由贤者出。(《孟子·梁惠王下》)
【译】礼和义从贤者出现[出自贤者]。
②男女之别,国之大节也,而由夫人乱之,无乃不可乎?(《左传·庄公二十四年》)
【译】男女的区别是国家大的法度,由于夫人而把它弄乱的话,就没有不可以的了[不可以吧]!

5. 然

"然"是被看作表转折的连词中很有代表性的一个,可实际上"然"并没有连词的功能,只不过是在前后为转折关系的地方出现得最多的单词而已。其实,"然"也用于有着其他句义关系的句子。"然"本质上是一个表达"那样做,像那样,像那样做"等义的动词,出现在转折句中的"然"是其作状语使用的情况。①

①甘罗年少,然出一奇计,声称后世。(《史记·甘茂列传》)
【译】甘罗年纪虽小,却献出一条妙计,名垂后世。
②周勃厚重少文,然安刘氏者必勃也。(《史记·高帝本纪》)
【译】周勃持重敦厚,缺少文才,但安定刘氏天下的肯定是周勃。
③今父老子弟虽患苦我,(∨)然百岁后期令父老子孙思我言。(《史记·滑稽列传》)
【译】现在父老子弟虽然因我而受害受苦[厌恶我],然而我死后希望父老的子孙们想想我的话。

---

① "然"在所有情况下表达的词义本质上都是一样的。"非然也"(《孟子·告子上》)、"于是项梁然其言"(《史记·项羽本纪》)等句中的"然"表达的都是同一个意思。

6. 如、若、使/抑、意

"如、若、使"等一直被看作连词，与副词"苟"同样用来表达假定、条件。事实上，这些词也都是动词。句中的假定、条件关系并非这些词的接续功能，而是由整体句义表现的。

①王如知此，则无望民之多于邻国也。(《孟子·梁惠王上》)
【译】大王如果知道这个，就不要期望百姓比邻国多了。

上例中的"如"位于主语"王"之后是谓语动词，意为"好像"。①这里的"如+知此"是一个述宾结构，根据句子的前后成分可以将其理解为一种条件关系，即"如果知道这个"。下面这个例子中的"如"从句法上来看也不可能是连词。

①诚如是也，民归之由水之就下沛然，谁能御之？(《孟子·梁惠王上》)
【译】确实像这样的话，百姓归附他就像水向下流，水势浩大，谁能阻挡它呢？

虽然从句义上来看这是假定、条件句，但"如"的前面出现了用作状语的"诚"，显而易见"如"在这里是一个谓语，并不是什么表达接续关系的连词。

"若"也和"如"一样是动词。

①子若欲战，则吾退舍。(《左传·僖公三十三年》)
【译】您（好像）要争战的话，我就后退三十里。

将有实际词义的实词看作连词就使"如、若、使、令、设"等词在句中都发挥着相同的表假设、条件的作用。"使"是表达使役的动词，跟"如、

---

① "如"的词性有一贯性，并非动词，时而是连词。"察邻国之政，无如寡人之用心者"(《孟子·梁惠王上》)、"如此，然后可以为民父母"(《孟子·梁惠王下》)等例子中的"如"都是动词。

若"一样也可用于假设句中。然而，其词义和特征与"如、若"不同，其构成的述宾词组并不能充当句子的状语，通常表达的是一种"让~做~"的意思。下面是一个有代表性的例句。

①使奕秋诲二人弈。[其一人专心致志，惟奕秋之为听，一人虽听之。一心以为有鸿鹄将至，思援弓缴而射之。虽与之俱学，弗若之矣。]（《孟子·告子上》）
【译】让奕秋教两个人下棋。

如果上述例句中的"使"是连词的话，那整句话就应该一直到"思援弓缴而射之"。而从前后文来看，"使奕秋诲二人弈"是一个完整的句子，就是"让奕秋教两个人下棋"的意思。

与"使"一样有使役义的"令"也可按照这样的方式理解。

"设"同样不是连词，而是一个动词，义为"假设、假定"。虽然译成现代汉语没有什么差别，但从语法结构上来看，"设"是句子的谓语，与后面的成分构成述宾结构。同理，"若、如"不宜视为表达选择关系的连词。

①大夫没矣，则称谥若字。（《礼记·玉藻》）
【译】大夫死了，就称呼（他的）谥号或/和像字一样的（称谓）。
②愿取吴王若将军头，以报父之仇。（《史记·魏其武安侯列传》）
【译】想要取吴王或将军的头用来报父亲的仇。
③安见方六七十如五六十而非邦也者？（《论语·先进》）
【译】怎么见到方圆六七十里或（好像）五六十里而说不是国家呢？

"谥若字"是"称"的宾语。"谥号"和"字"之间不是一种联合关系，其本义也并不是表达选择的"谥号或字"。"若字"也是一个述宾结构，义为"像字一样（的称谓）"，即包括字在内的一系列称谓。古代汉语中类似"好学"这样的述宾结构可以随时依据上下文表达出名词性。与"谥"形成联合关系的不是"字"而是"若字"。还有一点需要注意，在这个句子里由于没有任何判断标识，我们无法确定"谥"和"若字"两者间到底是等立关系还是选择关系。也就是说，这里可以理解成"谥号或像字一样的称谓"，也可以理解成"谥号和像字一样的称谓"。

下面例句中的"若、如"的这种特征也十分明显。

①若信者，亦已为禽矣。(《史记·淮阴侯列传》)
【译】好像韩信这样的人也已经被擒住了。
②诸将易得耳，至如信，国士无双。(《史记·淮阴侯列传》)
【译】众将领都很容易得到（罢了），至于像韩信这样的人，国中的士人里再没有第二个了[独一无二]。

"若、如"都是动词，并不是表达选择关系的连词。"若信、如信"应该理解为"像韩信一样的人"。两者引导的述宾词组在具体的语境中可以表达不同的句义关系，可能是假设，可能是选择，也可能是其他意思。

"抑、意"也可以用这种观点来分析、理解。

①夫子至于是邦也，必闻其政，求之与，抑与之与？(《论语·学而》)
【译】孔子到了这个国家，一定会问它的政事。(他)求的这个吗[这是他求得的吗]？压下去这个[还是](别人)给予的呢？
②子之义将匿耶，意将以告人乎？(《墨子·耕柱》)
【译】你的这个道理要藏起来呢，想来[还是]要把它告诉别人呢？

上面使用"抑、意"的句子都有选择的意思，然而这种意思并不是由这两个词表达的。"抑"是"压制"的意思，在句中作状语，现代汉语一般译成"不是（的话），还是"。"意"也是动词，表示"想"。在句中作状语时，可以理解为"想想看（的话），想来"。同样，根据上下文可以译成"还是"，但并不能说其本义或功能就是表示选择。

"假令"也不是一个连词，而是两个有着不同词义的动词。先分别确认"假"和"令"的意思，再将它们连接在一起就能正确地理解这句话的意思。

①假令仆伏法受诛，若九牛亡一毛，与蝼蚁何以异？（《报任安书》）
【译】假设让我受到法律的制裁被杀，就像从九头牛身上去掉一根毛，与（死掉）一只蝼蛄、蚂蚁（相比）有什么区别呢？

然而，我们无法断言所有这些词都从某一时期开始出现在不同的语境中，其词性发生变化，有些结合成为一个词，同时我们也很难确定其变化的时期。有些词的用法一直保留至今，有些出现了新的形式，然而由于没有形态上的变化，即使功能发生了变化，我们也很难对此加以考证。毕竟，我们还没有一种客观的方法来确认语言使用者认识上的变化。

用于选择句中的"或"也不是连词，而是用作状语的代词。作为代词，"或"可以充当多种不同的句子成分。将其看成连词，或看成关系副词，都是不正确的。"且"也一直被认为具有表达选择性接续的功能。而实际上，"且"是个副词，在联合句中既可以表达等立、选择关系，也可以表达递进关系。"苟"也是副词，意为"如果，确实"；而"果"是个名词，作状语时表"结果、果然"，用于假设、条件句时，根据全句的意思可以将其译成"如果~的话"。

总而言之，目前被看作连词的词至少在上古时期还不具备明确的接续功能，不应该被归入连词类。

## 五、古代汉语单词的词义特征：综合性

我们前面说了"与"是一个动词，但是它的词义范围该如何来设定呢？其关键在于确认人们的语用习惯。而确定古代汉语单词词性的难点就在于大多数词语都有一种综合词性，其表达的语法关系也较为复杂多样，很多情况都与现代汉语的习惯大不相同。

我们在前文已经指出，用现代汉语来分析古代汉语时遇到的一大难题就是古代汉语中的很多用法已经消失或发生了变化，特别是在词义项的数目和词类的划分上。在分析时，我们很难摆脱现代汉语的影响，往往不自觉地按照现代汉语的框架来分析古代汉语，结果就将现代汉语中不同单词所表达的词义放到古代汉语的某一个词上，不少词因此被视为多义词。不仅如此，同一个词甚至开始兼有不同的词性。

## 第二章 实词的分类及用法

人们普遍认为一个词的词义随着时间的推移不断扩充，再加上一些现代语法研究的结论，词的义项越来越多。翻开字典我们就可以看到一些动词不仅有多种义项，还兼有多种词性。在此我们有必要重点分析一些词的词义特征，进一步认清古代汉语动词类词义的综合性（总括性）。

古代汉语中的词并不像我们想象的那样具有复杂多样的词义，很多义项实际上只是该词在与其他词语结合后，以及在具体句子中才能表达出的现代汉语的释义。这些都不应该被放入词的词条。

要想更好地理解古代汉语词义的综合性，我们就应该来观察一下使用频率较高且常与多种词语及不同形式的词组相结合的词。"得、与"等都是其中有代表性的例子。"得"无论携带何种形式的宾语，无论现代汉语如何翻译，其表达的基本意思都为"得到、实现、达成"。从古代汉语的整体框架来看，将"得"整理为具有多个义项以及将其看作助动词都是不当的。这些义项在当时都包含在同一个词义里。下面的例子说明了缩减词条数量的可能性。

①君子周而不比，小人比而不周。（《论语·为政》）

【译】君子周到而不比较，小人比较而不周到［君子合群而不结党营私，小人结党营私而不合群］。

句中的"比"一直被解释为"偏颇、结党营私"，并且单设了一个词条。而实际上，这里的"比"表达的还是其本义"比较"。从整体句义来看，说的是小人精于比较、算计，选择对自己有利的人结交。也就是说，"比"是为了结党营私而将自己与他人比较，不能说"比"本身有"结党营私"的意思。在整理词义时，我们一定不能将一个词在句中表达的具体意思与其本义混为一谈。

上面分析"与"的用法时使用的方法可以成为我们整理词的词义和词性的一个模型。我们再来看一下前面分析过的例子。

①礼与其奢也宁俭。丧与其易也宁戚。（《论语·八佾》）

【译】礼仪与奢华相比，不如节俭。丧事与周备相比，不如悲戚。

"与"有"给、与"等意思。现代汉语除了"给",还常用"和……一起"来表达,在具体句子中甚至会将其译成"与其",也由此认为"与"有介词和连词的功能。然而,那些都只是根据前后成分相结合产生的附加义而已,都不是"与"的本义。混淆词的本义和具体的释义,是误将"与"描述为兼具动词、介词、连词词性的主要原因。

本书认为古代汉语里没有介词和连词,被看作动词虚化而归入介词和连词类的词语,在本书中都纯粹地归入动词类。

## 第七节 副 词

前文提及古代汉语实词的划分主要依据的是词的实际词义。副词根据词义被定义为表达程度、范围、相互、时间、频度、情态、推测、否定、应对、反问、关系、转换等意义。

副词主要置于谓语前对谓语进行修饰,也可位于句首对整句话进行修饰。有修饰功能肯定就有实际词义,自然应该属于实词。当然,并不是只有副词能充当状语,名词、动词、形容词、代词都有这种副词性修饰功能,也就是说它们都可以充当状语。然而,这些状语表达的意思与被分为程度、范围、时间、否定、反问等的副词并不完全一致。换句话说,由于词义上存在着差异,其他种类的实词作状语时只有部分与副词的词义范畴重合。同时,其他实词也可以作状语,以至于我们很难明晰地区分副词与其他词类。

副词在句中只能作状语。也就是说,副词是实词中唯一一类词性和功能有严格对应关系的词。这是副词区别于其他词类的一大特征。然而,副词也与其他实词一样是根据词义划分的,因而词义上越接近,其与名词、动词、形容词、代词间的界限也就越模糊。

因此,在确定副词的范畴时我们需要格外谨慎。目前古代汉语里相当一部分被归入副词的词,按其功能和词义特征分应该属于动词、形容词、名词或代词,其核心在于准确地分辨副词修饰语与非副词修饰语。有修饰功能的句子成分通常为定语或状语。目前一般将汉语五种基本句式(联合、偏正、

第二章 实词的分类及用法

谓宾、补充、主谓）中的偏正式分为两种以对应定语和状语的概念。

定语（形容词性修饰语）+中心语（被修饰语）[名词或与之相当的词组]："楚人、奇货、亡卒、百兽、吾家/数百步/王之甲兵、五口之家、五步之内、万乘之国、膏腴之地、累卵之危。"

状语（副词性修饰语）+中心语（被修饰语）[动词、形容词或与之相当的词组]："不知、相好、急攻、大惧、兼爱、踞见、字斟、南征、群聚、自称、乌有、不敏、尚早、最大、锋利、日稀/笑而应、青眼对（视）/中道而废、何若而有功。"

下面我们来整理一下放在中心语前充当副词的词类。

不知、相好、不敏、尚早、最大：不、相、尚、最→副词

字斟、南征、群聚、锋利、日稀：字、南、群、锋、日→名词

兼爱、踞见：兼、踞→动词

急攻、大惧：急、大→形容词

自称、乌有：自、乌→代词

"字、南、群、锋、日"普遍看作名词作状语，对"兼、踞""急、大"到底是副词还是形容词则出现了分歧。"兼、踞"是动词作状语，"急、大"则是形容词作状语。此外，有很多作状语的其他词类都被误认为是副词。

"幸、请、敬、伏"都是表敬副词，其中"幸"是"幸好、万幸"的意思，是形容词作状语，其他的都是动词作状语。"请"是动词，但是"请+动词"有谓宾结构和偏正结构两种词义关系。在表达偏正关系时，"请"常被看作副词。将词义上表达尊敬的动词和形容词看成副词主要是因为现代汉语里已经没有这种表现法了。"窃、辱、畏、谨"也是这种用法。

这些词虽然都表达谦虚和尊敬，但它们同时还带有各自固有的词义。"字、南"等是名词，"急、大"是形容词，人们并没有因为它们作了状语就认为它们是副词。这种观点为什么不能用于上面那些所谓的表敬副词呢？用这种观点来分析，我们很容易就能看出作状语时"幸"是形容词作状语，而"请、敬、伏"则是动词作状语。以下为本书判定副词的标准。①只具有一种词义，在句中又只能充当状语，则该词为副词。②有两种以上词义，其中

一种词义只能作状语使用，则将其看作有副词词性的词。同时，该词也兼有两种以上的词性。③某个词的同一词义在句中除状语外还可充当其他句子成分时，应将其归入动词、形容词、名词、代词等词类。

这样就可以更加明确地区分副词和其他词类所充当的状语。

下面是副词的词义分类。

（1）程度：尤、颇、更等。

（2）范围及相互：咸、皆、但、徒、祇（秖）、直、仅、奋、只、唯、相、互、俱等。

（3）时间及频度：已、既、将、方、辄、暂、又、尝、亦、常、即、刚、顿、乍等。

（4）情态及推测：固、必、宁、庶、几、盖、殆、尚、犹等。

（5）否定及应对：未、否、不、弗、非（匪）、唯（惟、维）等。

（6）反问：岂、宁、庸等。

（7）关系：乃、则（即）、却、且、才等。

（8）转换：虽、纵等。

现在我们来看一下各副词的具体用例。

## 一、程度

### （一）尤

①居数年，会更五铢钱，民多盗铸钱，楚地尤甚。（《史记·汲郑列传》）

【译】过了几年，遇上（国家）改铸五铢钱，百姓偷铸钱币的事很多，楚地尤其严重。

### （二）颇

①国人颇知之，多不附太后。（《史记·南越列传》）

【译】（南越）国的人很清楚这件事，不依附太后的情况很多[大多不依附太后]。

## （三）更

①吾尝为鲍叔谋事而更穷困。(《史记·白起王翦列传》)

【译】我曾经为鲍叔谋划事情，（情况却）更加困窘。

## 二、范围及相互

### （一）咸

①仁乃病免，以二千石禄归老，子孙咸至大官矣。(《史记·万石张叔列传》)

【译】周仁生了病，免去了职务，拿着（每年）二千石的俸禄返乡养老，子孙都做到了大官。

### （二）皆

①能以伎能立名者甚多，皆有高世绝人之风，何可胜言？(《史记·日者列传》)

【译】能以技能扬名的事非常多，都有高于世俗、超过常人的风范，用什么[怎么]能说得完呢？

②皆中国人民所喜好，谣俗被服饮食奉生送死之具也。(《史记·货殖列传》)

【译】都是中原人民所喜爱的，风俗习惯、衣着、饮食是奉养生者、送走死者[办丧事]的道具。

### （三）但

①更适阴阳，但服汤二旬而，复故。(《史记·扁鹊仓公列传》)

【译】变换调适阴阳，只服用了汤药二十天就恢复了（原来的样子）。

125

## （四）徒

①孙子曰：王徒好其言，不能用其实。(《史记·孙子吴起列传》)

【译】孙子说："大王只是喜欢它的话[兵法的言辞]，不能使用它的实际[→实际应用]。"

## （五）直

①汤死，家产直不过五百金，皆所得奉，无他业。(《史记·酷吏列传》)

【译】汤死后，家产只有不超过五百金，都是得到的俸禄，没有别的家业。

## （六）仅

①四战之后，赵之亡卒数十万，邯郸仅存。(《史记·张仪列传》)

【译】四战之后，赵国死了的兵卒有数十万，邯郸是唯一存留的。

## （七）唯

①且夫秦失其政，诸侯豪桀并起，唯汉王先入关，据咸阳。(《史记·郦生陆贾列传》)

【译】而且秦失去了它的政治[暴虐无道]，诸侯豪杰同时起事[举起反旗]，只有汉王首先进入函谷关，占据了咸阳。

## （八）相

①是时齐有孟尝，魏有信陵，楚有春申，故争相倾以待士。(《史记·平原君虞卿列传》)

【译】这个时候，齐国有孟尝君，魏国有信陵君，楚国有春申君，因此争相倾尽全力礼遇士人。

## （九）互

①长啸哀鸣，翩幡互经，夭蟜枝格，偃蹇杪颠。(《史记·司马相如列传》)

【译】悠长地啸吼，哀伤地鸣叫，敏捷地交错而过，矫健地在树枝上跳荡，柔身攀上枝头。

## （十）俱

①孙膑尝与庞涓俱学兵法。(《史记·孙子吴起列传》)
【译】孙膑曾经与庞涓一起学习兵法。

## 三、时间及频度

### （一）已

①苏秦已说赵王而得相约从亲。(《史记·张仪列传》)
【译】苏秦已经游说了赵王，得以相互缔结从亲[结盟合纵]。

### （二）既

①约束既定，夕时庄贾乃至。(《史记·司马穰苴列传》)
【译】规定已经定完[规章号令说明完毕]，傍晚庄贾才来。

### （三）将

①夫齐与吴将战，彼战而不胜，越乱之必矣。(《史记·仲尼弟子列传》)

【译】齐国与吴国将要打仗，它（吴国）争战胜不了的话，越国是必然的[越国肯定会扰乱吴国]。

（四）方

①方是之时，属之于子乎？（《史记·孙子吴起列传》）
【译】正当这个时候，该把这个（宰相的职位）托付给您吗？
②至于吴，吴王僚方用事，公子光为将。（《史记·伍子胥列传》）
【译】（伍子胥）来到吴国，吴王僚刚刚摄政，公子光当了将军。

（五）辄

①有一人徙之，辄予五十金，以明不欺。（《史记·商君列传》）
【译】有一个人移走了它，就给了（他）五十金，以表明没有欺瞒。

（六）暂

①广暂腾而上胡儿马，因推堕儿，取其弓，鞭马南驰数十里。（《史记·李将军列传》）
【译】李广一下儿[突然]腾身跳上匈奴少年的马，趁势推落匈奴少年，取下他的弓，鞭马向南奔驰了几十里。

（七）又

①吾闻西伯贤又善养老，盍往焉？（《史记·齐太公世家》）
【译】我听说西伯侯贤德，又善于奉养老年人，何不去（他那儿）呢？

（八）尝

①受命应对，吾未尝敢失辞也。（《史记·秦始皇本纪》）

【译】奉命对答，我从未敢说错过话。

（九）亦

①项庄拔剑起舞，项伯亦拔剑起舞。(《史记·项羽本纪》)
【译】项庄拔剑起身跳舞[舞剑]，项伯也拔剑起身跳舞[舞剑]。

（十）常

①相如每朝时，常称病，不欲与廉颇争列。(《史记·廉颇蔺相如列传》)
【译】蔺相如每次上朝的时候，常常说病了[借口生病不去]，不想与廉颇争位次高下。

（十一）即

①太子即自刭，不殊。(《史记·淮南衡山列传》)
【译】太子马上自刎，(却)没有死。

（十二）乍

①其角动，乍小乍大，若色数变，人主有忧。(《史记·天官书》)
【译】它（岁星光的）芒角摇动，突然变小又突然变大，颜色屡变，(预示)君主有忧患。

## 四、情态及推测

（一）固

①我固知齐军怯，入吾地三日，士卒亡者过半矣。(《史记·孙子吴起

列传》)

【译】我本来就知道齐军胆小。进入我们领地三天,兵卒逃跑的超过了一半。

（二）必

①楚更立太子,必不事秦。(《史记·春申君列传》)
【译】楚国改立（别人为）太子,必定不侍奉秦国。

（三）宁

①臣闻鄙谚曰:"宁为鸡口,无为牛后。"(《史记·苏秦列传》)
【译】臣听俗话说:"宁愿当鸡的嘴,（也）不做牛的尾巴。"

（四）庶

①寡人以为善,庶几息兵革。(《史记·秦始皇本纪》)
【译】寡人认为这样很好,（因为这样）大概多少就会停止争战了。

（五）几

①故西门豹为邺令,名闻天下,泽流后世,无绝已时,几可谓非贤大夫哉!(《史记·滑稽列传》)
【译】因此西门豹当了邺的县令,闻名天下,恩泽流于后世,没有断绝停止的时候,（难道）多少可以说不是贤能的大夫吗[怎么可以说不是贤能的大夫呢]?

（六）盖

①余登箕山,其上盖有许由冢云。(《史记·伯夷列传》)

【译】我登上箕山,听说山上可能有许由的墓。

## (七) 殆

①愿上所居宫毋令人知,然后不死之药殆可得也。(《史记·秦始皇本纪》)

【译】希望陛下居住的宫殿不让人知道,这样做之后,不死药几乎[大概]就可以得到了。

## (八) 尚

①君之危若朝露,尚将欲延年益寿乎?(《史记·商君列传》)

【译】您的危险像清晨的露水一样,还想要将来延长年岁、增加寿命吗?

②诸侯尚众,周德未衰。(《史记·李斯列传》)

【译】诸侯还很多,周朝的道德还没有衰败。

③且庸人尚羞之,况于将相乎?(《史记·廉颇蔺相如列传》)

【译】而且普通人尚且对此感到羞耻,何况是将军与宰相呢?

## (九) 犹

①今陛下在洛阳,今斩吾头,驰三十里闲,形容尚未能败,犹可观也。(《史记·田儋列传》)

【译】现今陛下在洛阳,现在斩下我的头,(骑马)飞奔三十里的间隔[时间],(我的)容貌还不会残败,还可以看到(我的样貌)。

## 五、否定及应对

### （一）不

①足下非刘氏，不当立。(《史记·吕太后本纪》)

【译】您不是刘姓的人，不应当被立为皇帝。

②坐而运策，公不如义。(《史记·项羽本纪》)

【译】坐着运用策略，您（项羽）不如我（宋义）。

③恐惧俯伏而饮，不过一斗径醉矣。(《史记·滑稽列传》)

【译】（我）恐慌惧怕，低头趴在地上喝，不超过一斗就醉了。

### （二）弗

①其母闻之，弗哭也。(《史记·平原君虞卿列传》)

【译】他的母亲听到这个（消息），没有（出声地）哭。

②愿诸王明以令士大夫，弗敢欺也。(《史记·吴王濞列传》)

【译】希望各位希望王爷明确地以此告知士和大夫们，我绝不欺瞒。

通过比较使用"不"与"弗"的句子，可以看出"弗"有更为强烈的否定义。

### （三）否

①顿首曰：可则立之，否则已。(《史记·齐太公世家》)

【译】叩头说："可以就立他，不行的话就停止[算了]。"

②愿君留意臣之计。否，必为二子所禽矣。(《史记·淮阴侯列传》)

【译】希望您能留意[考虑]我的计策。不这样的话，必定会成为两人所擒（之物）[被韩信和张耳所擒]。

可以将"否"理解为"不+（前面出现的谓语）"的缩略形。比如上面的"可则立之，否则已"中的"否"就是"不+可"，而"愿君留意臣之计。

否，必为二子所禽矣"中的"否"就是"不+留"的意思。因此，"可否"就可以理解成"可不可"，而"与否"就是"与不与"。

（四）非

①非然也。(《孟子·告子上》)
【译】不是那样。
②凡群臣之言事秦者，皆奸人，非忠臣也。(《史记·苏秦列传》)
【译】凡是群臣说侍奉秦国的都是奸邪之人，不是忠臣。
③使遂蚤得处囊中，乃颖脱而出，非特其末见而已。(《史记·平原君虞卿列传》)
【译】让我（毛遂）早些得以处与口袋里的话，（我）就会（像禾穗的尖芒那样）锋芒脱离露出，不特别是[不只是]他的末梢出现[露出来]而已。

"匪"是"非"的通假字（借用发音相同的字来表示）。

"非"后面跟的无论是名词、名词性词组还是动词、形容词或动词性、形容词性词组，其表达的都是否定判断，即"不是……"的意思。而"不、弗"与"非"不同，一般译为"不（能）……""没（能）……"。如果将名词与动词、形容词区分开来，则"不、弗"只用于动词、形容词或以动词、形容词为核心的句子中，而"非"的后面既可跟动词、形容词，也可跟名词，"非"对其后的整个成分进行否定，也就是对命题的真伪进行判断。

"非（匪）、不、弗"等否定词在英语中由于没有屈折变化而被看作副词。本书沿用这一观点。

然而这些否定词也有动词性，甚至是形容词性。这与"有"的反义词"无"属于动词是一个道理。"非"是"是"的反义词，"是"为动词，甚至有形容词性，那么"非"也就可以看成具有动词乃至形容词性。"非"的后面可以放各种单词及所有形式的词组。这点与动词、形容词携带宾语的情况很相似。应该说它并不是一个单纯的否定副词，从其实际表达的意思来看，更接近于动词乃至形容词。对此，仍需进一步探讨。

### （五）未

①秦兵尚疆，未可轻。(《史记·留侯世家》)
【译】秦国的军队还很强盛，还不可以轻视。
②受命应对，吾未尝敢失辞也。(《史记·秦始皇本纪》)
【译】奉命对答，我从未敢说错过话。

古代汉语里没有表达时体的语法形式，只能依靠上下文来理解。表达时间的词语可以明确地指示事件发生于过去、现在还是未来。

"未"意为"还没"，可用于过去，也可用于现在或未来，不是表达时体的词。在这一点上，它与"不、弗"不一样。"不、弗"表达的是现在的或经常性的情况，还可以用于具有中立性质的普遍情形。"未"表达的是一种"以后怎么样还不清楚，到目前为止还不/没～"的意思，带有一种婉转或郑重的否定色彩，可以说是古代汉语的一种婉转的否定表现。如果只是单纯地想说没有某种事时，一般使用"无"。

### （六）唯

①楚王曰："唯唯，诚若先生之言，谨奉社稷而以从。"(《史记·平原君虞卿列传》)
【译】楚王说："是是，确实像先生说的，谨慎地侍奉社稷[以国家为重]以此跟从[结盟合纵]。"
②范睢曰："唯唯。"(《史记·范睢蔡泽列传》)
【译】范睢说："是是[是啊，是啊]。"

## 六、反问

### （一）岂

①岂以其重若彼，其轻若此哉?!(《史记·伯夷列传》)
【译】难道是凭借[因为]那重视像那样，那轻视像这样[那样地重视富贵

的人，这般轻视高洁的人]吗？

②有君如此，岂可负？（《史记·孟尝君列传》）

【译】有像这样的君主，怎么可以背弃呢？

### （二）宁

①今大臣虽欲为变，百姓弗为使，其党宁能专一邪？（《史记·孝文本纪》）

【译】现在大臣即使想要做出变化[作乱]，百姓不会让（他们这么做），他们的党羽难道能齐心（协力）吗？

②必报仇，宁事戎狄？（《史记·晋世家》）

【译】一定要报仇，难道侍奉戎和狄吗？

### （三）庸

①此天所置，庸可杀乎？（《史记·晋世家》）

【译】这是上天安排的，怎么可以杀呢？

②且子玉犹在，庸可喜乎？（《史记·晋世家》）

【译】而且子玉还在，怎么能高兴呢？

③必能信用其民，庸可绝乎？（《史记·楚世家》）

【译】一定能信任、使用他的百姓，怎么可以断绝（他的祭祀）呢？

## 七、关系

### （一）乃

①虽有奇士不能用，平乃去楚。（《史记·陈丞相世家》）

【译】即使有奇特的谋士也不能重用，我（陈平）就离开了楚国。

## （二）则（即）

①上服度，则六亲固。（《史记·管晏列传》）

【译】君主遵守法度，则六亲团结稳固。

②约束既布，乃设斧钺，即三令五申之。（《史记·孙子吴起列传》）

【译】规章制度已经公布完了，于是准备了斫刀和大斧，接着三次下令五次申明[多次强调]。

## （三）且

①邦有道，贫且贱焉，耻也；邦无道，富且贵焉，耻也。（《论语·泰伯》）

【译】国家有道[→政治清明的时候]，贫穷又卑贱是可耻的；国家无道[政治腐败的时候]，富裕又尊贵是可耻的。

②富贵者骄人乎？且贫贱者骄人乎？（《史记·魏世家》）

【译】富有尊贵而对人傲慢呢？而且[还是]贫穷卑贱而对人傲慢呢？

③且夫水之积也不厚，则其负大舟也无力。（《庄子·逍遥游》）

【译】而且水积得不深，那么它负起大船没这个力气[没有力量浮起大船]。

④往何遽必辱，且又何至是？（《史记·郑世家》）

【译】去什么[怎么]就一定受辱，而且又怎么会到这样[落到你想的那样]呢？

"乃、则（即）、且"等一直被认为有两种用法：一种是作副词，一种是作连词。而实际上，它们只有副词一种词性。[①]

---

[①] 详见安奇燮、郑星任《古代汉语"乃、则、且"的副词性》（《中国语文学》第48辑，2006.12）。

## 八、转换

### （一）虽

①今父老子弟虽患苦我，然百世后期令父老子孙思我言。(《史记·滑稽列传》)

【译】现在父老子弟虽然把我当成祸患和苦痛[厌恶我]，然而我死后希望父老的子孙们想想我的话。

### （二）纵

①纵江东父老怜而王我，我何面目见之？(《史记·项羽本纪》)

【译】即使江东父老可怜我，让我当王，我（有）什么面目见他们呢？

副词连用时，到底是词义上的连用，还是前面的副词修饰后面整个谓语部分，只能通过整体句义来判别。

关于副词有些需要注意的地方。现行语法书中除上述副词外，还列了很多兼有其他词性的词。我们已经分析了这种归类法与古代汉语实际是背离的。如果一定要将实词再划分为名词、动词、形容词、副词、代词的话，就应该把这些词放入名词、动词、形容词类，而绝不是副词类。

本书不设连词类，并将一直被看作连词的词分别划入实词中的副词、名词、动词、形容词类，以及虚词中的介词类。

# 第八节　代　词

代词用于指代其他单词、词组、句子以及段落表达具体内容，也就是指代名词、动词、形容词、副词表达的所有概念，以及它们构成的更长的成分所表达的意思。

现在一般将代词分为三种：人称代词、指示代词和疑问代词。然而这种分法中，有些词既属于人称代词又属于指示代词，界限十分模糊。

本书将代词分为仅用于指代人的代词、指代人及其他内容的代词、表达疑问的代词这三类。

## 一、仅用于指代人的代词

可分为自称（说话人）、对称（听者）、反身称（自己）、旁称（其他人）这几类。

### （一）自称

指代说话人的代词主要有"吾、我、予（余）"等。不同的文字表达同一种"我（们）"的意思并不是说有好几种自称的方法，只是不同的方言有着不同的发音而已。这一点在音韵学的研究中已经得到了证实。

古代除了这些自称代词，更常见的是使用自己的名字或使用"臣、仆、愚、小人、下走、妾、婢子"等谦辞来指代自己。

①丘也幸。苟有过，人必知之。（《论语·述而》）

【译】丘（我）很幸福。如果有过错，人们一定会告诉我这个过错。

天子常自称"余一人、予一人"，诸侯称自己为"寡人、不谷、孤"。秦始皇将先秦时代一般人自称时使用的"朕"定为皇帝专用的自称代词。

①我闻忠善以损怨，不闻作威以防怨。（《左传·襄公三十一年》）

【译】我听说过靠忠诚善良来减少怨恨的，没听说过靠作威作福来防止怨恨的。

②吾不愿见鲁连先生也。（《战国策·赵策》）

【译】我不愿意见鲁连先生。

③予将有远行。（《孟子·公孙丑下》）

【译】我将有远行的事[将要去远处]。

④子其怨我乎？（《左传·成公三年》）

【译】你怨恨我吗？

⑤三人行，必有我师焉。(《论语·述而》)

【译】三人走在一起，(其中)肯定会有我的老师[有一个人可以作我的老师]。

⑥狄人之所欲者，吾土地也。(《孟子·梁惠王下》)

【译】狄人想要的是我的土地。

⑦仆欲北攻燕，东伐齐，何若而有功？(《史记·淮阴侯列传》)

【译】我想要向北攻打燕国，向东讨伐齐国，怎样做才能有功劳呢？

⑧天降朕以德。(《庄子·在宥》)

【译】上天降给我用德[把德降在我身上]。

偶尔还能见到"台、卬"等自称代词，它们与"吾、我、予(余)"等一样都是源于在发音上存在差异的不同的方言。

①非台小子①敢行称乱。(《书经·汤誓》)

【译】不是我敢行惹乱子(的事)[敢作乱]。

②人涉卬否，卬须我友。(《诗经·邶风·匏有苦叶》)

【译】人过(河)，我不(过)，我等我的朋友。

(二) 对称

指代对方，一般是听话人，主要有"女(汝)、尔、若、而、乃"等词。还可以使用代表对方身份或地位的"王、将军"或尊称对方的"陛下(天子)、殿下(王侯)、阁下"等。此外，"君、公、先生、吾子、卿、足下、执事、左右、子"等也是常用的尊称。

①三岁贯女，莫我肯顾。(《诗经·魏风·硕鼠》)

【译】三年[多年]伺候你，(你却)没有肯回头看我(的时候)[不肯顾及我的生活]。

②颜渊季路侍。子曰：盍各言尔志？(《论语·公冶长》)

---

① 这里的"小子"是对自己的谦称。

【译】颜渊和季路（在旁）侍候，孔子说："何不各自说说你们的志向？"

③吾翁即若翁。(《史记·廉颇蔺相如列传》)

【译】我的父亲就是你的父亲。

④夫差，而忘越王之杀而父乎？(《左传·定公十四年》)

【译】夫差，你忘了越王杀了你的父亲了吗？

⑤子奚不为政？(《论语·为政》)

【译】您怎么不从事政治呢？

偶尔还会使用"戎"。

①戎虽小子①而式弘大。(《诗经·大雅·民劳》)

【译】你们虽然是年轻人，（但）作用巨大。

### （三）反身称

指称自己自身的代词。一般使用"己"，只用于指代人。

①夫仁者，己欲立而立人，己欲达而达人。(《论语·雍也》)

【译】仁（仁德的人）啊，自己想站，就使别人站，自己想达到，就使别人达到。

②不患人之不己知，患不知人也。(《论语·学而》)

【译】不（不要）担心别人不了解自己，而（要）担心自己不了解别人。

③己所不欲，勿施于人。(《论语·颜渊》)

【译】自己不想要的，不施加给别人。

### （四）旁称

"人"是一个有具体概念的名词，同时还可用于指代"别人、其他人"。

---

① 这里的"小子"是长辈或地位高的人称晚辈或比自己地位低的人时使用的称谓。天子称官吏为"小子"是一种将其看作年轻晚辈的表达方式。

虽然很多例子里这两种解释都说得通，我们还是常把指称"别人"的"人"看作代词。比如在上面的例子中与"己"搭配使用的"人"，就是一个旁称代词。

①不患人之不己知，患不知人也。(《论语·学而》)
【译】不（不要）担心别人不了解自己，而（要）担心自己不了解别人。
②己所不欲，勿施于人。(《论语·颜渊》)
【译】自己不想要的，不施加给别人。
③攻其恶，无攻人之恶。(《论语·颜渊》)
【译】攻击那[自己的]缺点，不要攻击别人的缺点。

## 二、指代人及其他内容的代词

包括第三方、反身称、旁称、近称和不定称。

（一）第三方

"其、之、彼、夫"等不仅可以用来指代"我（们）""你（们）"以外的其他人，所有其他的事物都可以用它们来代指，一般译成"那、他（她、它）"。这些词的人称功能和指示功能是结合在一起的，不能截然分开。

此外，"厥"、与"之"用法类似而指示性更强的"焉"，以及作代词使用的"诸"也有这种用法。"之、焉、诸"三者的功能和用法十分相近。

1. 指人的情况[他称]

（1）其

①其妻献疑。(《列子·汤问》)
【译】他的妻子提出疑问。
②万乘之国，弑其君者必千乘之家。(《孟子·梁惠王上》)
【译】万乘之国弑其君王的必定是千乘之家。
③操蛇之神闻之，惧其不已也，告之于帝。(《列子·汤问》)
【译】握着蛇的神[山神]听了，怕他不停止，报告了这件事给天帝[把这

件事报告给了天帝]。

④秦王恐其破璧，乃辞谢。(《史记·廉颇蔺相如列传》)

【译】秦王怕他破坏玉璧，于是婉言道歉。

⑤为其来也，臣请缚一人过王而行。(《晏子春秋·内篇杂下》)

【译】等到他来，臣请求绑住一个人从大王面前走过。

⑥今欲举大事，将非其人，不可。(《史记·项羽本纪》)

【译】现在想要做起大事[发动起义]，(将)不是那个[那样的]人(的话)，不行。

（2）之

①公赐之食，食舍肉。公问之。(《左传·隐公元年》)

【译】庄公赐给他吃的，(颍考叔)吃(的时候)把肉放在一边(不吃)。庄公问那个[那样做的理由]。

②孔子下，欲与之言，趋而辟之，不得与之言。(《论语·微子》)

【译】孔子走下来，想要和他说话，小步快走劈开他[孔子]，没能和他说话。

③三人行，必有我师焉。(《论语·述而》)

【译】三人走在一起，(其中)肯定会有我的老师[有一个人可以做我的老师]。

"其"和"之"实际指代的也可能是自己或对方。选用哪个代词往往是说话人心理的一种反映，因此应该依据上下文来理解。我们在后面会通过例句来进一步说明。

（3）彼

①彼丈夫也，我丈夫也。吾何畏彼哉？！(《孟子·滕文公上》)

【译】他是大丈夫，我也是大丈夫。我为什么要害怕他？！

②彼陷溺其民，王往而征之。(《孟子·梁惠王上》)

【译】他们(秦国、楚国和晋国)使他们的百姓陷于水深火热之中，大王（梁惠王）去征讨。

③在彼者皆我所不为也，在我者皆古之制也，吾何畏彼哉？（《孟子·尽心下》）

【译】在他那儿的都是我所不做的，在我这儿的都是古来的制度。我为什么要怕他呢？

④曩者，吾叱之，彼乃以我为非人也。（《史记·刺客列传》）

【译】昔日我叱责他，他就把我看作不是人[认为我不是同道之人]！

⑤吾将与楚人战，彼众我寡，为之奈何？（《韩非子·难一》）

【译】我将与楚国人征战，他们人多，我们人少，对此该如何[怎么办]呢？

⑥今夫齐与吴将战，彼战而不胜，越乱之必矣。（《史记·仲尼弟子列传》）

【译】现在齐国与吴国将要打仗，它（吴国）争战胜不了的话，越国是必然的[越国肯定会扰乱吴国]。

（4）夫

①我皆有礼，夫犹鄙我。（《左传·昭公十六年》）

【译】我们都（能做到）有礼，那些人还看不起我们。

②长沮曰："夫执舆者为谁？"子路曰："为孔丘。"（《论语·微子》）

【译】长沮问："那个执缰驾车的是谁？"子路说："是孔丘。"

2. 指代人以外的情况

一直以来，译成"这、这些"的"此、兹、斯、是、尔"等被称作近指代词，对应英语中的"this, these"，而与其相对的"其、之、彼、夫"等被称作远指代词，对应英语中的"that, those"。事实上，古代汉语里指代第三方时，没有英语中的"he, she, they"或"the"的差别，基本上也没有人称与非人称（"it"）的差别。"其、之、彼、夫"除指代人以外，还能指代所有其他的事物。从语法角度来看，不需要再划分成人称代词和指示代词。

143

（1）其

①尔爱其羊，我爱其礼。(《论语·八佾》)

【译】你爱那只羊，我爱那个礼节。

②海内之地，方千里者九，齐集有其一。(《孟子·梁惠王上》)

【译】四海之内的土地方圆千里的有九个，齐国（收集）有其中的一个。

③临其穴，惴惴其栗。(《诗经·秦风·黄鸟》)

【译】面临那墓穴[将要被埋入墓穴时]，惊恐战栗。

④君子之于禽兽也，见其生不忍见其死。(《孟子·梁惠王上》)

【译】君子对于禽兽，见到它们活着，便不忍心见到它们死去。

⑤名实不亏，使其喜怒哉！(《列子·皇帝》)

【译】名义与实际都没有亏损，却使它们又高兴又发怒！

（2）之、焉、诸

"之"是三者中最常见的一个，而"诸"较为罕见。"焉"和"诸"与"之"有相同的用法。其中，"焉"与"之"相比，有更为强烈的指称义。

①子女玉帛则君有之，羽毛齿革则君地生焉。(《左传·僖公二十三年》)

【译】侍从美女、宝玉丝绸大王您有（那些），（珍禽的）羽和毛、象牙兽皮您的土地生产（那些）。

②渊深而鱼生之，山深而兽往之，人富而仁义附焉。(《史记·货殖列传》)

【译】潭深，鱼就生活在那儿；山深，野兽就去那儿；人富有，仁和义就归附他。

③冬晋荐饥，使乞籴于秦。秦伯谓子桑："与诸乎？"(《左传·僖公十三年》)

【译】冬天，晋国连续发生饥荒，派（使者）向秦国乞求买米。秦王问子桑："给（晋国）这个吗？"

"其"作代词用时的一大特征是充当定语或主谓词组中的主语,而"之"作代词时大部分情况是宾语。然而,也有一些"之"用作定语的例子。

①之二虫又何知?(《庄子·逍遥游》)
【译】那两个虫子又怎么知道呢?
②异哉!之歌者非常人也。(《吕氏春秋·举难》)
【译】太奇妙了!这个唱歌的人不是普通人。
③均之二策,宁许以负秦曲。(《史记·廉颇蔺相如列传》)
【译】权衡那两个计策,不如答应以此让秦国背负理屈(之名)。

在兼语句中,"其"和"之"都可以用作句子的兼语。

①名实不亏,使其喜怒哉!(《列子·皇帝》)
【译】名义与实际都没有亏损,却使它们又高兴又发怒!
②取瑟而歌,使之闻之。(《论语·阳货》)
【译】拿来瑟唱歌让他听到(这些)。

而"彼"和"夫"就没有这种用法。
"其"和"之"指代的内容大部分情况下很容易就能辨别。就像下面的这个例子,虽然接连使用了多个代词"其"和"之",但句义表达上没有出现任何混乱,各自指代的内容都十分明确。

①使奕秋诲二人奕:其一人专心致志,惟奕秋之为听;一人虽听之,一心以为有鸿鹄将至,思援弓缴而射之。虽与之俱学,弗若之矣。为是其智弗若与?曰:非然也。(《孟子·告子上》)
【译】让奕秋教两个人下棋:其中一个人专心致志,只有奕秋成为听的对象[只听弈秋的讲解];(另)一个人虽然也在听奕秋的话,却一心觉得有鸿鹄(大雁、天鹅等)要飞来,想拉起弓去射它。虽然与他[那个专心致志的人]一起学习,却不如他[没有那个专心致志的人学得好]。这是说他的才智不

如（那个专心致志的人）吗？（我）说："不是这样的。"

②弥与纥吾皆爱之，欲择才焉而立之。(《左传·襄公二十三年》)

【译】弥与纥我都喜爱（他们），想选在那方面有才能的他立（为王）。

当然，有时我们也会遇到"其"和"之"指代的内容并没有出现在句中，或出现了但难以判断到底是句中哪种情况的情形。这时，我们只能依靠上下文来判别。后文对此进行了集中分析。

（3）彼、夫

①彼交匪敖，万福来求。(《诗经·小雅·桑扈》)

【译】他结交不傲慢，所有的福都求到[聚集了所有的福气]。

②王知夫苗乎？七八月之间旱，则苗槁矣。(《孟子·梁惠王上》)

【译】大王知道禾苗吗？七八月间干旱的话，禾苗就枯萎了。

③彼兵者所以禁暴除害也，非争夺也。(《荀子·议兵》)

【译】那军队是用来禁止暴行、去除祸害的，不是用来争夺的。

④岂以其重若彼，其轻若此哉？！(《史记·伯夷列传》)

【译】难道是凭借[因为]那重视像那样，那轻视像这样[那样地重视富贵的人，这般轻视高洁的人]吗？

现代汉语里"它、他"的用法始于晋、宋之间①，此前一直用来指"别的、其他的"。

（二）反身称

"自"指代的是人或物自身。现代汉语一般译成"自己"。

①公则自伤，鬼恶能伤公？(《庄子·达生》)

【译】您就是自己伤了（自己），鬼怎么能伤害您呢？

②于是焉河伯欣然自喜，以天下之美为尽在己。(《庄子·秋水》)

【译】于是河伯很高兴，沾沾自喜，认为天下的美都在自己这里。

---

① "长房曰：还它马，赦汝死罪。"(《后汉书·方术列传》)"他自姓刁，那得韩卢后邪？"(《晋书·张天锡传》)

③所谓诚其意者,毋自欺也。(《礼记·大学》)

【译】所谓使自己的心意真诚,就是不欺骗自己。

④何故深思高居自令放为?(《屈原·渔父辞》)

【译】什么原因[为什么](您要)深深地思考、高高地处身,自己使(自己)遭到放逐呢?

⑤太子即自到,不殊。(《史记·淮南衡山列传》)

【译】太子马上自刎,(却)没有死。

## (三)旁称

古代汉语里的"他"是"其他的、其他的什么"的意思①,既可指人,也可指人以外的东西。

①吾以子为异之问,曾由与求之问?(《论语·先进》)

【译】我以为您问别人,是问仲由与冉求吗?

②子不我思,岂无他人?(《诗经·郑风·褰裳》)

【译】你不想我,难道没有别人(想我)吗?

③他人有心,予忖度之。(《诗经·小雅·节南山之什·巧言》)

【译】别人有心思,我揣测出那个[他的心思]。

④王顾左右而言他。(《孟子·梁惠王下》)

【译】梁惠王环顾左右,说别的。

## (四)近称

主要有"此、兹、斯、是、尔"等,可同时用于人和其他事物。各词并不完全相同,但现代汉语一般都译成"这(些)",可用作多种句子成分。需要注意的是,这些词在作状语时,可直接理解为代词作状语,而不应该将其看作连词。

---

① 有些人将"异"看作代词。"异"从词义上来看应该是形容词,有时会和其他形容词一样表现出名词性。该词的用法可以用来说明古代汉语中实词词义上的动词、名词和形容词应该同属一类有着综合词性的名动形类。

①孟尝君怪之曰：此谁也？（《战国策·齐策》）

【译】孟尝君感到那个人很奇怪，问："这是谁？"

②由此观之，王之蔽甚矣。（《战国策·齐策》）

【译】从这儿看那件事，大王受蒙蔽太严重了！

③王如知此，则无望民之多于邻国也。（《孟子·梁惠王上》）

【译】大王如果知道这个，就不要期望百姓比邻国多了。

④此则寡人之罪也。①（《孟子·公孙丑下》）

【译】这则是寡人的罪过啊。

⑤曰：先生何为出此言也？（《孟子·离娄上》）

【译】说道："先生为什么说出这样的话？"

⑥鄙贱之人不知将军宽之至此也。（《史记·廉颇蔺相如列传》）

【译】卑贱的人不知将军宽容他到这种地步。

⑦彼一时，此一时也。（《孟子·公孙丑上》）

【译】那是一个时候，这是（另）一个时候［那时是那时，现在是现在］。

⑧季文子三思而后行，子闻之曰："再斯可矣。"（《论语·公冶长》）

【译】季文子（做事）想三次（再三考虑）之后才会去行动。孔子听到后，说："想两次就可以了。"

⑨巫行视人家女好者云："是当为河伯妇。"（《史记·滑稽列传》）

【译】巫师走着看到某家的女子漂亮就说："这人应当成为河伯的妻子。"

⑩夫子何善尔也？（《礼记·檀弓上》）

【译】老师为什么认为这个好呢？

## （五）不定称

"或"和"某"属于这一类代词，既可以指称人，也可以指称其他东西。

---

① "农，天下之本"中的"本"和"此则寡人之罪也"中的"罪"等谓语中心语都是词义上的名词。除了以名词性词语为中心语的偏正词组和所字结构以外，谓宾词组和主谓词组在句中也具有名词性。前文"基本句型"一项里已经对此做出说明。

①或曰："雍也，仁而不佞。"（《论语·公冶长》）
【译】有人说："雍呀，仁[有仁德]，（却）不善于言辞。"
②人固有一死，或重于泰山，或轻于鸿毛。（司马迁《报任安书》）
【译】人固然有一死，有的比泰山还重，有的比鸿毛还轻。
③子告之曰："某在斯，某在斯。"（《论语·卫灵公》）
【译】孔子告诉他："什么在这儿，什么在这儿。"

### 三、疑问代词

主要有"谁、孰、何、曷、盍、奚、胡、安、恶、焉"等。

"谁"与现代汉语一样，是对人的询问。

"孰"是在有备选项的前提下进行提问时使用的助词。可以指人，也可以指其他事物。指人时一般译成"谁"或"哪个人"，指其他事物时一般译成"哪个"。

"何"就是"什么"的意思，可以充当主语、谓语、宾语、定语、状语中的任何一个。作主语、谓语、宾语时，一般直接译成"什么"，作状语时译成"什么的"，在具体的句子中，虽然还可能会表达出"哪、哪个"的意思，但其词义功能与"孰"并不相同。"何"无论充当哪种句子成分，都没有形态上的变化，也就很难真正将其区分开来。用现代汉语的对应表现来说明这一点存在很大的局限性，尤其是"何"作状语使用的情况。作状语时，一般将其译成"为什么"，有时根据具体情况会译成"怎么"，在反问句中还可以译成"难道"。需要注意的是，上面这些状语"何"的译法看起来互不相同，分别可以对应英语的"why"和"how"，然而对古代汉语来说，所有这些意思都属于同一个概念，都用"何"来表达。

"曷、盍、奚、胡"与"何"用法相似。这些词相互间到底又有哪些差异呢？还是由于源于不同方言，导致发音及标记上存在差异的同一个词呢？很遗憾，至目前为止还没有确切的结论，我们暂且只能把它们与"何"做相同的处理。然而，虽然词义相通，但这些词不仅使用频率远远低于"何"，其中的"曷、奚、胡"并不像"何"一样可以充当各种句子成分。

值得一提的是，"何、曷、奚、胡"所指的"什么"几乎适用于所有概念,有时甚至可以表达出"什么时候"的意思。古代汉语里没有专门指代事件的代词,一般使用"何+时间词"的形式来表达。

有人将"何、曷、奚、胡"等看作表达疑问语气的副词,这种看法就是混淆了词的基本词性与其在句中的功能。这些词在疑问句中表达的疑问或反问语气并非其固有的代词词性。

"安、恶、焉"基本上用于询问地点,意为"哪儿"。这些词也与"何"类的词一样可以表达反问,一般译成"怎么(会/能)……呢"。同样,用于反问句的"安、恶、焉"也不能看成语气副词。可以说,它们这时虽然不是在询问地点,但所表达的仍然是"哪儿"的意思,完全可以译成"哪儿(会/能)……呢"。"哪儿"在现代汉语里也有表达反问的功能,这一点与古代汉语是相通的。

（一）谁

①谁无父母？（《诗经·小雅·鸿雁之什·沔水》）

【译】谁没有父母呢？

②孟尝君怪之曰："此谁也？"（《战国策·齐策》）

【译】孟尝君觉得那个人很奇怪,问道："这是谁？"

③子为元帅,帅不用命,谁之罪也？（《左传·宣公十二年》）

【译】您作元帅,元帅不用[不听]命令,谁的罪呢？

（二）何

①子张曰："何为五美？"子曰："君子惠而不费,劳而不怨,欲而不贪,泰而不骄,威而不猛。"（《论语·尧曰》）

【译】子张问："什么是五美？"孔子说："君子施惠而不浪费,劳苦而不抱怨,有欲望而不贪婪,泰然自若而不骄蛮,有威严而不凶恶。"

②问曰：周公何人也？（《孟子·公孙丑下》）

【译】问道："周公是什么人？"

③肉食者谋之,又何间焉？（《左传·庄公十年》）

【译】肉食的人[当权者]谋划那个,（你）又为什么要参与其中呢？

④君美甚。徐公何能及君也?(《战国策·齐策》)

【译】您美程度更甚[您更美],徐公怎么能比得上您呢?

⑤春者何?岁之始也。(《公羊传·隐公元年》)

【译】春是什么?(一)年的开始。

⑥天之所欲者何也?所恶者何也?(《墨子·天志下》)

【译】上天所想要的是什么?所厌恶的是什么?

⑦何哉?!尔所谓达者。(《论语·颜渊》)

【译】是什么呢?你所说的达。

⑧君何患焉?(《左传·隐公元年》)

【译】大王担心什么呢?

⑨何由知吾可也?(《孟子·梁惠王上》)

【译】通过什么[怎么]知道我可以呢?

⑩以一服八,何以异于邹敌楚哉?!(《孟子·梁惠王上》)

【译】(想要)用一个制服八个,用什么来与邹国对抗楚国相异[跟邹国对抗楚国有什么不同]呢?

⑪以此攻城,何城不克?(《左传·僖公四年》)

【译】用这个来攻城,什么城不能攻克呢?

这里需要注意一下"何"用于"如何、何如、若何、何若、奈何"时的情况。我们都知道疑问代词(以下简称"疑问词")作宾语时会出现倒置现象,即原本"谓语+宾语"的语序会变成"宾语+谓语"。语序上的倒置主要就是为了表达一种强调,疑问词出现的位置就是疑问的所在,也就是句义的核心,很容易引发倒置加以强调。"如何、何如、若何、何若、奈何"中的"如何、若何、奈何"没有出现倒置,两个词之间可以加入其他内容。这种现象一直被看作一种特殊的固定句型,而夹在中间的成分则被看作这种固定句型的宾语。换句话说,"如何、何如、若何、何若、奈何"在现代汉语中是"怎么样"或"怎么办"的意思,而当"怎么办"带宾语时,疑问词不倒置,且宾语放在两者之间。

通过实例我们可以看出,带宾语只有"如+○+何""若+○+何""奈+○+何"这三种情况。具体分析这种结构,就能发现首先是由"如+○""若

+○""奈+○"构成述宾结构,然后再与后面的"何"构成主谓结构。也就是说,这个宾语实际上是"如、若、奈"的宾语,而不是"如何、若何、奈何"的宾语。逐字翻译就是"像……一样的是什么呢"的意思。根据具体情况,可以再将"何"解释成"怎么样""怎么办"或"为什么"。

（二）如何、何如

①敢问国君欲养君子,如何斯可谓养矣。（《孟子·万章下》）

【译】请问:"国君想要供养君子,像什么一样[怎样]这（才）可以说是供养呢?"

②叔向曰:"齐其何如?"（《左传·昭公三年》）

【译】叔向说:"齐国它像什么样[怎么样]?"

③以五十步笑百步则何如?（《孟子·梁惠王上》）

【译】用五十步嘲笑一百步,就会像什么一样[怎么样]呢?

④以子之矛陷子之盾何如?（《韩非子·难势》）

【译】用你的矛戳你的盾,会像什么样[怎么样]?

（三）若何、何若

①美之与恶,相去若何?（《老子·第二十章》）

【译】美与丑（相比）相互间的距离像什么一样[怎么样]呢?[美和丑相差得远吗?]

②仆欲北攻燕,东伐齐,何若而有功?（《史记·淮阴侯列传》）

【译】我想要向北进攻燕国,向东讨伐齐国,像什么一样[怎么样]才能有功劳呢?

（四）奈何

①诸侯不从,奈何?（《史记·高祖本纪》）

【译】诸侯不跟从[服从]像什么一样[怎么办]呢?

②取吾璧,不予我城,奈何?（《史记·廉颇蔺相如列传》）

【译】拿了我的玉璧,不给我城池,像什么一样[怎么办]呢?

③乃见平原君曰:"事将奈何矣?"(《史记·鲁仲连列传》)

【译】于是见了平原君说:"(这件)事将像什么一样[怎么办]呢?"

④民不畏死,奈何以死惧之?(《老子·第七十四章》)

【译】百姓不怕死,像什么一样[怎么]用死来恐吓他们呢?

(五)"如何、若何、奈何"中的"如、若、奈"带宾语时

1. 如……何

①人而不仁,如礼何?人而不仁,如乐何?(《论语·八佾》)

【译】人没有仁爱之心,礼这样的东西(对他)有什么用?人没有仁爱之心,音乐这样的东西(对他)有什么用?

②如之何?其使斯民饥而死也。(《孟子·梁惠王上》)

【译】像那样的事是什么[那样做怎么样呢]?它会使这些百姓饿死吗?

③以君之力曾不能损魁父之丘,如太行王屋何?(《列子·汤问》)

【译】以您的力量不曾损坏魁父的山丘,像太行山、王屋山这样的会是什么[怎么样]呢?

④吾如有萌焉何哉?!(《孟子·告子上》)

【译】(齐王)好像对那有萌芽[萌发了仁心],我(又能)怎么样呢?

2. 奈……何

①西门豹顾曰:"巫妪三老不来还,奈之何?"(《史记·滑稽列传补》)

【译】西门豹回头看,说:"巫婆、三老不回来,像这样的事是什么[这事怎么办]?"

②虞兮虞兮奈若何?(《史记·项羽本纪》)

【译】虞姬啊,虞姬!像你这样的人是什么[(拿)你这样的人该怎么办呢]?

### 3. 若……何

①是吾师也，若之何毁之？（《左传·襄公三十一年》）

【译】这是我的老师，像那样为什么[怎么]毁他？

### （六）孰

①孰为夫子？（《论语·微子》）

【译】哪个[谁]是老师？

②谁为为之，孰令听之？（司马迁《报任安书》）

【译】为谁（去）做它，让谁（来）听它呢？

③哀公问：弟子孰为好学？（《论语·雍也》）

【译】哀公问："弟子（中）哪个是好学的？"

④吾与徐公孰美？（《战国策·齐策》）

【译】我与徐公（相比）谁（更）美？

⑤邹人与楚人战，则王以为孰胜？（《孟子·梁惠王上》）

【译】邹国人与楚国人争战，那么大王（对此）认为哪边会胜呢？

### （七）曷、盍、奚、胡

①怀哉怀哉！曷月予还归哉？（《诗经·王风·扬之水》）

【译】思念啊，思念啊！哪个月我（才能）回家？

②蝗螟，农夫得而杀之。奚故？为其害稼也。（《吕氏春秋·不屈》）

【译】蝗虫和螟虫农夫抓住杀死它们。什么原因[为什么]？因为它们祸害庄稼。

③子奚不为政？（《论语·为政》）

【译】您怎么不从事政治呢？

④楚王叱曰："胡不下？"（《史记·平原君列传》）

【译】楚王呵斥道："为什么[怎么]不下去？"

"曷"与"盍"有时用作标记"何不（代词+副词）"的合音，这就使得同一个字可以表达两种相反的意思。

①中心好之，曷饮食之？（《诗经·唐风·有杕之杜》）

【译】心中（真心）喜爱他，何不请他吃喝？

②吾闻西伯贤又善养老，盍往焉？（《史记·齐太公世家》）

【译】我听说西伯侯贤德，又善于奉养老年人，何不去（他那儿）呢？

③颜渊季路侍。子曰："盍各言尔志？"（《论语·公冶长》）

【译】颜渊和季路（在旁）侍候，孔子说："何不各自说说你们的志向？"

（八）安、恶、焉

①沛公安在？（《史记·项羽本纪》）

【译】沛公在哪儿？

②樊哙曰："臣死且不避，卮酒安足辞？"（《史记·项羽本纪》）

【译】樊哙说："臣死尚且不逃避[死都不怕]，一杯酒哪里值得推辞呢？"

④嗟乎！燕雀安知鸿鹄之志哉？！（《史记·陈涉世家》）

【译】啊！燕子和麻雀哪里知道大雁、天鹅的志向呢？

⑤且焉置土石？（《列子·汤问》）

【译】而且（往）哪儿放置土和石头呢？

⑥夫子焉不学而亦何常师之有？（《论语·子张》）

【译】（我们的）老师（在）哪儿不学呢，又怎么会有固定的老师呢？

⑦居恶在？仁是也。路恶在？义是也。居仁由义，大人之事备矣。（《孟子·尽心上》）

【译】居所在哪里？仁就是。道路在哪里？义就是。居住于仁，因义行事，大人的事就都具备了。

⑧为民父母行政，不免于率兽而食人，恶在？其为民父母也。（《孟子·梁惠王上》）

155

【译】身为百姓的父母,施行政事,(却)不能避免率领野兽吃人,在哪儿呢?那身为百姓的父母。[那哪儿算是百姓的父母呢?]

⑨卒然问曰:"天下恶乎定?"吾对曰:"定于一。"①(《孟子·梁惠王上》)

【译】(梁襄王)突然问道:"天下在哪儿安定[怎样才能安定]呢?"我回答说:"安定于统一[天下统一才能安定]。"

## 四、使用上需注意的代词

### (一)与句子成分间的关系

我们前面已经提到,代词"其"一般用作定语或主谓词组中的主语,而不用作宾语;代词"之"则用作宾语,而不用作主语。通过下面的两个例子可以看出"之"有时还可用作定语。此时的"之"与"其"虽然是同一种成分,但"之"不仅使用频率远低于"其",所指内容的范围也要小得多。

①之二虫又何知?(《庄子·逍遥游》)

【译】那两个虫子又怎么知道呢?

②异哉!之歌者非常人也。(《吕氏春秋·举难》)

【译】太奇妙了!这个唱歌的人不是普通人。

在兼语句中,"其"和"之"都可充当兼语成分。

①名实不亏,使其喜怒哉!(《列子·皇帝》)

【译】名义与实际都没有亏损,却使它们又高兴又发怒!

②取瑟而歌,使之闻之。(《论语·阳货》)

【译】拿来瑟唱歌让他听到(这些)。

---

① 将"乎"看作介词的人认为"恶"是它的宾语,而"恶乎"是宾语倒置的形式。这种看法是不正确的。事实上,"乎"是助词,可以表达疑问范畴内的各种语气。

## （二）代词指代的内容

代词一般都有各自固有的指代内容。然而，有时在某些句子中，一个代词可能被用来指代一般由其他代词指代的内容。

### 1. 指代自己

①攻其恶，无攻人之恶。(《论语·颜渊》)

【译】攻击那[自己的]缺点，不要攻击别人的缺点。

②鄙贱之人不知将军宽之至此也。(《史记·廉颇蔺相如列传》)

【译】卑贱的人不知将军宽容他[我]到这种地步。

③非其鬼而祭之谄也，见义不为无勇也。(《论语·为政》)

【译】不是那个[自己（应当祭祀）的]鬼而祭祀他是谄媚，见到义而不做是没有勇气。

### 2. 指代对方

①君亟定变法之虑，殆无顾天下之议之也。(《商君书·更法》)

【译】（请）国君尽快下定变法的决心，几乎没有[不要]顾及天下议论您。

### 3. 难以分辨的情况

分辨代词指代的内容主要还是要依据上下文。连续出现的几个代词所指代的内容又各不相同的情况很常见，此时大都可依据整体句义进行判断。

然而，当上下文对我们辨别代词的指代内容起不到什么帮助时，很多句子往往就既可以这样理解，又可以那样理解。下面例句中的"之"就可以说既指代"那个理由"，也可以指代"他"。一般我们倾向于前者。

①公赐之食，食舍肉。公问之。(《左传·隐公元年》)

【译】庄公赐给他吃的，（颖考叔）吃（的时候）把肉放在一边（不吃）。庄公问他那个[那样做的理由]。

下面的例句中也有类似的情况。"之"可以看作指代"君",也可以看作指代"变法"。

①君亟定变法之虑,殆无顾天下之议之也。(《商君书·更法》)
【译】(请)国君尽快下定变法的决心,几乎没有[不要]顾及天下议论您/变法。(比较:议论变法)

下面这个例子更难分辨清楚。

①父母唯其疾之忧。(《论语·为政》)
【译】父母只担心他们的[子女/父母的]疾病。

这是一个宾语前置的句子。为强调宾语"其疾"而将其倒置于谓语"忧"的前面。这里的"其"可以指"子女",也可以指"父母"。无论理解成哪种,其意图都是主张对父母行孝道。下面的例子也是如此,无论选用何种解释,其所表达的句义不变。

①子曰:晏平仲善与人交,久而敬之。(《论语·公冶长》)
【译】孔子说:"晏平仲善长与人交际,很长时间[→时间长了也仍然]尊敬他[→晏平仲/交际之人]。"

这里的"之"既可以指"人们、别人",也可以指"晏平仲",两种理解都说得通。

## 第九节　感叹词

感叹词是表达吃惊、伤心、愤怒、斥责、感叹、叹息、称赞、许诺等各种语气的词,是主语、谓语、宾语、补语、定语、状语六种句子成分之外的一个独立成分。感叹词也称为"独立词",主要有"噫""嘻""於""於乎""呜呼""呼""嚇""恶""哑""叱嗟""嗟""嗟乎""吁"等,有时还会借用其他读音相同的字来表示。同一个感叹词(汉字相同)常常可用来表示多种不同的感叹语气。这时,主要依靠语调上的差异来区分。

(一) 噫[①]

表达悲痛、叹息。

①噫!甚矣哉,其无愧而不知耻也甚矣!(《庄子·外篇·在宥》)

【译】唉!已经很严重了!没有羞愧不知廉耻已经很严重了。

②颜渊死,子曰:"噫!天丧予,天丧予。"(《论语·子张》)

【译】颜渊死了,孔子说:"唉!上天让你死,上天让你死啊。"

(二) 嘻

表达赞叹、吃惊、悲叹、叹息。

①文惠君曰:"嘻,善哉!技盖至此乎?"(《庄子·养生主》)

【译】文惠王说:"啊,好呀!技术如何达到此种地步呢?"

②公曰:"嘻!夫子之家如此其贫而!而寡人不知,寡人之罪也。"(《晏子春秋·内篇杂下》)

【译】景公说:"哎!晏子家像这样贫困吗?我不知道是我的罪。"

③子路死,子曰:"嘻!天祝予。"(《公羊传·哀公十四年》)

【译】子路死了,孔子说:"唉!上天断绝你。"

(三) 於

表达赞叹和吃惊。

①夔曰:"於!予击石拊石,百兽率舞。"(《尚书·舜典》)

【译】夔说:"啊!我击打石磬,群兽就会跟随跳舞。"

---

[①] 也有"噫嘻"这种双音节的感叹词,如"噫嘻成王,既昭假尔"(《诗经·周颂·噫嘻》)。

## （四）於乎

表达称赞和赞叹。

①於乎！夫齐桓公有天下之大节焉，夫孰能亡之？（《荀子·仲尼》）

【译】哎呀！大抵齐桓公有天下大节度，又有哪个人能消灭他呢？

## （五）呜呼

表达悲伤、赞叹、赞美等语气。

①公喟然叹曰："呜呼！使国可长保而传于子孙，岂不乐哉？"（《晏子春秋·内篇谏上》）

【译】齐景公深深地叹了口气说："哎呀！假使国家可以长久保持，传给子孙，难道不（令人）高兴吗？"

②呜呼！曾谓泰山不如林放乎？（《论语·八佾》）

【译】哎呀！还说泰山（之神）不如林放吗？

## （六）呼

表达愤怒、指责和吃惊。

①江芈怒曰："呼！役夫，宜君王之欲杀女而立职也。"（《左传·文公元年》）

【译】江芈愤怒地说："哎！这个贱役，君王杀了你而立太子之位是当然的。"

②曾子闻之，瞿然曰："呼！"（《礼记·檀弓》）

【译】曾子听到后，惊惧地说："啊！"

## （七）嚇

表达吃惊。

①于是鸱得腐鼠，鹓鶵过之，仰而视之曰："嚇！"（《庄子·秋水》）

【译】此时，一只鸱拾到一只腐臭的老鼠，鹓鶵从它面前飞过，仰视并叫道："嚇！"

（八）恶[①]
表达吃惊、愤怒等。

①孔子曰："恶！赐，是何言也！"（《荀子·法行》）
【译】孔子说："哎呀！赐，这是什么话呢？"
②曰："恶！恶可？"（《庄子·人间世》）
【译】说："噢！怎么可能？"

（九）哑
表达指责、愤怒。

①师旷曰："哑！是非君人者之言也。"（《韩非子·难一》）
【译】师旷说："哎！这并不是为人君主所应说的话。"

（十）叱嗟
表达愤怒。

①威王勃然怒曰："叱嗟！而母，婢也！"卒为天下笑。（《战国策·赵策》）
【译】齐威王勃然大怒说："呸！你母亲还是个婢女呢！"最终成为天下的笑柄。

（十一）嗟
表达召唤、叹息等。

---

① 读音为wù。

①黔敖左奉食，右执饮，曰："嗟！来食！"（《礼记·檀弓》）

【译】黔敖左边捧着吃的，右边拿着喝的，说："喂！来吃。"

②嗟！苦先生兮，独离此咎。（《史记·屈原贾生列传》）

【译】哎！先生辛苦了，独自遭遇这种祸难。

## （十二）嗟乎

表达吃惊、叹息等。

①豫让遁逃山中曰："嗟乎！士为知己者死，女为悦己者容。"（《战国策·赵策》）

【译】豫让在逃往山中时说："哎！志士为懂得自己的人而死，女子为让自己快乐的人而打扮。"

②王大骇曰："嗟乎，淳于先生诚圣人也！"（《史记·孟子荀卿列传》）

【译】梁惠王大惊说道："啊！淳于先生是真正的圣人。"

③嗟乎！燕雀安知鸿鹄之志哉？！（《史记·陈涉世家》）

【译】啊！燕子和麻雀哪里知道大雁、天鹅的志向呢？

## （十三）吁

表达叹息、吃惊等语气。

①孔子喟然而叹曰："吁！恶有满而不覆者哉？"（《荀子·宥坐》）

【译】孔子叹了一口气而叹息说："哎！哪里有满而不倾覆的呢？"

②帝曰："吁！嚚讼可乎？"（《尚书·尧典》）

【译】皇帝说："啊！吵嚷着诉讼，行吗？"

# 第三章

# 虚词的功能

助词主要是一类表达某种语气的词。《诗经》等诗歌中用于配合音节的词也归入助词。此外，像"所"这种标示某种结构关系的成分也属于助词的范畴。

助词按功能大体可分为语气助词、音节助词、结构助词几类。

## 第一节　语气助词

表达某种语气的助词根据其在句中的位置一般分为句首助词、句中助词、句末助词三种。然而，有些语气助词既可以用于句首，也可以用于句中，有些则既可以用于句中，也可以用于句末，界限十分模糊，很难从语法角度对其进行明确的划分。

### 一、主要用于句首的语气助词：夫、盖、唯（惟、维）、其等

#### （一）夫

"夫"以前被称作"发语词"，表达议论的语气，后面跟随的内容多为一种客观性的判断。现代汉语里没有与之对应的表达，大多省略不译，有时译作"啊"。

"夫"原本是具有指示功能的代词，有具体的指代对象，相当于"那、那个"。放在句首，没有指代内容时，就被看成一种语气助词，一般认为是"夫"字虚化的结果。代词与助词的划分也往往因此而模棱两可。类似的还有"其、之、焉"等，亦被归入代词和助词范畴。此外，"夫"（无语音差异）还可用于句末表感叹。

①夫谁与王敌？（《孟子·梁惠王上》）

【译】谁（能）与大王您抗衡呢？

②夫吴之与越也，仇雠敌战之国也。（《国语·越语上》）

【译】吴国与越国，世代为仇、敌对交战的国家。

③夫战勇气也。（《左传·庄公十年》）

【译】作战是勇气啊。

④夫行数千里而救人者，此国之利也。（《战国策·魏策》）

【译】走数千里救人（的话），这是国家的利益。

"夫"前面可加"且、今、故、若"等词。"且、今、故、若"根据各自的词义发挥不同的功能，而此时的"夫"也不是位于真正意义上的句首。很多人将"且夫、若夫、今夫、故夫"等看作复合词，认为像"今"这种有实际词义的词与"夫"一起置于句首，用作仅有虚义的开头语。然而，这并不能成为判断一个词是否为复合词的依据。我们很难准确判别"夫"到底是助词还是指示代词，尤其是下面这种前面有其他成分的情况。

①且夫君也者，将牧民而正其邪者也。（《国语·鲁语》）

【译】（而且那）君主是要治理百姓、改正他们错误的人。

②今夫奕之为数小数也。（《孟子·告子上》）

【译】（现今那）下棋作为技艺，（只）是小技艺。

## （二）盖

"盖"也同"夫"一样一直被称作"发语词"，表达议论的语气。虽然两者功能相似，但毕竟是两个不同的词。"盖"的词性更为复杂，不仅有"覆盖（遮盖、概括）"的意思，还可根据上下文理解成"大概、大体上"。从其词义来看，可依次归入动词、名词、副词类，还要加上此处论述的助词用法。其中，副词与助词的界限最为模糊，其与动词的区分也不甚清晰。当其意为"大体上"的时候，既可看作副词，也可看作助词（发语词）。此外，"大概、大体上"（总的来说/概括地来说）还可看成由动词义"概括"用作状语表达的具体意思。

像"盖"这种同一个词具有好几种词性的情况是需要特别注意的。

①盖钟子期死，伯牙不复鼓琴，何则？（司马迁《报任安书》）

【译】钟子期死了，伯牙（就）不再弹琴了，为什么呢？

下面例子中的"盖"一般被看作副词，义为"大概"。然而，似乎也可以看作表达议论的语气助词。两者间的界线相对模糊。

①余登箕山，其上盖有许由冢云。（《史记·伯夷列传》）
【译】我登上箕山，听说山上可能有许由的墓。
②孔子罕称命，盖①难言之也。（《史记·外戚世家》）
【译】孔子很少说到命，大概（是由于）很难说（它）。
③我未见力不足者。盖有之矣，我未之见也。（《论语·里仁》）
【译】我还没见过力量不够的，可能有这种情况，我没见过（它）。

（三）唯（惟、维）

多用于句首（单句或分句的句首），偶尔用于句中。主要起着唤起听者注意或调整呼吸的作用。②

①陛下未有继嗣。子无贵贱，唯留意。（《汉书·外戚·赵后传》）
【译】陛下没有后嗣，儿子没有贵贱，（还是）留着吧。
②惟十有三年春，大会于孟津。（《尚书·泰誓》）
【译】（周武王）十三年春天，诸侯大会于孟津。
③维鹊有巢，维鸠居之。（《诗经·召南·鹊巢》）
【译】喜鹊有巢，布谷鸟住在那儿。
④周虽旧邦，其命维新。（《诗经·大雅·文王之什·文王》）
【译】周虽是古老的诸侯国，但它的命是新的。

---

① "盖"常用在表原因、理由的句子中，这并不能说明它就是表原因、理由的词，句中的因果关系主要还是依据整体句义和上下文来表达的。尤其是句末的"也"也常用在表理由的句子里，而"盖……也"一般译成"（是）因为、（是）由于"，就想当然地把"盖"看成连词。事实上，"盖"是副词或动词，有时甚至可以将其看作助词，但绝不是连词。同样的分析方法还适用于"将"。"将"是副词，放在动词前表达一种将来时，不能将其看作助动词。
② 在实际的例子中，我们很难判断"唯（惟、维）"是语气助词还是音节助词。

"唯"划入副词时主要作状语（副词性修饰语），义为"只"。位于句首，表示应答（相当于"是"）也是其副词用法的一种。

①唯仁者能好人，能恶人。(《论语·里仁》)
【译】只有仁[有仁德的人]才能喜爱人、憎恶人[公正地喜爱应当喜爱的人，厌恶应当厌恶的人]。

### （四）其

主要用于句首，有时也会出现在句中。从句子种类来看，叙述句、疑问句、命令句及感叹句中皆可使用"其"，表达一种判断上的指示性强调，近似于现代汉语的"那就是说、也就是说"。能够根据具体情况为句子添加强调事实、疑问（包括反问和推测）、劝告（包括禁止）、希望、感叹等各种语气。

"其"本来是代词，当其没有特别指代的内容时，就被看作表强调的各种语气助词。这可以说是"其"本义的一种虚化。很多句中的"其"我们都无法判别它到底是具体指代对象的代词，还是表达某种语气的助词。由代词虚化出助词词性的词大都存在这种问题。无论属于哪种词类，"其"有可能从一开始就同时具有代词和助词的功能。除了"其"，"焉"和"之"也有类似的特征。其实，将这些词只归入代词这一个词类，然后用功能上的差异来对其用法进行说明应该更具有说服力。

此外，将"其"分成语气助词和语气副词是完全没有必要的，在代词及助词的范畴内就可以充分地说明其特征和用法。

①一国皆不知而，我独知之，吾其危矣。(《韩非子·说林上》)
【译】全国都不知道，我一个人知道那个，我可危险了。
②叔向告晋侯曰："城上有乌，齐师其遁！"(《左传·襄公十八年》)
【译】叔向对晋侯说："城上有乌鸦，齐军要逃了！"
③其是之谓乎？(《左传·隐公元年》)
【译】那是说这个吧？
④子其怨我乎？(《左传·成公三年》)
【译】你难道怨恨我吗？

⑤其谁曰不然?(《左传·隐公元年》)

【译】那谁说不是那样?

⑥吾子其无废先王之功!(《左传·隐公三年》)

【译】我的您[您]可没有[不要]废弃先王的功业啊!

⑦知进退存亡而不失其正者,其唯圣人乎?(《易经·乾·文言》)

【译】知道进退存亡,又不失正直的,那只有圣人吧?

⑧孝弟也者,其为仁之本与!(《论语·学而》)

【译】孝顺父母、敬爱兄长,那就是行仁的根本啊!


## 二、主要位于句中的语气助词:"之、而、于"等

(一) 之①

"之"本来是代词②,用于代指所有"那(那个)"可以指称的内容。与其他名词和代词一样没有单复数的区别,词、词组、分句、句子、段落全都可以用"之"来代指。当没有具体的指代内容时,"之"就是一个被借用的音节,其代词功能虚化后成为助词。

其一,"之"的基本功能是强调前面的成分(这里指的是广义上的强调),属于语气助词,也可看成代词指示功能的一种延伸。"之"作代词时,代指的内容可能在前面某处,也可能在后面某处,甚至没有在句中出现;作助词时,"之"对紧接在它前面的成分进行强调。

其二,"之"并不是句法论上用于构筑各种语法关系的结构助词。它只有表示强调的功能。

语气助词"之"大体上可见于下列五种句子中。③

1. 定语+之+名词(或词组)

①杂曰:"投诸渤海之尾,隐土之北。"(《列子·汤问》)

---

① 详见安奇燮《古代汉语助词"之"的机能新论》,《中国人文科学》第40辑,2008年12月。

② "之"也可用作动词,义为"去"。

③ "之"紧跟在谓语后面,若不是宾语时,也可看作助词的用法。由于不属于五种基本的句法关系,在此不对这种用法进行讨论。

167

【译】纷纷说："把它投到渤海边上，殷土的北边。"

②以子之矛陷子之盾，何如？（《韩非子·难一》）

【译】用你的矛戳你的盾，会像什么样[怎么样]？

③魏，多变之国也。（《战国策·秦策》）

【译】魏是变化很多的国家。

2.（词组）主语+之+谓语

①荆国之为政，有似于此。（《吕氏春秋·察今》）

【译】荆国处理政事有与此相似（的地方）。

②甚矣，汝之不惠。（《列子·汤问》）

【译】太严重了，你不聪明[你太不聪明了]！

③岁寒，然后知松柏之后凋也。（《论语·子罕》）

【译】（到了）一年天气最冷的时候，（这样之后）才知道松树和柏树是最后凋谢的。

④臣恐强秦之为渔父也。故愿王之熟计之也。（《战国策·燕策》）

【译】臣担心强大的秦国会成为渔夫[取得渔翁之利]，因此希望大王深思熟虑这件事。

⑤无或乎王之不智也。（《孟子·告子上》）

【译】不必对于大王不聪慧感到奇怪。

3.（句子）主语+之+谓语

（1）分句的主语与谓语之间

①大道之行也，天下为公。（《礼记·礼运》）

【译】大道施行，天下就公正了。

②秦之围邯郸，赵使平原君求救合从于楚。（《史记·平原君列传》）

【译】秦国包围了邯郸，赵国派平原君向楚国求救，签订合纵盟约。

③虽我之死，有子存焉。（《列子·汤问》）

【译】即使我死了，还有孩子在。

（2）单句的主语与谓语之间

①医之好治不病以为功。(《韩非子·喻老》)
【译】医生爱治疗不是病的东西[没病的人]，把它[治好病]当作（自己的）功劳。
②宰我出，子曰："予之不仁也。"(《论语·阳货》)
【译】宰我出去后，孔子说："予（宰我）不仁。"
③先生之以此听寡人也。(《吕氏春秋·去私》)
【译】先生这件事听寡人的吧。

4. 名词+之+于（或其他动词）+名词+谓语

①寡人之于国也，尽心焉耳矣。(《孟子·梁惠王上》)
【译】寡人对于国家是尽了心的。
②且今时赵之于秦犹郡县也。(《史记·张仪列传》)
【译】而且如今的赵国对于秦国（来说），就像郡县一样。
③君子之于禽兽也，见其生不忍见其死，闻其声不忍食其肉。(《孟子·梁惠王上》)
【译】君子对于禽兽，见到它们活着，便不忍心见到它们死去，听到它们的声音，便不忍心吃它们的肉。

5. 宾语+之+动词

①我实不德，齐师何罪？罪我之由。(《左传·庄公四年》)
【译】我实在是没有德行，齐军有什么罪？罪是由我（引起的）。
②齐宣王问卿。孟子曰："王何卿之问也？"(《孟子·万章下》)
【译】齐宣王问（关于）公卿大夫的事。孟子说："大王问什么[哪种]公卿？"
③吾以子为异之问，曾由与求之问？(《论语·先进》)
【译】我以为您问别人，是问仲由与冉求吗？

④其是之谓乎?(《左传·隐公元年》)

【译】那是说这个吧?

⑤父母唯其疾之忧。(《论语·为政》)

【译】父母只担心他们的[子女的或父母的]疾病。

这些词大部分一直被看作结构助词,事实并非如此。

同样的句法关系有的使用了"之",有的没有,这就可以说明"之"并不是构筑这一结构的必要成分。分析所有"之"的用例,我们就能够发现表示强调的语气才是其本质功能。

我们先来看看没有使用"之"的例子。为了方便比较,在不同的句子成分之间添加"之",并用"{ }"标示。

(1) 在定语与名词(或词组)之间添加"之"

①君子{之}道者三,我无能焉。(《论语·宪问》)

【译】君子之道有三,(这三个中)我没有做得好的。

②上既闻廉颇李牧{之}为人,良说。(《汉书·冯唐传》)

【译】圣上[→汉文帝]听到廉颇和李牧为人后,很高兴。

③为民{之}父母,行政。(《孟子·梁惠王上》)

【译】身为百姓的父母,施行政事。

上述例子均为定语与名词之间加"之",而"楚人、奇货、余力、百步、数口、吾家、数百步、沛公居山东时"等偏正结构的名词性词组中没有出现"之"。可见,"之"并不是这一结构的必需要素。"王之甲兵、五口之家、五步之内、万乘之国、膏腴之地、累卵之危"等使用了"之",然而仔细观察就能发现"之"前面的修饰语都是需要强调或进行对比的成分。[1]当其处于一种

---

[1] 下列定语后使用"之"的例句都出自《孟子·梁惠王上》,可以看出这些句子都具备需要强调修饰语的条件。"古之人,与民偕乐,故能乐也。""察邻国之政,无如寡人之用心者,邻国之民不加少,寡人之民,不加多,何也?""死无憾,王道之始也。""五亩之宅,树之以桑,五十者可以衣帛矣。鸡豚狗彘之畜,无失其时,七十者可以食肉矣。百亩之田,勿夺其时,数口之家可以无饥矣。谨庠序之教,申之以孝悌之义,颁白者不负戴于道路矣。""王无罪岁,斯天下之民至焉。""齐桓晋文之事可得闻乎?""然则王之所大欲,可知已。"

无须加以强调的语境中时，可以写成"王甲兵、五口家、五步内"，完全符合古代汉语的语法结构。"万乘国、膏腴地、累卵危"等由于其修饰语的词义特征，一般都会使用"之"。

我们在分数的表达方式中也可以观察到这一特点。

○+分+之+○

①故关中之地，于天下三分之一。(《史记·货殖列传》)
【译】因此，关中之地为天下的三分之一。

○+分+名词+之+○

①方今大王之兵众不能十分吴楚之一。(《史记·淮南衡山列传》)
【译】现今大王的兵力不及吴楚（吴国和楚国合计）的十分之一。

上面两个例句中的"三"和"十"是修饰动词"分"的状语。"三分"和"十分吴楚"虽然是修饰"一"的成分，但很难说清它们到底是定语还是状语。前面的一句不需要指明划分的对象，因此"分"后面没有跟随宾语；而后一句则携带了宾语"吴楚"。无论有没有宾语，两句中的"之"都是语气助词，用来强调分成"三份""十份"。

下面是一个没有使用动词"分"的例句。

①先王之制，大都不过三国之一。(《左传·隐公元年》)
【译】先王的制度，大的城池不超过国都的三分之一。
②中五之一，小九之一。(《左传·隐公元年》)
【译】中的五分之一，小的九分之一。

"之"分别用来强调"三国""五"和"九"。

①丁壮者引弦而战，近塞之人死者十九。(《淮南子·人间训》)
【译】健壮的男子都拉弓（拿起武器）作战，边塞附近的人死了十分之九。

上面例子中的"十九"既没有使用"分",也没有使用"之",然而它所表达的意思与"十之九""十分之九"是一样的。没有使用"之"是因为"十"并不是需要强调的内容。通过上面的例子我们可以很容易地看出,"之"的本质功能是对它前面的成分进行强调。

(2)在充当主语或宾语等成分的主谓句的主语与谓语之间添加"之"

充当主语的主谓词组

①吾{之}见亦罕矣,吾退而寒之者至矣。(《孟子·告子上》)

【译】我(和您)见面也很稀罕[→我很少能见到您],我离开,使人感到寒冷的人到来[→小人来到(您身旁)]。

②民{之}归之,由水之就下沛然。(《孟子·梁惠王上》)

【译】百姓归附他就像水向下流,水势浩大,谁能阻挡它呢?

③国人{之}望君,如望慈父母焉。(《左传·哀公十六年》)

【译】百姓敬仰您就像敬仰慈祥的父母一样。

④晋国{之}天下莫强焉,叟之所知也。(《孟子·梁惠王上》)

【译】晋国天下没有强过它的[→天下没有比晋国强的国家],(这是)老先生您所知道的。

充当宾语的主谓词组

①臣闻昔汤武{之}以百里昌,桀纣{之}以天下亡。(《战国策·楚策》)

【译】臣听说昔日汤王与武王以百里之地而兴盛,桀王与纣王有天下而灭亡。

②吾不忍其觳觫{之}若无罪而就死地。(《孟子·梁惠王上》)

【译】我不忍心(看)它恐惧颤抖,好像没有罪却要赴死地[→被杀死](的样子)。

③操蛇之神闻之,惧其{之}不已也,告之于帝。(《列子·汤问》)

【译】握着蛇的神[山神]听了,怕他不停止,报告了这件事给天帝[→把这件事报告给了天帝]。

充当主语的主谓词组"吾见""民归之""国人望君""晋国天下莫强焉",以及充当宾语的主谓词组"汤武以百里昌""桀纣以天下亡""其毂觫若无罪而就死地""其不已"都没有使用"之"。词和词组无论充当哪种句子成分,形态上都没有区别。古代汉语的这一特征使得主谓词组不仅可以作主语和宾语,还可以放在谓语的位置上构成主谓谓语,可以是句子的唯一谓语,也可以是多个谓语中的一个。下面是多个谓语中含有一个主谓谓语的例子。

①弥与纥,吾皆爱之,欲择才焉而立之。(《左传·襄公二十三年》)
【译】弥与纥我都喜爱(他们),想选在那方面有才能的他立(为王)。
②显为人巧慧习事,能探得人主微意。(《汉书·石显传》)
【译】显为人灵巧、聪慧、懂事,能察觉君主的深意。
③北山愚公者,年且九十,面山而居。(《列子·汤问》)
【译】北山的愚公年纪将近九十,面朝山居住。

此外,当有需要且句义通顺时,"之"还可以充当定语或状语。总而言之,主谓词组中的"之"是一个用来强调前面主语的语气助词,并不是构筑句法关系时发挥作用的所谓"结构"助词。

"荆国之为政,有似于此""岁寒,然后知松柏之后凋""无或乎王之不智也""民之有口,犹土之有山川也,财用于是乎出"等句中的"之"并不是使"荆国之为政、松柏之后凋、王之不智、民之有口、土之有山川"等词组成为主语或宾语的要素,而是被用来强调它前面的主语。[①]

(3)在构成复句的分句或单句的主语与谓语之间添加"之"

①夫子{之}知之矣,我{之}则不知。(《左传·昭公十年》)
【译】老师知道这些(道理),而我就不知道。
②城{之}不入,臣{之}请完璧归赵。(《史记·廉颇蔺相如列传》)

---

[①] 我们可以通过一些有被动义的句子来进一步确认"之"是一个语气助词。"身死国亡,为天下笑。"(《战国策·秦策》)"世子申生为骊姬所谮。"(《礼记·檀弓》)"有制人者,有为人之所制者。"(《管子·枢言》)前面两个例子中没有使用"之",行为的主体也就没有得到强调;而第三个例子使用了"之",因此产生了对比、强调的意思。

【译】若城池没入（赵国手中），臣请求将玉璧完整地带回赵国。

③吾{之}数谏王，王{之}不用，吾{之}今见吴之亡矣。[①]（《史记·伍子胥列传》）

【译】我屡次向大王进谏，大王却没有采纳，我今天看到了吴国的灭亡。

④庖丁{之}为文惠君解牛。（《庄子·养生主》）

【译】庖丁为文惠君分解整牛。

⑤沛公{之}默然。（《史记·项羽本纪》）

【译】沛公默不作声。

⑥农{之}天下之本。（《史记·孝文本纪》）

【译】农业是天下的根本。

通过这些句子我们可以看出，无论是单句还是复句中的一个分句，主语后面大都可不使用"之"。这是由于在没有需要的情况下，我们不用特意强调主语。

（4）名词+"之"+"于"[或其他动词]+名词+谓语

我们尝试去掉下面两个例句中的虚词。

①寡人之于国也，尽心焉耳矣。[②]（《孟子·梁惠王上》）

【译】寡人对于国家是尽了心的。

②且今时赵之于秦犹郡县也。（《史记·张仪列传》）

【译】而且如今的赵国对于秦国（来说），就像郡县一样。

"寡人之于国""赵之于秦"中的"于"一直被看作介词，"之"则被看作构成名词词组的结构助词，整体就变成了"名词+之+介宾词组"的结构。

---

[①] 数：所角切，入声，觉韵。读音为shuò，义为"多次、屡次"。

[②] 在"寡人之于国也尽心焉耳矣"一句中，"也"为判断性（兼有终止和停顿的作用）语气助词，"焉"是强调语义焦点所在的语气助词，"耳"就是"而已"，"矣"则是表达确定语气的语气助词。后文助词一项中对这些助词有具体的说明。"耳"是"而已"的合音词，不能把它看作一个助词。"已"是动词，其核心义为"停止"。因此，它在这个句子中充当的应该是第二个谓语。即使将"耳"看成一个虚词，也不会影响此处对句子结构的分析结果。关于"于"并非介词的观点，详见安奇燮，《古代汉语被动义传达体系与关联词的词性》，《中国语文学论集》第15辑（韩国中国语文学研究会），2000年第10期。

这种分析方法实际上就是从规定定语后面的"之"是构成名词词组的结构助词角度出发，然后将其使用范围扩展到主谓关系中主语后面的"之"，最后再延伸到名词主语与介词词组的关系上。前面已经说过了主谓词组后边的"之"并不是名词词组化的标识，将虚词去掉，句子就变成了"寡人国尽心已""且今时赵秦犹郡县"。这是两个完全成立的句子，除了失去由助词表达的语气，句义上没有任何不同。其中，"国"和"秦"是名词作状语，这在古代汉语里是很普遍的用法。

并不是每个句子都需要用语气助词来进行强调，不使用"之"和"于"来分别强调主语和名词状语的句子也是很常见的。下面我们来试着给一个没有使用"之"和"于"的句子添加上这两个词，看看会有什么不同。

①晋国{之}{于}天下莫强焉，叟之所知也。(《孟子·梁惠王上》)

【译】晋国天下没有强过它的[→天下没有比晋国强的国家]，(这是)老先生您所知道的。

可以看出这种变化没有对原有句义产生任何影响，也就说明了"之"并不是结构标识。在"名词+之+于+名词+谓语"这一形式中，"之"只不过是用来强调主语的成分。总而言之，"之"不是结构助词，而是语气助词，使用"之"与不使用"之"的差异就是强调与非强调的差异。①

（5）倒置的宾语与动词之间

"罪我之由。""王何卿之问也？""曾由与求之问？""其是之谓乎？""父母唯其疾之忧。"这些"之"一般被看成结构助词在句中充当"倒置格"的标识。然而，事实并不是这样。

---

① 下面这个例句也做出相同的变换，所不同的只有"面刺寡人之过"为"能"的宾语。"群臣吏民能面刺寡人之过者，受上赏。"(《战国策·齐策》)将其变为"群臣吏民{之}[能]{于}{面}{也}刺寡人之过"后，谓语的前一部分"群臣吏民{之}[能]{于}{面}{也}"是否变成了一个名词性词组呢？答案是否定的。同把"主语+'之'+'于'+名词+谓语"中的"于"看成介词一样，对"主语+'之'+'与'+名词+谓语"这一形式的认识也一直存在有误解。"仁之与义，敬之与和，相反而皆相成也。"(《汉书·艺文志》)"仁之与义""敬之与和"被看作和"寡人之于国"相同的结构，而"与"也一直被看作介词。实际上，"与"是动词，"仁"和"与义"、"敬"和"与和"都是主谓关系，再与后面的谓语部分"相反而相成"一起表达完整的句义。不能将"仁之与义""敬之与和"理解成"相反""相成"的主语。

汉语是一种没有格标识的语言，也就是"无格"语言。"无格"语言中唯独倒置成分存在格标识的说法是不成立的。格在汉语里无法形成一个语法范畴。"主语+谓语"变为"谓语+主语"是为了强调被提前的谓语部分。依靠语序表达强调的原理都是相通的，疑问词作宾语时产生的倒置（即"宾语+谓语"）也是同样的道理。当出现"谓语+主语"的语序时，两种成分间有着较为明显的停顿性标识；而在"疑问代词+谓语"的形式中，疑问代词就是疑问所在，其本身已经包含了强调的意味。可以说，仅通过这种语序上的倒置就能实现强调。否定词后面出现的代词宾语倒置也可以用同样的方式来解释。

然而，在没有任何标识的情况下，"宾语+谓语"很容易同"主语+谓语"混淆，因此，在没有遵循一般语序，又没有其他辅助条件时，就有必要添加一个语气性助词来表示强调。这个词位于倒置成分之后，是用来强调倒置成分的，而不是所谓的结构性标识。

放在前置宾语后用来表强调的词除了语气助词"之"，还有"是、斯、焉、来"等。

①余虽与晋出入，余唯利是视。（《左传·成公十三年》）
【译】我虽然与晋国往来，我只看[看重]利益。
②朋酒斯飨，曰杀羔羊。（《诗经·豳风·七月》）
【译】拿两樽酒宴请宾客，宰杀羔羊。
③我周之东迁，晋郑焉依。（《左传·隐公六年》）
【译】我周朝东迁，依靠晋国和郑国。

我们知道"是、斯、焉"等与"之"一样本来都是代词，属于代词里的指示代词，其中的"焉"与"之"相比具有更强的指示性。因此，当没有具体的指代内容时，"焉"则表达出更为强烈的语气，表明语义的焦点所在。这些词的特征也与"之"相同，都不是所谓的格标识。另外，第二个例句"朋酒斯飨"中的"斯"也可以看作放在主谓词组中主语之后的音节助词。

下面举一个使用"来"的例子。

①彼交匪敖，万福来求。（《诗经·小雅·桑扈》）

【译】他结交不傲慢，所有的福都求到[聚集了所有的福气]。

这是一个动词丧失原有词义的例子。如果将"之"看作结构助词，那么所有这些词也要被看作结构助词。然而，同一种倒置结构又怎么可能有这么多互不相同的格标识呢？这也从另一个角度说明了这些词都不是结构助词，而是表达某种语气的助词。①

综上所述，助词"之"从属于它前面的内容，无论这一内容是定语、主语还是前置的宾语，与后面的内容无关。助词"之"的本质功能为表达强调的语气，用来强调接在它前面的成分。

"之"的这一功能虽说是由代词"之"虚化而来，然而要注意的是这种虚化并不是指随着时间推移其本义出现"退化"所引发的语法化现象，而是指同一个语音有时有指代内容而被称作代词，有时又没有具体指代对象的这种不同情形共存的现象。这与前面论及的代词虚化作助词是一样的。

---

① 在这里我们有必要对"语气助词强调前置（倒置）的宾语"这一点作进一步的说明。先来看下面的例句。"其一人专心致志，惟奕秋之为听。"（《孟子·告子上》）"之"是语气助词，"为"也是吗？"之"在句中或句末有时会与其他助词连用，此外也没有这些词因功能相同而不能连用的规则，而且似乎也说明语音叠加可以达到强调的效果。然而，仔细分析却并非如此。在这句话中前面的副词"惟"和后面的助词"之"已经对"奕秋"作了充分的强调。因此，"为"应该是实词，是一个词义上的动词。动词"为"对宾语的种类也没有任何限制。其宾语不仅可以是像"奕之为数"（下棋成为[作为]技艺）这种名词以及相当于名词的词组，"奕秋之为听"（奕秋成为听的对象[听奕秋的讲解]）、"美之为美"（美成为美）、"不为不多"（不成为[是]不多）等词义上的动词、形容词及各种词组也可以充当"为"的宾语。助词前面的成分不一定是宾语。古代汉语里说明的对象出现在谓语之前也可以划入主语的范畴。也就是说，即使句义上是宾语，只要被放在谓语的前面，即主语的位置上，那么从句法结构来看，它就是主语。这也就是所谓的"受事主语"。"惟奕秋之为听"则可以译成"只有奕秋成为听的对象"。"奕秋"是主语，"为"是动词，"听"是"为"的宾语。这种分析完全没有影响对整体句义的理解。与将"奕秋"当作宾语的分析法相比，对句义的理解没有任何出入，都是"只听奕秋的话"，不同的只是对句子成分间相互关系的认识。这样来看的话，这应该属于前面说明过的"主语+之+谓语"的形式。这种方法能够更为简洁地说明"之"的功能且保有一贯性。然而，以"之"为首的一系列助词前面的内容有时很难用主谓关系来说明，这一点有待进一步研究。在此我们尝试重新分析这些一直被看作用来强调前置宾语的助词，将它们看成在"主语+谓语"结构中位于主语后、强调主语的标识。这时的主语和谓语表达出一种被动的关系。古代汉语的谓语没有形态上的变化，其同主语及宾语的词义关系是自动、他动（包括使动和意动）还是被动，完全由语境来决定。

## （二）而[①]

"而"也是用于强调前面成分的语气助词，表达两个互不相干的语义关系时也会使用"而"。通过观察可以发现"而"几乎出现在所有种类的句法关系中，由于"而"不具有表达所有接续关系的功能，其不会是一个表达接续关系的连词。应该说，我们只是按照自己的逻辑思考方式对"而"前后语句间的相互关系作了整理、说明，而这些并不能看成"而"所固有的功能。因此，区分"而"前后语句间的逻辑关系在语法上是没有意义的。下面分别举例说明各种语义关系与"而"的使用与否无关。现在我们通过具体的例子来确认一下"而"的功能特征。[②]

1. 在并列关系中强调前面的部分

①是子也，熊虎之状而豺狼之声。(《左传·宣公四年》)

【译】这个孩子，(有)熊虎的模样、豺狼的声音。

②闻善而不善皆以告其上。(《墨子·尚同上》)

【译】听到好的和不好的都将其报告给他的上级。

③宰予之辞雅而文也。(《韩非子·显学》)

【译】宰予的言辞典雅，有文采。

④秦赵五战，秦再胜而赵三胜。(《史记·苏秦列传》)

【译】秦国与赵国争战了五次，秦胜了两次，赵胜了三次。

并列关系在一般情况下不使用"而"，这是因为不需要特意强调前面的部分。有些句子我们很难说它到底是联合关系还是先后关系。下面这句话就是一个很好的例子。

①察言而观色。(《论语·颜渊》)

【译】审察言语，观察脸色。

---

[①] 关于"而"的词性详见安奇燮、金恩希《关于古代汉语"而"的连词性疑问：以先秦、两汉时期为中心》，《中国人文科学》第50辑，2012年第8期。

[②] 例句摘自王海棻、赵长才、黄珊、吴可颖《古代汉语虚词词典》(北京大学出版社，1996年)。该书将"而"看作连词，并认为"而"可以用来连接好几种语义关系。

## 2. 在先后关系中强调前面的部分

①孔子登东山而小鲁,登泰山而小天下。(《孟子·尽心上》)

【译】孔子登上东山而觉得鲁国小,登上泰山而感到天下小。

②亡羊而补牢,未为迟也。(《战国策·楚策》)

【译】丢了羊后修补羊圈,还不算晚。

③日䃅母教诲两子甚有法度,上闻而嘉之。(《汉书·金日䃅传》)

【译】日䃅的母亲教诲两个儿子非常有法度,圣上听到后认为她很美好[称赞了她]。

先后关系也是一样的,在不需要强调的时候,不使用"而"。我们不可能通过是否使用了"而"来辨别前后语义是并列关系或者是先后关系。下面的一系列语义关系与并列、先后距离较远,有些甚至表达完全相反的意思。这些语义关系也同样是在一般情况下不使用"而"。因此,可以说"而"绝不是辨别这些关系的要素。

下面的两个例子就很难分辨"而"的前后成分到底是先后关系还是方式手段和行为的关系。

①虎求百兽而食之。(《战国策·楚策》)

【译】老虎寻找各种野兽来吃。

②择其善者而从之,其不善者而改之。(《论语·述而》)

【译】选择他做得好的学习它,他做得不好的改正它。

## 3. 在因果关系中强调前面的部分

①虞不用百里奚而亡,秦缪公用之而霸。(《孟子·告子下》)

【译】虞国没用百里奚就灭亡了,秦缪公用了他就称霸了。

②闻鼓声而进,闻金声而退。(《荀子·议兵》)

【译】听到鼓声就前进,听到钲声就撤退。

### 4.强调前面表达方式的部分

①顺风而呼,声非加疾也而闻者彰。(《荀子·劝学》)

【译】顺风呼喊,声音没有变快,但听得清楚(或听的人觉得清楚)。

②河曲智叟笑而止之。(《列子·汤问》)

【译】河曲智叟笑着阻止他。

③以若所为求若所欲,犹缘木而求鱼也。(《孟子·梁惠王上》)

【译】用像这样的做法去追求像这样欲求就像爬到树上去找鱼一样。

④温故而知新,可以为师矣。(《论语·为政》)

【译】温习旧的而了解新的,可以以这个成为老师(做老师的工作)。

⑤叟不远千里而来,亦将有以利吾国乎?(《孟子·梁惠王上》)

【译】老人家不以千里为远来到(这里),还是有将用来利于我国的(东西)吧?

⑥力不足者中道而废,今女画。(《论语·雍也》)

【译】能力不够的人(或能力不够的话),中途会放弃,而现在你是(像那样给自己)画了界线。

⑦子路率尔而对曰:"……"(《论语·季氏》)

【译】子路轻率地回答说:"……"

⑧夫以秦王之威而相如廷叱之,辱其群臣。(《史记·廉颇蔺相如列传》)

【译】凭秦王的威势,相如在朝廷上叱责他,使他的一群臣子受辱。

⑨古布衣之侠,靡得而闻已。(《史记·游侠列传》)

【译】古时的平民侠客没有得到听闻[没有听说过]。

下面例句中"而"前面的成分很难分辨表达的到底是方式还是时间。以往一直将其归入偏正关系一类。

①我非生而知之者,好古,敏以求之者也。(《论语·述而》)

【译】我不是生下来就知道那些[什么],是喜欢古代的东西,敏捷地追求它[勤奋地学习那些知识]。

②仲子生而有文在其手。(《左传·隐公元年》)

【译】仲子生下来就有花纹[胎记]在他手上。

③吾十有五而志于学,三十而立……(《论语·为政》)

【译】我十五岁立志于学问,三十岁自立(于世)……

5. 强调前面表达起点的部分

①由孔子而来,至于今百有余岁。(《孟子·尽心下》)

【译】自孔子以来[从孔子那时起]到今天有一百多年了。

6. 在转折关系中强调前面的部分

①问其与饮食者,尽富贵也,而未尝有显者来。(《孟子·离娄下》)

【译】问他一起吃喝的人[问他同些什么人吃喝],(他说)都是富贵之人。然而,从来没有显贵的人来过。

②禹八年于外,三过其门而不入。(《孟子·滕文公上》)

【译】大禹在外八年,三次路过他(自己)家门前而没进去。

③[后生可畏。焉知来者之不如今也?]四十五十而无闻焉,斯亦不足畏也已。(《论语·子罕》)

【译】四十、五十岁默默无闻[没有成就],这也不足以使人畏惧了。

④舟已行矣而,剑不行,求剑若此,不亦惑乎?(《吕氏春秋·察今》)

【译】船已经走了,剑却没走,像这样找剑,不也是很糊涂吗?

⑤不义而富且贵,于我如浮云。(《论语·述而》)

【译】不义却富有、高贵,对我来说就像浮云一样。

7. 在渐进关系中强调前面的部分

①千乘之君求与之友而不可得也,而况可召与?(《孟子·万章下》)

【译】千乘的君主求与他做朋友(尚)不可得,何况是可以招他(来)呢?

②人主之子也，骨肉之亲也，犹不能恃（持）无功之尊无劳之奉而守金玉之重也，而况人臣乎？（《战国策·赵策》）

【译】君王的儿子是骨肉之亲，尚不能靠着没有功劳的尊贵地位、没有劳苦的俸禄，来守护像金和玉一样的贵重之物，更何况是臣子呢？

8.在递进关系中强调前面的部分

①故善战者立于不败之地，而不失敌之败也。（《孙子兵法·形篇》）

【译】因此，善战（的人）也要站在不败的地方，不要失去击败敌人的时机。

②马陵道狭而旁多阻隘，可伏兵。（《史记·孙子吴起列传》）

【译】马陵道路狭窄，路旁有很多障碍物，可设伏兵。

上边的这些例子与并列关系的例子之间只存在着极其细微的差别，在很多情况下是很难区别开来的。

9.在条件（包括假设）关系中强调前面的部分

①渊深而鱼生之，山深而兽往之，人富而仁义附焉。（《史记·货殖列传》）

【译】潭深，鱼就会生活在里面；山深，野兽就会去那儿；人富有，仁和义就会附着在他身上。

（10）前句的谓语为后句的条件，"而"用于强调前面的主语

①子产而死，谁其嗣之？（《左传·襄公三十年》）

【译】子产死了的话，谁来继承他呢？

②管氏而知礼，孰不知礼？（《论语·八佾》）

【译】管子懂礼节的话，谁不懂礼节呢？

③且君而逃臣，若社稷何？（《左传·宣公十二年》）

【译】而且国君逃避臣下，如何（处理）社稷呢？

④人而无信,不知其可也。(《论语·为政》)

【译】人没有信义,就不知道他可以(做成事)。

分句间的前后关系还可以进一步划分。然而,无论分出几类,"而"都只是用来强调前面的成分,而不是用来对这些关系加以区别。换句话说,我们无法通过一个"而"字来辨别前后分句的关系。因此说"而"是一个语气助词。

从上面的分析可以看出,"而"无论在哪种句子中都没有连词的功能。当无须加以强调时,完全可以不使用"而"。比较同一种句子关系中使用"而"和不使用"而"的两种情况可以更好地理解其功能。因为两者在前后分句句义关系的表达上没有任何差别(上述各种分句关系普遍存在着不使用"而"的例子,此处不再一一列举)。大部分表因果、转折(包括让步)、递进等关系的句子都会用"而"来强调,特别是在表达递进的句子里。

同一个词在不同句子中表达不同的功能,这种表述只是把由前后分句所表达的句子关系机械地安到了"而"上。如果说存在可以表达多种词、词组、句子间接续关系的语群(此处连词),那么从语言学角度来看,只有明显的语音差异才能从本质上将各单词区分开来。

"而"是用来强调前面成分的,因此需要停顿的时候,应该停顿在"而"的后面。[①]

(三)于[②]

一般置于宾语或状语前,用于强调该词或词组。整体句义由谓语与"于"后面成分的相互关系来决定,而不是因为"于"具有介词功能,从而使句义成立或明确了句义。

使用"于"的语句和不使用"于"的"谓语+宾语"结构句子所表达的语义关系是相同的。可见,各种语义关系是通过实词词义及上下文,而不是通过"于"表现的。

---

[①] "而已"缩合为一个发音时,用"耳"来标记。有人据此认为,停顿应该放在"而"的前面,这种看法是不可取的。应该说在"而"后有"已"或"矣"的情况下,是不需要停顿的。

[②] 关于"于"的具体功能,参见安奇燮《关于古代汉语"于"介词性的疑问:以先秦、两汉时期为中心》,《中国人文科学》第50辑(韩国中国人文学会),2012年第4期。

"于"并非构成介词词组的成分标志，而是一个语气助词。因此，"于"基本上都被放在宾语或状语之前。无论在哪种词义关系中，它的功能都是用来强调后面的成分。与其他语气助词一样，"于"的使用不具备强制性，去掉也不会影响基本句义的表达，其后的词或词组在句中充当的成分也没有任何变化。

介词的设立在很大程度上受到了英语的影响，将与英语介词对应的汉语词汇都归入介词类。有的汉语词同时对应几个英语介词，有的好几个词对应一个英语介词，"于"则被描述成几乎可以对应所有的英语介词。本书认为"于"不是介词，主要基于以下两点理由：

首先，一个词如果没有形态或结构上的变化是无法具备多种功能的，那不符合语言使用的常理。如果同一语音（形态）具有复杂的功能，那么人们就不可能掌握这些功能并用来进行交流。

其次，无论是宾语前还是状语前，"于"使用与否都不会影响句子结构和表达的意思。不使用"于"是基本的形式，因为即使使用了"于"，整体句义也都是由句中的实词来表达的。

我们先来把"谓语+宾语"不使用"于"[①]和"于"用于宾语前的这两种情况观察对照一下。[②]

1. 间接对象

"问衡"（向衡询问），"哭死"（为死者哭泣），"骄人"（对人傲慢），"妻之"（为他娶妻），"衣我"（给我穿衣服），"先谁"（让谁先做）。

（1）动作涉及的对象

①叶公问孔子于子路，子路不对。（《论语·述而》）

【译】叶公向子路询问关于孔子（的事），子路不回答。

②六年，借兵于楚伐魏。（《史记·赵世家》）

【译】六年，向楚国借兵讨伐魏国。

---

[①] 其余例句参见"'谓语+宾语'的类型"一项。具体内容参见安奇燮、郑星任《古代汉语"述语+目的语"的意味类型记述相关省察》，《中国人文科学》第37辑，2007年第12期。

[②] 参见安奇燮《关于古代汉语"于"介词性的疑问：以先秦、两汉时期为中心》，《中国人文科学》第50辑（中国人文学会），2012年第4期。

（2）受事者

①己所不欲，勿施于人。(《论语·颜渊》)
【译】自己不想要的，不要施加于他人。

2. 施事者
"苦我"（使我受苦），"夺诸侯"（被诸侯抢夺），"制法"（受法律制约）。
（1）被动句中的施事者

①却克伤于矢，流血及屦。(《左传·成公二年》)
【译】却克被箭射伤，流血流到了鞋上。
②劳心者治人，劳力者治于人。(《孟子·滕文公上》)
【译】耗费心力的人统治别人，耗费体力的人受人统治。

3. 判断的对象
"坚中"（中间坚固），"少欲"（欲望少），"多马"（马多），"富良马"（好马很多）。
（1）动作施行或状况出现的范围

①君子食无求饱，居无求安，敏于事而慎于言。(《论语·学而》)
【译】君子饮食不要求饱足，居住不要求舒适，做事敏捷，说话谨慎。

（2）与动作有关联的对象

①且忠言逆耳利于行，毒药苦口利于病。(《史记·留侯世家》)
【译】而且，忠诚的话不顺耳却对行为有好处，猛药吃着苦却对病有好处。
②臣闻公子季友有功于鲁，大夫赵衰有功于晋，大夫田完有功于齐。(《汉书·张敞传》)

【译】臣听说公子季友对鲁国有功，大夫赵衰对晋国有功，大夫田完对齐国有功。

4. 原因及目的

"殉财"（为财而死），"死其长"（为他的长辈而死），"败其所不便"（因感到不便[不熟悉]而败亡），"为之"（为他、因他）。

（1）动作施行或状况出现的原因[①]

①业精于勤，荒于嬉。（韩愈《进学解》）
【译】学业由勤奋而精进，由玩乐而荒废。
②始得名于文章，终得罪于文章。（白居易《与元九书》）
【译】最初因文章而得名，最终因文章而获罪。

（2）动作的受惠对象

①齐使管仲平戎于周。（《史记·齐太公世家》）
【译】齐国让管仲为周评定犬戎。

5. 时间、空间

"死长安"（死在长安），"饮帐中"（在大帐里喝），"至军中"（到军中），"如齐"（去齐国），"过其门"（通过的他门前），"附焉"（附在那儿），"称后世"（名传后世）。

（1）实施动作或出现状况的地点

①王坐于堂上，有牵牛而过堂下者。（《孟子·梁惠王上》）
【译】王坐在堂上，有个牵牛经过堂下的人。

---

① 下面的两个例子并非先秦、两汉时期的句子，由于其较具代表性而放在此处。

(2) 动作的始点

①千里之行,始于足下。(《老子·第六十四章》)
【译】千里的行程从脚下开始。
②救民于水火之中,取其残而已矣。(《孟子·滕文公下》)
【译】从水火中救济百姓,只去除它的残暴。

(3) 动作到达的地点

①夫子至于是邦也,必闻其政。(《论语·学而》)
【译】孔子到了这个国家,必然会听取它的政治。
②盖上世尝有不葬其亲者。其亲死,则举而委之于壑。(《孟子·滕文公上》)
【译】上古时曾有不安葬自己父母的事,他的父母死了,他就把尸体扛起来丢到山沟里。

(4) 动作施行或状况出现的时间

①故文王行仁义而王天下,偃王行仁义而丧其国。是仁义用于古而不用于今也。(《韩非子·五蠹》)
【译】因此,文王施行仁义而称王天下,偃王施行仁义而失去了他的国家。这(说明)仁义适用于古代而不适用于现在。

(5) 动作或状况持续的时间

①此五君者,所染当,故霸诸侯,功名传于后世。(《墨子·所染》)
【译】这五位君王所受的影响得当。因此,称霸于诸侯,功名流传于后世。
②主之威盖震海内,功彰万里之外,声名光辉传于千世。(《史记·范雎蔡泽列传》)

【译】人主的威严震慑海内，功勋彰显于万里之外，声名与光辉流传千世。

### 6. 比较的对象

"贤己"（比自己贤能），"倍上士"（上士的一倍），"十卿禄"（卿俸禄的十倍）。

①周公旦者，周武王弟也。自文王在时，旦为子孝，笃仁，异于君子。（《史记·鲁周公世家》）

【译】周公旦是周武王的弟弟。从文王在的时候起，旦[作为儿子就很孝顺]就是孝顺的儿子，笃实仁厚，与其他儿子们不同。

②蛮夷习俗虽殊于礼义之国，然其欲避害就利，爱亲戚，畏死亡，一也。（《汉书·赵充国传》）

【译】蛮夷的习俗即使与礼仪之国不同，然而他们想要避开有害的，接近有利的，爱亲戚，畏惧死亡，是一样[一种]的。

### 7. 工具[行为的工具、方式、方法]

"饭稻"（用稻米做饭）。

①臣头今俱碎于柱矣。（《史记·廉颇蔺相如列传》）
【译】臣的头现在（就）一起撞碎在殿柱上。
②又奈何责人于全？（《史记·龟策列传》）
【译】又怎么能[拿完好无缺来责备他人]对人求全责备呢？

"于"出现于表达时间、地点、范围、对象、根据等状语之前。这些时间、地点、范围、对象、根据并不是由"于"，而是由具体的实词与谓语相结合表达出来的。

（实施动作或出现状况的）地点

①褒于道病死，上闵惜之。（《汉书·王褒传》）

【译】王褒病死在路上，圣上伤悼怜惜他。

②郑攸始避难，于道中弃己子，全弟子。(《世说新语·德行》)

【译】郑攸最初避难，在路上抛弃了自己的儿子，保全了弟子。

（动作的始发或施行）地点

①家人不解其义意，于壁穿中窥之，不见人体，见盆水中有一大鳖。(《搜神记·人化鳖》)

【译】家人不明白他的意思，从墙洞中看去，没看见人的身体，（却）看见盆里的水中有一只大鳖。

（实施动作或出现状况的）时间

①子于是日哭，则不歌。(《论语·述而》)

【译】孔子这天哭（丧），就不唱歌。

（实施动作或出现状况的）范围

①子曰："足食，足兵，民信之矣。"子贡曰："必不得已而去之，于斯三者何先？"(《论语·颜渊》)

【译】孔子说："食物充足，武器充足，百姓（就会）信赖他。"子贡说："如果不得不舍弃（一样）的话，这三样中先舍弃什么[哪一样]呢？"

②吴人曰："于周室我为长。"(《左传·哀公》)

【译】吴国人说："在周王室中我是长[老大]。"

（动作影响的）对象

①二三子有复于子墨子学射者，子墨子曰："不可。"(《墨子·公输》)

【译】有两三人想再向老师墨子学射箭，老师墨子说："不行。"

（与动作有关联的）对象

①不义而富且贵，于我如浮云。(《论语·述而》)
【译】不义却富有、高贵，对我来说就像浮云一样。

（寻求意见的）对象

①上问袁盎曰："君尝为吴相，知吴臣田禄伯为人乎？今吴楚反，于公何如？对曰：不足忧也，今破矣。"(《史记·吴王濞列传》)
【译】主上问袁盎："您曾当过吴国的宰相，了解吴国大臣田禄伯的为人吗？现在吴国与楚国相互背弃，您会怎么做呢？"回答说："不值得担心，现在就要被攻破了。"

这是个比较特殊的例子，这里的"公"也可以看作主语。这种情况下，将主语前面的成分看作主语本身而非状语更为妥当。

（动作、行为的）依据

①于诸侯之约，大王当王关中，关中民咸知之。(《史记·淮阴侯列传》)
【译】依诸侯的约定，大王应当在关中称王，关中的百姓都知道这件事。
②于臣之计，先诛先零已。(《汉书·赵充国传》)
【译】依臣的计策，（就是）先诛杀先零。

名词（名词性词组）和代词不需要添加任何其他成分，单是放在被修饰语前面，就能够发挥状语的功能。我们可以拿几个例子和上面使用"于"的句子进行比较。词组的使用与单词是一致的，这里不再另外举例说明。

*地点

①秦时焚书，伏生壁藏之。(《史记·儒林列传》)

【译】秦朝焚烧儒书，伏生把它（《尚书》）藏在墙壁里。

②群臣吏民能面刺寡人之过者，受上赏。(《战国策·齐策》)

【译】群臣、官吏及百姓能当面指责寡人过失的人将得到上等赏赐。

③于是信谓广武君曰："仆欲北攻燕，东伐齐，何若而有功？"（《史记·淮阴侯列传》）

【译】于是，韩信对广武君说："我想要向北攻打燕国，向东讨伐齐国，怎样才能有功劳呢？"

④黔敖左奉食，右执饮。（《礼记·檀弓》）

【译】黔敖左边捧着吃的，右边拿着喝的。

\*时间、状态

①王陵者，故沛人，始为县豪，高祖微时兄事陵。（《史记·陈丞相世家》）

【译】王陵是以前沛县的人，起初是县里的豪俊，高祖微贱时像对待兄长一样侍奉王陵。

②臣闻天下之患在于土崩，不在于瓦解。（《史记·平津侯主父列传》）

【译】我听说天下的忧患在于像土一样崩溃，不在于像瓦一样解体。

③楚田仲以侠闻，喜剑，父事朱家。（《史记·游侠列传》）

【译】楚国的田仲以侠义闻名，喜好剑术，像对待父亲一样侍奉朱家。

\*工具

①乃以齐王田荣反，书告项王。（《史记·留侯世家》）

【译】于是，把齐王田荣谋反这件事写信告诉项王。

\*方式

①齐王四与寡人约，四欺寡人。（《史记·苏秦列传》）

【译】齐王四次与寡人订立盟约，四次欺骗了寡人。

\*根据

①失期，法皆斩。(《史记·陈涉世家》)
【译】误了期限，依法都会被斩首。

\*原由

①臣恐强秦之为渔父也，故愿王之熟计之也。(《战国策·燕策》)
【译】臣担心强大的秦国会成为渔夫[→取得渔翁之利]，因此希望大王深思熟虑这件事。

\*结果

①礼之用，和为贵。先王之道，斯为美。小大由之。(《论语·学而》)
【译】在用礼上以和谐为贵。先王(治国)之道以此为美。大事小事都照此(来做)。

　　用作状语的词根据其具体词义，除了时间、地点、根据，还可以表达状态、工具、方式、原因(理由)、结果等多种关系。从句子关系的种类来看，前面带"于"的状语基本上与一部分不带"于"的状语相当。"于"只是被用来表示强调的成分。通过与名词单独作状语的情况相比，我们也能看出"于"并不是所谓的语法上构成某一结构的标识，即"于"不是介词。现在的很多语法书将"时间"分为动作施行或状况出现的时间、动作与状况持续的时间等，又将"地点"分为动作施行或状况出现的地点、开始或施动的地点、到达的地点等，并且认为"于"可以用来引导这些表达时间或地点的成分。事实上，这些分类都缺乏语法上的根据，而那些所谓的"于"的功能也都不是"于"真正具备的功能，都只是由谓语和宾语结合而产生的词义关系而已。
　　语言是由语音和语义(实际语义或功能语义)相结合而成体系的。无论是哪种语言，同一个语音都不可能毫无根据地表达数量繁多的语义，更不可能还兼有多种完全不同的语法功能。

拿英语或韩语中对应的词或词组做比较就可以发现，虽然不能说没有一个单词或词组是具有两种以上功能的，但那些不同的功能大部分都是依据多个其他的词汇才得以表达的。因此，古代汉语的"于"不应具有多种不同的语法功能且每次都有不同的解释。

"于"是语气助词，其功能始终只有一个，就是用来强调后面的成分。有些成分是需要对其加以强调的。①

为了更好地了解"于"所具有的强调功能，我们可以在没有使用"于"的句子中放上"于"，再将其置于具体语境中加以分析。

①群臣吏民能面刺寡人之过者，受上赏。(《战国策·齐策》)
【译】群臣、官吏及百姓能当面指责寡人过失的人将得到上等赏赐。

---

① "楚人为小门于大门之侧而延晏子"(《晏子春秋·内篇杂下》)与"橘生淮南则为橘，生于淮北则为枳"(《晏子春秋·内篇杂下》)都是"于"后面的成分需要被强调的例子。前一个例句中"大门之侧"前面的"于"一般情况是可以不用的。正如我们在上面的很多例子中看到的那样，"谓语+宾语"可以表达多种词义关系，表地点的成分可以不加"于"直接作宾语。然而，在这个句子中，为了羞辱身材矮小的晏子，明明有大门却又特意在大门的旁边修了一个小门让他通过。这种情况就有必要使用"于"来凸显"大门之侧"这一不寻常的位置。也就是说，这里的"于"不是用来表示位于何处，而是用来强调这一位置的。第二个例句是一个前后对比的句子，前后分句结构相同，更明确地展示了"于"的作用。橘树一般生长在淮河以南，因此前一个分句中使用"生淮南"，即"谓语+宾语（地点）"的基本结构来表达；而当移至淮河以北后，由于气候的缘故，不再是橘树而变为了枳树，这时导致出现这一"非常态"的栽培场所"淮北"就成了需要强调的成分。因此，前一分句中"淮南"前面没有"于"，而后面的"淮北"前就使用了"于"。"名尊地广以至王者，何故？战胜者也。名卑地削以至于亡者，何故？战罢者也。"(《商君书·画策》)一句也是如此。称王是一般人所期望的，而灭亡却是没有人愿意看到的，说话人为了将胜者的"至王"和败者的"至亡"进行鲜明的对比而在"亡"前加了"于"，用以展现两者的巨大反差。由于宾语完全可以直接跟在谓语之后，因此即使没有上下文的对比，"于"也同样是用来表达强调的。

[地点]"战于长勺。"(《左传·庄公十年》)"禹八年于外，三过其门而不入。"(《孟子·滕文公上》)"至于碣石，入于海。"(《尚书·禹贡》)"子墨子闻之，起于鲁，行十日十夜而至于郢。"(《墨子·公输》)"庄子行于山中。"(《庄子·山水》)

[对象]"尧让天下于许由。"(《庄子·逍遥游》)"赵氏求救于齐。"(《战国策·赵策》)

[范围]"君臣上下，贵贱长幼，至于庶人，莫不以是为隆正。"(《荀子·王霸》)

[比较的对象]"青，取之于蓝，而青于蓝。"(《荀子·劝学》)"冰，水为之，而寒于水。"(《荀子·劝学》)"荆国之为政，有似于此。"(《吕氏春秋·察今》)

[原因]"民固骄于爱，听于威矣。"(《韩非子·五蠹》)

有人认为上句的前半部分可以改写为"群臣吏民之[能]于面也刺寡人之过",并将其看作词组的不同形式。长期以来,"于"被看作介词,"之"被看作结构助词,"群臣吏民之[能]于面也刺寡人之过"也就自然而然地成为名词性词组。实际上,"面"是修饰"刺"的状语,由于不需要特别强调而没有使用"于"。因此,"群臣吏民能面刺寡人之过"是一个完整的句子,而不是所谓的名词性词组。

再举一个例子,"是使民养生丧死无憾也"(《孟子·梁惠王上》),如果"于"是介词,那么该句中的"养生丧死"就应改为"于养生丧死",来表达"在那一方面"没有遗憾。这也从另一个角度说明了"于"并不是介词,而是一个语气助词。

此外,还有一点我们不能忽略,就是用于句中的"乎"。"乎"用在句中与用在句末一样,都是助词。用于句末的情况后面会同其他句末助词一起进行详细说明。在此我们先看几个用于句中的例子。

①无或乎王之不智也。(《孟子·告子上》)
【译】大王的不明智没有感到困惑的[→没有什么不可理解的]。
②卒然问曰:"天下恶乎定?"吾对曰:"定于一。"①(《孟子·梁惠王上》)
【译】突然问道:"天下在哪儿[怎样]安定呢?"我回答说:"安定于统一。"

"王之不智"是"或"的宾语,不是"乎"的宾语,"乎"是语气助词。"乎"带有疑问的语气(包括反问、推测等),可以起到强调前面谓语的作用,表达不要"或(惑)[感到困惑]"的语气。

"或乎王之不智"是"无"的宾语。古代汉语里的宾语无论是在疑问句中,还是在命令句中,都会维持原有的结构,不会发生变化。

①不知周之梦为胡蝶与,胡蝶之梦为周与?(《庄子·齐物论》)

---

① 将"乎"看作介词的人一般认为"恶"是倒置的宾语,实际上,"乎"是语气助词,用来表达多种疑问范畴的语气。

【译】不知道是庄周做梦变成了蝴蝶，还是蝴蝶做梦变成了庄周？

②公以为吴兴兵是邪，非也（耶）？（《史记·淮南衡山王列传》）

【译】您觉得吴国起兵是对，还是错？

"周之梦为胡蝶与，胡蝶之梦为周与？"与"吴兴兵是邪，非也（耶）？"分别是"知"和"为"的宾语，其形式与陈述式没有什么不同。理解了这一点我们很容易就能看出"无或乎王之不智也"中的"乎"就是一个语气助词。同样，"恶乎"就是"哪儿"的意思，"乎"是增强疑问语气的助词。将"恶乎"看作"乎恶"（介词+宾语）的倒置，并解释为"在哪儿"是不正确的。我们把"恶乎"译成现代汉语的"在哪儿"是由整体句义决定的，并非因为"乎"是表地点的介词。

## 三、既可用于句中，也可用于句末的语气词：也、矣、焉、乎、耶（邪）、与（欤）、哉、者

"夫"用于句末时，基本和"与（欤）""哉"的功能相同。"句中"与"句末"的区别会根据单复句划分的标准而有所不同。事实上，无论怎样划分，我们都很难将"句中"同"句末"完全区分开。因为在古代汉语中一个句子的形态成分并不是完句的必需要素。

这些语气助词除了"者"，表达的语气可大体分为陈述[①]、疑问（包括反问、推测等）、感叹这几类。其中，"也""矣""焉"为陈述性助词；"乎""耶（邪）"为疑问性助词；"与（欤）"既可表达疑问语气，又可表达感叹语气；"哉""夫"是感叹性助词；无论是在句中，还是在句末，"者"的功能都是整理前面的部分，并加以强调。

（一）也

句末的"也"表达一种肯定的陈述语气，即对某一事实作出肯定的判断，用于强调"事实如此"，是一种判断性语气助词。说话人可以不受谓语种类的限制，使用"也"为自己的判断添加确信的语气，与不使用"也"的句子在语势上存在较大差异。

---

① 这里的"陈述"并非指明某句话是陈述句时一定要使用的词，只是为了同"疑问"和"感叹"加以区分。

195

"也"表达对事实的肯定，属于静态性的语气助词，没有动态特征（如变化、时间等）。因此，作出肯定或否定判断的句子末尾常出现"也"。在对因果关系作出明确判断的句子中，其功能更为突出。此外，"也"不仅可用于陈述句，还可用于疑问句、祈使句、感叹句的句末来表达判断的语气。

1. 陈述句

①晏婴，齐之习辞者也。（《晏子春秋·内篇杂下》）
【译】晏婴是齐国擅长言辞之人。
②廉颇者，赵之良将也。（《史记·廉颇蔺相如列传》）
【译】廉颇是赵国优秀的将领。
③此天之亡我，非战之罪也。（《史记·项羽本纪》）
【译】这是上天要让我灭亡，不是战争的过错[→不是因为我在战争中犯了错]。
④故不登高山不知天之高也，不临深溪不知地之厚也。（《荀子·劝学》）
【译】因此，不登上高山就不知道天的高度[天有多高]，不面对深溪就不知道地的厚度[地有多厚]。
⑤强秦之所以不敢加兵于赵者，徒以吾两人在也。（《史记·廉颇蔺相如列传》）
【译】强大的秦国之所以不敢发兵攻打赵国，只是因为我们两个人在。
⑥老臣以媪为长安君计短也。（《战国策·赵策》）
【译】老臣认为太后为长安君考虑得太短浅了。
⑦客曰："徐公不若君之美也。"（《战国策·齐策》）
【译】客人说："徐公不如您美。"
⑧民之有口，犹土之有山川也，财用于是乎出。（《国语·周语上》）
【译】百姓有嘴，就像地上有山川一样，钱财用度（都）出于此。

下面的例句被认为是祈使句，可是我们需要注意古代汉语没有祈使句特有的句式。一个句子虽然含有祈使性意义，但其表达方式和陈述句相同，所以我们只是能从上下文得到祈使的意义。①

①王如知此，则无望民之多于邻国也。(《孟子·梁惠王上》)
【译】大王如果知道这个，就不必期望百姓比邻国多了。

2. 疑问句

①何由知吾可也?(《孟子·梁惠王上》)
【译】通过什么[怎么]知道我可以呢?
②何以至今不业也?(《战国策·齐策》)
【译】为什么至今不(让他)成就功业呢?
③夫子何哂由也?(《论语·先进》)
【译】老师您笑仲由什么呢?

"也"出现在句中时多是为了突出前面的成分②，明确指出其判断对象，也是强调的一种。除了明示与强调，句中的"也"还起着一种停顿的作用。因此，是否使用"也"有着相当明显的差别。

按照"也"前面的句子成分，可以分为以下几类。
*主语之后

①或曰："雍也，仁而不佞。"(《论语·公冶长》)
【译】有人说："雍，仁厚却没有口才。"
②且夫水之积也不厚，则其负大舟也无力。(《庄子·逍遥游》)
【译】况且聚积的水，不深(的话)，它负载大船，就没有力量[它就没

---

① "丹所报先生所言者，国之大事也，愿先生勿泄也。"(《史记·刺客列传》)句中的"也"是用来强调说话人的判断。该判断以谓语"愿"为中心语，"先生勿泄"是"愿"的宾语。将这部分理解为祈使句，多是因为将"勿泄"的"勿"看成了表否定命令的副词，这点值得我们特别注意。
② 不止"也"，"矣、焉、乎、与(欤)"等也会出现在句中。单复句划分标准上的差异会对句中、句末的判断产生影响。重要的是把握每个助词的语气特征，而其在句中所处的位置并不是那么重要。"于是焉河伯欣然自喜，以天下之美为尽在己。"(《庄子·秋水》)"孔子曰：'以容取人乎？失之子羽。以言取人乎？失之宰予。'"(《韩非子·显学》)

有负载大船的力量]。

③人主之子也,骨肉之亲也,犹不能恃(持)无功之尊无劳之奉而守金玉之重也,而况人臣乎?(《战国策·赵策》)

【译】君王的儿子,是骨肉至亲,尚不能靠着没有功劳的尊贵地位、没有劳苦的俸禄,来守护像金和玉一样的贵重之物,更何况是臣子呢?

*状语之后

①君子无所争。必也射乎?(《论语·八佾》)

【译】君子没有要争的东西。(如果)一定(说有的话),那就是射箭吧。

②孔子对曰:"有颜回者好学,不迁怒,不二过,不幸短命死矣,今也则亡,未闻好学者也。"(《论语·雍也》)

【译】孔子回答说:"有个叫颜回的,好学,不迁怒,(同样的)错误不犯第二次,不幸很年轻就死了,现在就没有了,(再)没听说过好学的了。"

③鲁仲连曰:"固也待吾言之。"(《战国策·赵策》)

【译】鲁仲连说:"原本(应)等我说这件事。"

④夫吴之与越也仇雠敌战之国也。(《国语·越语上》)

【译】吴国对越国是世代为仇、敌对交战的国家。

*称谓之后

①赐也!女以予为多学而识之者与?(《论语·卫灵公》)

【译】赐啊!你把我看作饱学而了解这些[知识渊博]的人吗?

②由也,女闻六言六蔽矣乎?(《论语·阳货》)

【译】由啊!你听说过六种品德和六种蔽病吗?

(二)矣

"矣"用来表达出现了变化的情况,这点和"也"形成了鲜明的对比,可以将其看作动态性的语气助词,即具有变化或时间性特征。因此,句末使用"矣"的陈述句无论陈述的内容是已经发生的事,还是尚未发生的事,其表达的基本上都是某一时间范畴内的变化。换句话说,就是某件事已经发生或将要发生(包括在某些条件下将会出现的某种结果)。

①由此观之,王之蔽甚矣。(《战国策·齐策》)

【译】从这个看那件事,大王受蒙蔽太严重了!

②陈胜曰:"天下苦秦久矣。"(《史记·陈涉世家》)

【译】陈胜说:"天下苦于秦(的暴政)很久了。"

③汉之为汉,几四十年矣。(《汉书·食货志上》)

【译】汉成为汉,快四十年了。

④曰:"吾知所过矣,将改之。"稽首而对曰:"人谁无过,过而能改,善莫大焉。"(《左传·宣公二年》)

【译】说:"我知道了所犯的错误,将会改正它。"跪拜而答道:"人谁能没有过错?有过错而能改正(它),没有比这个更大的善了。"

⑤今君乃亡赵走燕,燕畏赵,其势必不敢留君而束君归赵矣。(《史记·廉颇蔺相如列传》)

【译】现在您竟要从赵国逃到燕国,燕国畏惧赵国,它势必不敢收留您,会抓住您送归赵国。

疑问句句尾的"矣"也发挥着相同的作用。

①子来几日矣?(《孟子·离娄上》)

【译】您来了几天了?

②年几何矣?(《战国策·赵策》)

【译】年纪多大了?

③何如,斯可谓之士矣?(《论语·子罕》)

【译】怎样才可以(把这)称为士呢?

④事将奈何矣?(《战国策·赵策》)

【译】事情将要怎么办呢?

"矣"在不涉及变化的时候，表达一种确信的语气。对已出现的事实加以肯定的用法，从广义上来看，与其表达变化的功能在本质上是相通的。

①万取千焉，千取百焉，不为不多矣。(《孟子·梁惠王上》)
【译】万中取千，千中取百，不能算不多了。
②相如曰："五步之内，相如请得以颈血溅大王矣。"(《史记·廉颇蔺相如列传》)
【译】相如说："五步之内相如请求让（我）颈上之血能溅到大王（身上）。"

此外，有些句子中的"已"被认为是"矣"的通假字，古代汉语中很多用"同音假借"来说明的情况都存在类似的问题，这时我们一定要根据上下文来判断。"已"在绝大多数情况下都是用来表达动词性词义"止、罢了"。例如：

①苟无恒心，放辟邪侈，无不为已。(《孟子·梁惠王上》)
【译】如果没有恒心，就会放纵、不正派、邪恶、奢侈、没有不做的。[比较：没有不做的了→没有不做的了罢了]
②虽禹舜复生，弗能改已。(《史记·范雎蔡泽列传》)
【译】即使禹、舜复生，也改变不了。[比较：改变不了了→改变不了罢了]
③古布衣之侠，靡得而闻已。(《史记·游侠列传》)
【译】古时的布衣侠客已听不到了。[比较：听不到了→听不到罢了]

"矣"也可用于句中。

①巧言令色，鲜矣仁。(《论语·学而》)
【译】花言巧语，（装得）和颜悦色，仁是很少的[没什么仁在里边的]。

该句中的"鲜矣仁"一直被认为是主谓倒置的感叹句，中间的"矣"

被解释为感叹助词。事实上,"鲜仁"和"寡言""多才"一样是一个述宾结构,而"矣"就是发挥着其本来的功能,表达确信的语气。

(三)焉

用于句末的"焉"首先是一个与"之"词义相同,且具有强调功能的代词。

①晋国天下莫强焉,叟之所知也。(《孟子·梁惠王上》)

【译】晋国天下没有强过它的[→天下没有比晋国强的国家],(这是)老先生您所知道的。

"强焉"中的"焉"指代的是"晋国"。通过上下文我们可以看出,"焉"指代的力度要明显强于代词"之"。

①子女玉帛,则君有之,羽毛齿革,则君地生焉。(《左传·僖公二十三年》)

【译】侍从美女、宝玉丝绸,大王您有(那些);(珍禽的)羽和毛、象牙兽皮,您的土地生产(那些)。

②非曰能之,愿学焉。(《论语·先进》)

【译】不说做那个做得好,愿意学那个。

这个例句中的"焉"指代"羽毛齿革",语感上比"之"要强烈得多。这个例句可以让我们更为直观地感受到两者的差异。属一般范畴的"子女玉帛"用"之"指代,而对仅为自己所有的"羽毛齿革"则使用了比"之"语气更为强烈的"焉"。"非曰能之,愿学焉"一句也是如此。下面是几个"焉"用作代词的例子。

①积土成山,风雨兴焉,积水成渊,蛟龙生焉。(《荀子·劝学》)

【译】把泥土堆积成山,风雨就会在这里兴起;把水聚积成潭,蛟龙就会在这里出现。

②君子道者三,我无能焉。(《论语·宪问》)

【译】君子之道有三，（这三个中）我没有做得好的。

③三人行，必有我师焉。(《论语·述而》)

【译】三人走在一起，（其中）肯定会有我的老师[有一个人可以作我的老师]。

由于"焉"本来就是一个带有强调性的指示代词①，用在没有指示内容的句子中，其指示作用就会丧失而仅剩表强调的助词功能。因此，常会出现既可以看作代词，又可以看作助词的情况。比如"君子道者三，我无能焉""三人行，必有我师焉"两个句子中的"焉"都没有具体的指代对象，仅有表达强调的作用。

因此，随着古代汉语的发展，在越来越多的例子中，"焉"既可看作带有强调语气的指示代词，也可看作单纯的语气助词。我们是否真的应该将同一个词同时划为代词和助词呢？"之"和"其"也存在类似的问题。事实上，我们完全可以把它们只归入代词，然后再对它们的具体用法作出分类说明。

下面是几个"焉"仅用来表强调语气的例子，与句末的"也"形成了对比。像这样与其他语气助词对照使用的时候，末尾有"焉"的分句，往往是整个句子的核心所在。

①君子病无能焉，不病人之不己知也。(《论语·卫灵公》)

【译】君子担心没有能力，不担心别人不了解自己。

②夫大国难测也，惧有伏焉。(《左传·庄公十年》)

【译】大国很难预测，恐怕会有埋伏。

---

① 以往语法学界认为第一个例子中的"焉"等同于"之"，而其他的都相当于"于（介词）+之（代词）"。"于"是助词，然而将其看作介词的人认为把"焉"看成"于之"（或"于是""于此"）在很多情况下意思都说得通，所以就直接将"焉"等同于"于之"。正如前文已经分析过的，谓宾关系可以表达多种类型的语义，并不需要添加表明结构关系的虚词。这种说明无法解释不使用"于"，只使用"之"（或"是""此"）的情况。事实上，无论有没有"于"，"之""是""此"等代词都可以指代地点、范围、方面、对象等多种内容。如果说根据上下文来看，"焉"所替代的不是"之"（或"是""此"），而是"于+之"（或"于+是""于+此"）的话，那也是因为"于"是一个表强调的语气助词。

## 对"已"的误解和对"耳"(尔)的说明

人们认为"耳"是"而已"的合音标识,但又将其看作用来表达限定语气的助词。如果将"而"看成连词,将"已"看成助词,那么"耳"就同时具有这两种功能,而不可能是一个助词。这与"诸"的性质相似,"诸"是"之(代词)+于(助词)"或"之(代词)+乎(助词)"的合音标识,因此它既不可能是代词,也不可能是助词。

首先,正如我们前文已经论述过的,"而"是一个助词。而助词"已"并不是虚词,是一个有着动词性的实词。"已"常被译成"止、罢了、仅仅"等义,使得整个句子产生了一种"限定性",这实际上只是我们依据整体句义对其作出的一种译释而已。

"耳"是"助词+动词"的结合。"尔"字可被借来替代"耳"。

我们先来看看没有"而已"或"耳",单使用"已"的例子。

①四十五十而无闻焉,斯亦不足畏也已。(《论语·子罕》)

【译】四十、五十岁默默无闻[→没有成就],这也不足以使人畏惧了[→不足以使人畏惧而已]。

②君子食无求饱,居无求安,敏于事而慎于言,就有道而正焉,可谓好学也已。(《论语·学而》)

【译】君子饮食不要求饱足,居住不要求舒适,做事敏捷,说话谨慎,接近有道德(的人),匡正(自己),就可以称得上好学了。

下面是使用"而已"的例子。

①使遂蚤得处囊中,乃颖脱而出,非特其末见而已。(《史记·平原君虞卿列传》)

【译】让我(毛遂)早些得以处与口袋里的话,(我)就会(像禾穗的尖芒那样)锋芒脱离露出,不特别是[不只是]他的末梢出现[露出来]而已。

②当此之时,忧在亡秦而已。(《史记·淮阴侯列传》)

【译】(正当)这时,担心的只是让秦朝灭亡(罢了)。

③宁事齐楚,有亡而已,蔑从晋矣。(《左传·成公十六年》)

【译】宁可侍奉齐国和楚国,(不过是)会灭亡(罢了),也不追随晋国。

下面的句子中使用了合音词"耳"进行标记。

①直不百步耳,是亦走也。(《孟子·梁惠王上》)
【译】只不过没有(跑)一百步而已[罢了],这也是逃跑啊。
②故察己则可以知人,察今则可以知古。古今一也,人与我同耳。(《吕氏春秋·察今》)
【译】因此,观察自己就可以了解别人,观察现在就可以了解古代。古代和现在是一样的,别人和自己也是相同的[罢了]。
③寡人之于国也,尽心焉耳矣。(《孟子·梁惠王上》)
【译】寡人对于国家是尽了心[罢了]的。
④诸将易得耳,至如信,国士无双。(《史记·淮阴侯列传》)
【译】众将领都很容易得到[罢了],至于像韩信这样的人,国中的士人里再没有第二个了。

"耳"因为包含"已"的意思,所以常常与"直、徒、独"等副词先后呼应。

"而已矣"不能看成与"耳"相同的表达。"而已矣"是在语气助词"而"和"矣"之间放入了动词"已",是"助词+动词+助词"结合在一起的形式。

"尔"也可用在类似的句子中,被看作"耳"的同音假借字。

①庄王围宋,军有七日之粮尔。尽此不胜,将去而归尔。(《公羊传·宣公十五年》)
【译】庄王包围了宋军,军队只有七日的粮食。用完这些,(还)不能取胜的话,将只能离开回去了。

(四)乎、耶(邪)、与(欤)

"乎""耶(邪)""与(欤)"是很有代表性的疑问助词。它们表达的是一种综合性的疑问,具体可以分为一般疑问、反问、推测三种。

1. 一般疑问

"乎""耶(邪)""与(欤)"可用于表特指、是非、选择等类型的疑问句中。

(1)特指疑问句

特指疑问句是指使用疑问词(疑问代词)表达疑问的句子。特指疑问句即使不使用语气助词也可表达疑问,但句末通常会添加"乎""耶(邪)""与(欤)"等表疑问语气的助词。

①少帝曰:"欲将我安之乎?"(《史记·吕太后本纪》)

【译】年少的皇帝说:"以后想要我[我以后]去哪儿呢?"

②子之师谁邪?(《庄子·田子方》)

【译】您的老师是谁呢?

③谁与,哭者?(《礼记·檀弓》)

【译】谁呀?哭的人。

④子之义将匿耶,意将以告人乎?(《墨子·耕柱》)

【译】你的这个道理要藏起来呢,想来(还是)要把它告诉别人吗?

(2)是非疑问句

是非疑问句是指询问事实是否如此的疑问句。在古代汉语中,对于没有疑问词的疑问句,主要是通过是否使用了疑问助词"乎""耶(邪)""与(欤)"来判别。

①贤者亦有此乐乎?(《孟子·梁惠王下》)

【译】贤人也有这样的快乐吗?

②商君曰:"子不说吾治秦与?"(《史记·商君列传》)

【译】商鞅说:"您不喜欢我治理秦国吗?"

③上曰:"将军怯邪?"(《史记·袁盎列传》)

【译】圣上说:"将军害怕吗?"

④王曰:"齐无人耶?"(《晏子春秋·内篇杂下》)

【译】王说:"齐国没有人吗?"

(3)选择疑问句

选择疑问句是指让人在两个以上的选项中选择其一作答的疑问句。

①滕小国也,间于齐楚,事齐乎,事楚乎?(《孟子·梁惠王下》)
【译】滕国是一个小国,夹在齐国和楚国之间,是侍奉齐国呢?还是侍奉楚国呢?
②公以为吴兴兵是邪[以为],非也(耶)?(《史记·淮南衡山王列传》)
【译】您觉得吴国起兵是对,还是错?

此外,还有陈述句中宾语为疑问形式的句子。即使充当了其他谓语的宾语,其构成形式也不会发生变化,与直接引用的疑问句完全相同。

①不知周之梦为胡蝶与,胡蝶之梦为周与。(《庄子·齐物论》)
【译】不知道是庄周做梦变成了蝴蝶,还是蝴蝶做梦变成了庄周?

无论是用在哪种疑问句中,"乎"都表达一种较为率直、纯粹的语气,"耶(邪)"带有吃惊的感情色彩,而"与(欤)"则伴有感叹的语气,放在是非疑问句的句末被认为可以表达希望对方对自己的看法作出确认的语气。

2. 反问

表达反问的句子也叫作"反语句"。反问句和一般疑问句的差异就在是否需要对方作出回答,两种疑问句的基本形式没有什么不同。表达疑问的语气助词全部都可以直接用在反问句里。疑问词一般出现在句中,也可以使用反问副词替代疑问词。反问大体上都带有一种感叹的语气,因此表感叹的语气助词"哉"也常常一同出现。也就是说,"乎""耶(邪)""与(欤)""哉"等也会被用来为句子添加反问的语气。此外,还会使用反问副词"岂""庸""独""宁"等与其呼应。只是用反问副词的情况也是存在的。疑问代词"安""恶""焉""何""孰"也常被用来表达反问,这实际上只是疑问词作状语而已,不能将这些用于反问句的疑问代词看作反问副词。

①王候将相宁有种乎?(《史记·陈涉世家》)

【译】王、候、将、相难道是有种的吗[是天生的吗]?

②赵王岂以一璧之故欺秦邪?(《史记·廉颇蔺相如列传》)

【译】赵王难道因为一块玉(和氏璧)而欺骗秦国吗?

③彼丈夫也,我丈夫也。吾何畏彼哉?(《孟子·滕文公上》)

【译】他是男子汉,我也是男子汉。我怎么会怕他呢?

④相如虽驽,独畏廉将军哉?(《史记·廉颇蔺相如列传》)

【译】相如(我)即使愚钝,唯独害怕廉将军吗?

⑤嗟乎!燕雀安知鸿鹄之志哉?(《史记·陈涉世家》)

【译】啊!燕子和麻雀哪里知道大雁、天鹅的志向呢?

⑥子非三闾大夫与?(《屈原·渔父辞》)

【译】您不是三闾大夫吗?

3. 推测

表达推测的句子与疑问句的形式是一样的,只是语调的强弱略有不同。有时一句话中会同时使用语气助词"其"、副词"殆"和代词"或"等词。

①道不行,乘桴浮于海,从我者其由与?(《论语·公冶长》)

【译】道得不到推行,(我就)乘竹筏在海上游荡,跟随我的大概是仲由吧?

②曰:"日食饮得无衰乎?"(《战国策·赵策》)

【译】说:"每日饮食该不会减少了吧?"

③今民生长于齐不盗,入楚则盗,得无楚之水土使民善盗耶?(《晏子春秋·内篇杂下》)

【译】现在百姓生长在齐国不偷盗,进入楚国就偷盗,该不会是楚国的水土使百姓善于偷盗吗?

助词"为""则"也可用作疑问性语气助词。

①何故深思高居自令放为?(《屈原·渔父辞》)

【译】什么原因[为什么]（您要）深深地思考、高高地处身，自己使（自己）遭到放逐呢？

②死长安即葬长安，何必来葬为？（《史记·吴王濞列传》）

【译】死在长安，就葬在长安，何必（送回）来安葬？

③盖钟子期死，伯牙不复鼓琴，何则？（司马迁《报任安书》）

【译】钟子期死了，伯牙（就）不再弹琴了，为什么呢？

（五）与（欤）、哉、夫

"与（欤）""哉""夫"是具有代表性的感叹助词，其中"哉"是最常见的一个。"与（欤）"也可用于疑问句，"哉"可用于反问句。只有当语调有差异时，同一个助词才会表达不同的语气。

①孝弟也者，其为仁之本与！（《论语·学而》）

【译】孝顺父母、敬爱兄长，那就是行仁的根本啊！

②上读《子虚赋》而善之曰："朕独不得与此人同时哉！"（《史记·司马相如列传》）

【译】圣上读《子虚赋》，觉得写得好，说："朕唯独[偏偏]不能与这个人（处在）同一个时代啊。"

③大哉！尧之为君也。（《论语·泰伯》）

【译】太伟大了！尧作为君王。

④逝者如斯夫！不舍昼夜。（《论语·子罕》）

【译】流逝就像这样啊！日夜不停。

陈述句和命令句基本形式是一样的，有些语气助词，比如"与（欤）"，既可表达疑问，又可表达感叹，只能依靠语调进行区分。

在语气助词的分类上，最可取的方法是以其原有的一个功能为核心进行划分。比如"乎"，有时很难说清它表达的到底是感叹，还是程度较轻的推测性疑问。然而，根据整体句义来看，表达推测的疑问语气优先于感叹语气似乎更为妥当。虽然"乎"也可能由不同的语调表达感叹语气，但不得不说这种情况出现的频率是相当低的。①

下面句中的"也"和"矣"虽然出现在命令句中，但其所表达的语气却不是命令，而是各自原本的语气。

①寡人非此二姬，食不甘味，愿勿斩也。(《史记·孙子列传》)
【译】寡人不是[→没有]这两个姬妾，吃饭就不觉得香甜，希望不要斩杀（她们）。

"也"在此仍旧表达判断语气。句子由于使用了动词"勿"而具有了命令性。还有一点要提及的是，"勿斩"在句中充当了"愿"的宾语。

①诺。先生休矣。(《战国策·齐策》)
【译】好。先生休息吧。

"矣"并不是表达命令的语气助词，其表达的是一种确定的语气。该句所带有的命令性是由"休"的词义以及上下文来决定的。

①甚矣，吾衰也。久矣，吾不复梦见周公。(《论语·述而》)
【译】太严重了，我衰老了。很久了，我不再梦见周公。

两个例子中的"矣"表达的都是其基本的变化性语气，而句子的强调色彩是通过主谓倒置来实现的。

---

① 这与现代汉语的情况相似，现代汉语中的单音节句首感叹词会根据不同的声调（从严格的意义上来讲也是一种语调）而发挥不同的作用。虽然"乎"位于句末，但我们仍然可以推测当语调发生变化时，"乎"很有可能会表达命令的语气。但不是每个句末语气助词都可表达各种语气，而且现代汉语的句末语气助词也不会根据语调的变化而表达不同的功能。因此，按照基本功能进行分类还是比较合理的。然而，现代汉语中同一音节（发音相同）的句末语气助词，比如"吧"，其功能就被描述为表达命令、劝说、推测等多种语气，而且各功能在出现频率上也没有明显的差别。这样的话，就又变成了同一语气助词可以表达多种不同的功能。其实，我们可以这样来理解。命令、劝说、推测等语气都是句子本身就包含的，而"吧"的使用只是给句子又添加了一种委婉的语气。这是一种将其概括成一个可以加以把握的方法。因此，把握句子的整体句义，将其描述为该助词基本功能的方法较为准确、可靠。

### （六）者

"者"是个多少有些特别的助词。简单地说，就是其同时具有代词和助词的特点。具体来看，就是"者"兼有指示性代词的功能（总括前面的内容）和语气性助词的功能（强调前面的内容）。

现行的古代汉语语法书多将"者"看作助词，并分为语气助词和结构助词。然而，从语法学角度来看，这种说明是不恰当的。出现在动词性、形容词性词或词组之后的"者"大部分被看作名词性词组的标识（使人、物、事等具有各种名词性的标识），被视为结构助词；而另外一些跟在名词或其他词语后面的"者"则被看作表达强调的语气助词。因此，"仁者"（仁人）、"往者"（过去的事）、"不为者"（不做的情况）、"若寡人者"（像寡人的人）等里的"者"就成了构成名词的结构助词，而"农者"（农业）、"陈胜者"（陈胜或叫"陈胜"的人）、"颜回者"（颜回或叫"颜回"的人）、"昔者"（以前、昔日）、"不杀者"（不杀的话）、"不然者"（不这样的话）中的"者"就被描述成表提示性强调的语气助词。我们仔细分析一下就不难发现，这种划分依据的是"者"以外的其他成分，也就是依据括号中翻译出来的意思。可见，词或词组是否具有名词性并不是由"者"来决定的。因此，把"者"看作名词词组的标识是将词组错误的语句自身所具有的名词性草率地安在了"者"的身上。省去"者"，"仁""往""不为""若寡人"也完全可以表达相同的意思，这是古代汉语的固有特征。这些词或词组加上"者"之后也不一定就变成了名词，完全可以理解为"（有）仁的话""过去的话""不做的话""像寡人的话"。这一点值得我们注意。

此外，"不杀者""不然者"明明是将"者"放在动词性语句后面的用法，为什么没有成为名词性词组呢？这也从另外一个角度证明了"者"并不是辨别名词性与非名词性的标识。这些语句的所谓动词性、形容词性、名词性事实上只是由"者"之外的部分所具有的性质来决定的。有学者认为"者"有时即使位于动词、形容词性词组后也不构成名词性词组，而只是一个表达语气的助词。而"农者""陈胜者""颜回者""昔者"则由于"者"之前的成分看上去是个名词，因此这里的"者"就被解释成了具有代表性的语气助词。这些描述都执着于区分动词性与名词性，而没有准确地把握"者"的功能，导致叙述上出现了矛盾。他们认为即使不能明确地划分出动词、形容词和名词，有些词还是可以分出动词性、形容词性，而这些单词加上结构助词"者"以后就可以表现出名词性；与之相反，有些语句本身就具有名词性，有些成分后面跟着"者"也没表现出名词性，这时的"者"就被规定为语气助词。

这样，"仁者""往者""不为者""若寡人者"中的"者"就成了名词化的结构助词，而"农者""陈胜者""颜回者""昔者""不杀者""不然者"的"者"就成了语气助词。

那么"者"的功能到底是什么呢？"者"兼有总括前言的指示性代词功能和强调前言的语气助词功能。虽然指代前言的用法看似更为突出，"者"的核心功能却是表达带有提示性的强调语气。"者"和一般的代词不同，虽然有指示性，却不能单独充当句子成分。本书依据这一点将"者"划入虚词。

根据其兼有两种功能的特殊性，本来可以另设一个词类，但此处我们把重点放在其语气助词的功能上而仅将其归入助词类。"者"的助词性只有表达语气这一种。"者"概括指示前面的成分，也就具备了强调提示的功能。"者"的这两个功能并不是截然分开的。现代汉语中虽然没有和"者"相似的语气助词，但大体上我们可以用"……那个""……那样的"或"……的话"与之对应。

正如我们上面已经分析过的，是否具有名词性，不是由"者"，而是由其他词的词义及整体句义来决定。如果"者"真的是构成名词词组的标识，那么作主语或作宾语的词组不就都应该加上"者"了吗？而实际上，一般情况下是不需要使用"者"的。

"者"无论位于句中的哪个位置，其功能都是一致的。"者"的历时变化不是本书要论及的内容。

此外，"者"的代词性与代词"其""之""焉"的性质不同。

我们先来回顾一下"其""之""焉"的特征。很多语法书将"其""之""焉"同时归入代词和助词，并认为其原本的功能是代词，在虚化后具备了助词的功能。本书将这些词只归入代词这一类，将没有具体指示内容情况看作其代词功能的一种。换句话说，一直被看作助词的功能解释，实际上是其作为代词的一种特别用法。我们已经多次强调判断句中"其""之""焉"是代词还是助词，依据的不是这些词本身，而是整体句义。现代汉语中的"哪里"被看作疑问代词，而"哪里"的重叠式"哪里哪里"不具有真正意义的疑问性，被归入代词一类，这种处理方式值得参考的。

同"其""之""焉"相比，表达语气的助词性才是"者"的核心功能。"者"虽然也有指示性，但与作代词的"其""之""焉"不同，不能单独充当句子成分。因此，我们将其放入虚词类。此外，一定要紧接在指示、强调的内容之后，这也是"者"不同于"其""之""焉"之处。虽然兼有代词的特征，但和其他语气助词一样，"者"有着很强的依存性。在没有具体的指示内容时，"其""之""焉"三者中的"之"与"者"的性质更为接近。"之"也同样得紧接在要强调的成分之后，对其进行总括性指示。然而，两者所处的位置却有很大的不同。

1. 通过例句来确认"者"的特征

①仁者安仁。(《论语·里仁》)

【译】(有)仁的人安于仁。

为长者折枝。(《孟子·梁惠王上》)

【译】为年长的人折(取)树枝。

②往者不可谏，来者犹可追。(《论语·微子》)

【译】过去的无法弥补，要来的还可以追赶。

③不为者与不能者之形何以异？(《孟子·梁惠王上》)

【译】不做和不能做的情形有什么不同？

④未有不嗜杀人者也。(《孟子·梁惠王上》)

【译】还没有不喜欢杀人的人。

仲尼之徒无道齐桓晋文之事者。(《孟子·梁惠王上》)

【译】仲尼一派讲述齐桓公和晋文公之事的人。

若寡人者可以保民乎？(《孟子·梁惠王上》)

【译】像寡人这样的人(也)可以保护百姓吗？

⑤今恩足以及禽兽而功不至于百姓者独何与？(《孟子·梁惠王上》)

【译】现在(您的)恩泽足可以遍及禽兽而功德不能惠及百姓，(这)又是为什么呢？

⑥陈胜者，阳城人也。（《史记·陈涉世家》）

【译】陈胜是阳城人。

此五者，邦之蠹也。（《韩非子·五蠹》）

【译】这五种是国家的蛀虫。

君子道者三，我无能焉。（《论语·宪问》）

【译】君子之道有三，（这三个中）我没有做得好的。

今者臣来，过易水，蚌方出曝。（《战国策·燕策》）

【译】现在臣来，渡过易水，蚌刚出来晒太阳。

然。诚有百姓者。（《孟子·梁惠王上》）

【译】对。确实有（那么想的）百姓。

⑦伍奢有二子，不杀者，为楚国患。（《史记·楚世家》）

【译】伍奢有两个儿子，不杀（的话），（会）成为楚国的祸患。

不然者，我且屠大梁。（《史记·范雎蔡泽列传》）

【译】不这样（的话），我就血洗大梁了。

⑧已而相泣，旁若无人者。（《史记·刺客列传》）

【译】停下后，面对面大哭，好像旁边没有人一样。

谁为大王为此计者？（《史记·项羽本纪》）

【译】谁为大王谋划这个计策？

孔子对曰："有颜回者，好学不迁怒不二过不幸短命死矣，今也则亡。未闻好学者也。"（《论语·雍也》）

【译】孔子回答说："有个叫颜回的，好学，不迁怒，（同样的）错误不犯第二次，不幸很年轻就死了，现在就没有了，（再）没听说过好学的了。"

很多学者大概因为"者"在译成现代汉语时不翻译，而认为"者"没有实际词义，进而将置于有具体意义的动词性、形容词性语句之后的"者"看作结构助词，即一种形式上的标识；而其他情况下的"者"就都被解释成表达强调、提示功能的语气助词。据此，①②③④中的"者"被看作结构助词，而⑥⑦⑧中的"者"则被看作语气助词。⑤看上去似乎放在哪一边都可以。其实，⑥⑦⑧中"者"前面的成分也完全可以看成具有名词性的词组。

无论"者"是代词还是助词，有一点我们需切记，即例句中的

"仁""往"等形容词性或动词性的单词也同样具有名词性,可根据情况在句中表达人或物的意思。以这些词为中心词的各种词组也同样无须添加其他成分而直接表达名词性。"不为""不嗜杀人""道齐桓晋文之事""若寡人""今恩足以及禽兽而功不至于百姓"等都是这样的例子,不使用"者"也完全可以造出完美的句子。含有"……的( )"之义的词组常常充当"有""无"的宾语。像"有+不嗜杀人""无+道齐桓晋文之事"这种后面不加"者"的形式是很常见的。现代汉语也具有很强的孤立性,词没有屈折变化。其他动词性的词也随时可以携带动词性、形容词性宾语。⑧中的"若+无人"就是一个很好的例子。词组意为"好像没有人",这里的"无人"本身就可以传递出名词性,完全不需要额外添加"者"。有些学者虽然将"者"划入助词类,却又未明确说明"若无人者"中的"者"到底是结构助词,还是语气助词。这里有两个我们不能忽略的事实,一是"者"使用与否是存在差异的,二是可以将"者"的功能统一为一种。要区分"者"是结构助词,还是语气助词,事实上是将其他词的词义及表达整体句义的关系安在"者"的身上。

①~⑧组例句中"者"前面的成分本身就可以表达名词性的意思,也就是说这些句子里的"者"完全可以看作语气助词。这种看法侧重于将"者"解释为强调前言的标识所使用的语音成分,与仅将其看作代词的观点是对立的。

然而,当真的要对"者"的功能进行辨别时,又总是会遇到诸多模棱两可的情况。因此,本书才采用了同时肯定其两种功能的观点。古代汉语里的动词、形容词及其他各种词组(特别是述宾结构表现出名词性的情况)都可以充当主语或宾语,这是古代汉语的基本特征。因此,古代汉语并不需要一个构成名词词组的结构标识。

划分结构助词和语气助词很可能是出于后世人们理解上的需要,并不是古代汉语语法上的固有特征。

①君子食无求饱,居无求安,敏于事而慎于言,就有道而正焉,可谓好学也已。(《论语·学而》)

【译】君子饮食不要求饱足,居住不要求舒适,做事敏捷,说话谨慎,接近有道德(的人),匡正(自己),就可以称得上好学了。

第三章　虚词的功能

"求饱""求安""有道""好学"都是述宾结构，不需要任何名词性标识就可以直接作其他动词的宾语。根据具体情况可译成"……的人""……的情况""……的"等。比如，"有道"在句中可以是"有道的地方"，也可以是"有道的人"；而"好学"有可能是指"爱学习这件事"，也有可能是指"爱学习的人"。例句中并没有使用"有道者""好学者"这样的表达方式。

这种用法并不局限于述宾结构。"人食"是一个主谓结构，同样可以表达名词性，如"人吃的东西"[①]；"先生"是一个偏正结构，但在具体句子中可以表达"先出生的人"之意。[②]同理，"后生"也可以意为"后出生的人"。[③]这些词组都没有采用"人食者""先生者""后生者"形式，却都准确地表达了各自的意思。这才是古代汉语的本来面貌。

我们来看下面的例句。

①直不（走）百步耳，是亦走也。(《孟子·梁惠王上》)
【译】只不过没有（跑）一百步[罢了]，这也是逃跑啊。

"是亦走也"并不是"这个人也逃跑了"，而是"这[跑五十步]也是逃跑"的意思。此处的"逃跑"明显具有名词性。如果"者"真的是名词词组的构成标识，那么这个句子就该使用"者"以避免出现混乱。然而事实上并没有使用。这既说明了动词或以动词为中心的词组本身就可以通过具体语境表达名词性，也从一个侧面证明了"者"并不是一个结构助词。

下面的几个例子都是单音节词后使用"者"的情况：

①知者不惑，仁者不忧，勇者不惧。(《论语·子罕》)
【译】有智慧（的人）不会感到迷惑，有仁（的人）不会忧虑，勇敢（的人）不会畏惧。

②逝者如斯夫，不舍昼夜。(《论语·子罕》)

---

[①] 狗彘食人食而不知检。(《孟子·梁惠王上》)
[②] 子夏问孝。子曰："色难。有事，弟子服其劳，有酒食，先生馔。"(《论语·为政》)
[③] 后生可畏。焉知来者之不如今也？四十五十而无闻焉，斯亦不足畏也已。(《论语·子罕》)

215

【译】流逝就像这样啊！日夜不停。

例句中的"知、仁、勇、逝"本身就可表达"……的人""……的情况"，而"者"也不是名词化的结构助词。因此，我们在翻译时并不需要把带"者"的词组都译成"……的人"或"……的事"，只要尽量将"者"的强调语气表现出来就可以了。

在下面的例句中，"者"既出现在词后面，也出现在述宾词组后面。

①登高而招，臂非加长也而见者远。顺风而呼，声非加疾也，而闻者彰。假舆马者，非利足也而致千里。假舟楫者，非能水也，而绝江河。(《荀子·劝学》)

【译】登到高处招手，胳臂没有加长，但很远（就能）看见；顺着风呼喊，声音没有加快，但听得很清楚。借助车马，没有使脚（走得）更快，却能到达千里（之外）；借助船、桨，不是游泳游得好，却可以横渡江河。

在"见者、闻者"中"者"用于词后，而在"假舆马者、假舟楫者"中"者"则放在词组之后。前面有状语的情况也是如此。

①晏婴，齐之习辞者也。(《晏子春秋·内篇杂下》)
【译】晏婴是齐国擅长言辞之人。

放在主谓句之后也是一样的。

①力不足者中道而废，今女画。(《论语·雍也》)
【译】能力不够的人（或能力不够的话），中途会放弃，而现在你是（像那样给自己）画了界线。

"者"用于句中时，多置于主语和状语之后。

①陈胜者，阳城人也。(《史记·陈涉世家》)

【译】陈胜是阳城人。

②吕公者，好相人也。(《史记·高祖本纪》)

【译】吕公喜欢给人看相。

③北山愚公者，年且九十，面山而居。(《列子·汤问》)

【译】北山的愚公年纪将近九十，面朝山居住。

④往者不可谏，来者犹可追。(《论语·微子》)

【译】过去的无法弥补，要来的（未来的）还可以追赶。

⑤此五者，邦之蠹也。(《韩非子·五蠹》)

【译】这五种是国家的蛀虫。

⑥君子道者三，我无能焉。(《论语·宪问》)

【译】君子之道[称为道的东西]有三，（这三个中）我没有做得好的。

⑦齐使者如梁，孙膑以刑徒阴见。(《史记·孙子吴起如列传》)

【译】齐国的使者到了梁国，孙膑以囚犯（的身份）秘密地见了（他）。

⑧夺项王天下者，必沛公也。(《史记·项羽本纪》)

【译】夺去项王天下的（人）一定是沛公。

⑨鲁仲连辞让者三，终不肯受。(《战国策·赵策》)

【译】鲁仲连辞让了三次[再三辞让]，最终（还是）不肯接受。

⑩吾妻之美我者，私也。(《战国策·齐策》)

【译】我的妻子认为我美，（是因为）对我有私心[偏爱我]。

⑪劳心者，治人，劳力者，治于人。(《孟子·滕文公上》)

【译】劳费心神则管理他人，从事体力劳动则被人管理。

⑫不为者，与不能者之形何以异？(《孟子·梁惠王上》)

【译】不做和不能做的情形（表现形式）有什么不同？

⑬夫行数千里而救人者，此国之利也。(《战国策·魏策》)

【译】走数千里救人（的话），这是国家的利益。

下面例句中的"者"都用在状语的后面。

①今者，臣来，过易水，蚌方出曝。(《战国策·燕策》)

【译】现在臣来,渡过易水,蚌刚出来晒太阳。

②昔者,三晋之交于秦相善也。(《战国策·赵策》)

【译】昔日三晋(韩、赵、魏)与秦的交往都很好。

③曩者,吾叱之,彼乃以我为非人也。(《史记·刺客列传》)

【译】昔日我叱责他,他就把我看作不是人[认为我不是同道之人]!

2. "者"的位置说明

"者"到底是位于句中(词或词组之后)还是句末(单句之后或复句中的分句之后),学者们有着不同的见解。这是因为人们对复句给出的定义存在差异。"有颜回者,好学,不迁怒,不二过,不幸短命死矣,今也则亡"就是一个很好的例子。本书从句子结构(属于兼语句)的角度出发,将这里的"者"看作出现于句中的助词。下面的几个例子在句中、句末的判别上也存在着分歧。由于没有可以辨别句子形式的形态标识,在分句或词组后错误地使用句号的情况时有发生。本书在分句后一律使用逗号",",加以标记。

实际上,由于"者"出现的位置对"者"的功能没有任何影响,因此相应的分类并不具备语法上的意义。

有时会遇到一些难以辨别"者"的情况。如强调的到底是单句或分句的整体,还是后面一部分。单句或分句后面的一部分一般都是作宾语的成分。下面例句中使用"(∨)"来分割句子以明确"者"所强调的部分。在有"(∨)"的句子中,即使"者"出现在最后,也仍然算是句中助词。

①伍奢有二子,(∨)不杀者,为楚国患。(《史记·楚世家》)

【译】伍奢有两个儿子,不杀(的话)[的情况],(会)成为楚国的祸患。

②(∨)不然者,我且屠大梁。(《史记·范雎蔡泽列传》)

【译】不这样(的话)[的情况],我就血洗大梁了。

③(∨)已而相泣,旁若无人者。(《史记·刺客列传》)

【译】停下后,面对面大哭,好像旁边没有人一样。

④吾视,郭解状貌不及中人言语不足采者。(《史记·游侠列传》)

【译】我看,郭解容貌赶不上中等人,言语不够有文采。

⑤谁为大王为此计者?(《史记·项羽本纪》)
【译】谁为大王谋划这个计策?[参考:谁是为大王谋划这个计策的人?]
⑥无友不如己者。(《论语·学而》)
【译】不和不如自己的人交朋友。①

"者"可以单独使用,也可以与其他助词连用。句末"者""也"连用时,多是"者也"这种顺序。

①(∨)未闻好学者也。(《论语·雍也》)
【译】(再)没听说过好学的[的人]了。
②且夫君也者,将牧民而正其邪者也。(《国语·鲁语》)
【译】(而且那)君主是要治理百姓、改正他们错误的人。

放在句中强调主语时,一般用"也者"。对此后文"语气助词的连用"部分会有详细的说明。上面的"且夫君也者,将牧民而正其邪者也"一句中,同时使用了这两种顺序。下面也是一个类似的例子。

①教也者,长善而救其失者也。(《礼记·学记》)
【译】教,就是使长处得到发展,补救他的过失。

## 四、语气助词的连用

### (一)句末

语气助词常常会连用,如"矣乎""也哉""乎哉""矣哉""也夫""矣夫""也与""也乎哉""也与哉""者也""者乎",等等。连用后的语气助词仍然承担着各自原有的功能。

①子谓伯鱼曰:"女为《周南》《召南》矣乎?"(《论语·阳货》)

---

① "无友不如己者"强调的到底是"不如己"还是"友不如己",需依据句子的停顿和句意来理解。

219

【译】孔子对伯鱼说:"你做[学习]《周南》《召南》了吗?"

②子曰:"已矣乎?吾未见好德如好色者也。"(《论语·卫灵公》)

【译】孔子说:"完了吗[到此为止了吗]?我没见过像喜欢色那样喜欢德的。"

③岂非计久长,有子孙相继为王也哉?!(《战国策·赵策》)

【译】难道不是做了长远的打算,(才)有孙相继为王吗?!

④自牖执其手曰:"亡之,命矣夫!"(《论语·雍也》)

【译】从窗户(伸手)握住他的手说:"失去这个人,(是)命吧!"

⑤吾罪也乎哉?!吾亡也。(《左传·襄公二十五年》)

【译】我有罪吗?要逃走。

⑥鄙夫可与事君也与哉?!(《论语·阳货》)

【译】怎么可以与卑劣的人(一起)侍奉君主呢?!

"者"位于句尾时常与其他助词连用,构成"者也""者乎"的形式。①

①教也者,长善而救其失者也。(《礼记·学记》)

【译】教,就是使长处得到发展,补救他的过失。

②吾未闻枉己而正人者也,况辱己而正天下者乎?(《孟子·万章上》)

【译】我没听说过自己行为不端正还去纠正别人的,更何况是做有辱自身的事还去匡正天下的呢?

"者"在句尾有时也会出现在"也"的后面。下面的例子表明"者"的本质是语气助词。

①安见方六七十如五六十而非邦也者?(《论语·先进》)

【译】怎么见到方圆六七十里或(好像)五六十里而说不是国家呢?

---

① "故善附民者,是乃善用兵者也。"(《荀子·议兵》)后半部分"是乃善用兵者"中的"者"虽然位于句尾,但只强调了"是"的谓语"善用兵"。因此,从严格意义上讲,"者"是句中的助词。

我们来看下面的例句。

①今杀相如，终不能得璧也而绝秦赵之欢，不如因而厚遇之，使归赵。(《史记·廉颇蔺相如列传》)
【译】现在杀了蔺相如，终究不能得到玉璧，还断绝了秦国和赵国的友好关系，不如趁（这个机会）好好招待他，让他回赵国去。

"而"大部分情况位于句中，也可像上面的例句一样与"也"连用构成"也而"用于句中。

由于"已"长期以来被看作助词，"也已""已矣""也已矣""而已矣""焉耳矣"等形式也因此一直被解释为助词的连用。然而，正如前文所分析的，"已"并不是助词，而是一个有着动词性的实词，义为"止、结束、罢了"等。因此，这些形式也就不是什么助词的连用。此外，"耳"是"而（助词）+已（动词）"的合音词，也不是助词的连用形式。

除了"而"，动词"已"还可以用在其他助词后面。

①后生可畏。焉知来者之不如今也？四十五十而无闻焉，斯亦不足畏也已。(《论语·子罕》)
【译】年轻人是值得敬畏的，怎么知道要来[将来]（的人）不如现在呢？四十、五十岁默默无闻[没有成就]，这也不足以使人畏惧了。
②此亦妄人也已矣。(《孟子·离娄下》)
【译】也是狂妄之人罢了。

也有在"而"之前使用其他助词的情况。

①寡人之于国也，尽心焉耳矣[而已]。(《孟子·梁惠王上》)
【译】寡人对于国家是尽了心的[尽了心而已/尽了心罢了]。

(二) 句中
"也者"是句中助词连用的典型。

①孝悌也者，其为仁之本与！（《论语·学而》）

【译】孝顺父母、敬爱兄长，那就是行仁的根本啊！

②友也者，友其德也。（《孟子·万章下》）

【译】交朋友是交他[朋友]的好德行。

③教也者，长善而救其失者也。（《礼记·学记》）

【译】教，就是使长处得到发展，补救他的过失。

④且夫君也者，将牧民而正其邪者也。（《国语·鲁语》）

【译】（而且那）君主是要治理百姓、改正他们错误的人。

主语后面连用"也"和"者"（只有"也者"这一种顺序）可起到进一步强调前文的作用。

## 第二节　音节助词

音节助词，顾名思义就是用来实现押韵的某种音节的助词。经常出现在《诗经》等各种韵文中。很多在一般情况下有着实际词义的实词也可能单纯地被借来标记一个音，"其""斯""言""思""亦""云""爰""于""止""载"等都是这种情况。[①]

①静女其姝。（《诗经·邶风·静女》）

【译】娴静姑娘真漂亮。

②哀我人斯，亦孔之嘉。（《诗经·豳风·破斧》）

【译】哀怜我们这些人，是多么的良善。

---

[①]《诗经》中可被看作音节助词的词根据其所处的位置可分为以下几类。句首有"言、思、亦、云、焉、爰、伊、曰、不、侯、载、维、以/有、于、无、抑、越、聿、诞、逝、是、式、薄、噬、遹"等。句中有"言、思、亦、云、焉、爰、伊、曰、不、侯、载、维、以、而、之、乎/如、来、夷、或、攸、只、哉、兹、居、与、其"等。句末有"思、而、之、乎/斯、期、忌、员、生、胥、尔"等。很多时候，我们很难分清这些音节助词是表达实际词义的实词，还是协调音节的虚词。

③言念君子，温其如玉。(《诗经·秦风·小戎》)

【译】想到君子，温润如玉。

④静言思之，躬身悼矣。(《诗经·卫风·氓》)

【译】静静想来，独自伤心。

⑤婚姻之故，言就尔居。(《诗经·小雅·我行其野》)

【译】因为婚姻的关系，才到你这儿居住。

⑥思无疆，思马斯臧。(《诗经·鲁颂·駉》)

【译】无边无垠，马那样好。

⑦采薇采薇，薇亦柔止。(《诗经·小雅·采薇》)

【译】采蕨菜采蕨菜，蕨菜很柔嫩。

⑧载驰载驱，周爰咨谋。(《诗经·小雅·皇皇者华》)

【译】驱车而行，到处询问、商讨。

⑨之子于归。(《诗经·周南·汉广》)

【译】这位女子要出嫁了。

⑩黄鸟于飞，集于灌木。(《诗经·周南·葛覃》)

【译】黄鸟飞来，聚集在灌木上。

⑪于橐于囊，思辑用光。(《诗经·大雅·公刘》)

【译】(装入)大袋，(装入)小袋，和睦团结，以为荣光。

# 第三节　结构助词"所"

本书认为"所"是古代汉语唯一的结构助词。本书将常被划入结构助词的"之"和"者"看作语气助词，具体分析请参照上文。下面我们依次来看一下各种使用"所"的例子。

## 一、所+动词[或动词性词组（偏正式、述宾式）]+（者）

①民无[所依]。(《左传·昭公二年》)

【译】百姓没有（可以）依靠的。

②[所爱者]挠法活之，所憎者曲法诛之。(《史记·酷吏列传》)

【译】喜欢的就扰乱法律让他活命，憎恨的就歪曲法律杀了他。

## 二、○+所+动词[或动词性词组]+（者）/名词/（之）+名词

①富而可求也，虽执鞭之士，吾亦为之。如不可求，从[吾所好]。(《论语·述而》)

【译】富贵如果是可以追求的，即使拿鞭子的人[下等差事]，我也会做它。如果不可求，就跟从我所喜好的[就去做我喜好的事]。

②夺[其所憎]而与其所爱。(《战国策·赵策》)

【译】夺走他憎恶的，给（他）他喜爱的。

③人善[其所私学]以非上之所建立。(《史记·秦始皇本纪》)

【译】人们擅长自己私下学习的东西，以此诽谤主上所建立的。

④[衣食所安]弗敢专也，必以分人。(《左传·庄公十年》)

【译】认为舒适的吃穿，不敢独占，必定把它分给别人。

⑤孟尝君曰：视[吾家所寡有者]。(《战国策·齐策》)

【译】孟尝君说："看我家有的少的[→缺少的]。"

⑥[其所善者]吾则行之，[其所恶者]吾则改之。(《左传·襄公三十一年》)

【译】他觉得好的我就（那样）做，他觉得不好的我就改正它。

⑦和氏璧[天下所共传宝]也。(《史记·廉颇蔺相如列传》)

【译】和氏璧是天下共同传承的宝物。

⑧[仲尼所居之室][伯夷之所筑]与?(《孟子·滕文公下》)

【译】仲尼住的房子是伯夷建的吗？

## 三、○+（之）+所+动词[或动词性词组]

①[王之所大欲]可得闻与？（《孟子·梁惠王上》）

【译】大王非常想知道的可以（说给我）听吗？

## 四、○+所+"以"等动词+动词[或动词性词组]

○+（之）+所+"以"等动词+动词或形容词[动词性或形容词词组]+（者）

①彼兵者[所以禁暴除害]也，非争夺也。（《荀子·议兵》）

【译】那军队是用来禁止暴行、去除祸害的，不是用来争夺的。

②圣人非[所与熙]也，寡人反取病焉。（《晏子春秋·内篇杂下》）

【译】圣人不是可以戏弄的，寡人反而自讨没趣。

③故释先王之成法而法[其所以为法]。（《吕氏春秋·察今》）

【译】因此要放下先王现成的法律，将他用来制定法律的东西当作法律[用他制定法律的依据来制定（自己的）法律]。

④楚人有涉江者，其剑自身中坠于水，遽契其舟曰："是[吾剑之所从坠]。"（《吕氏春秋·察今》）

【译】有个楚国人过江，他的剑从船里掉到水中，于是在那个船上刻画，说："这是我的剑顺着坠落的地方。"

⑤[臣所以不死者]为此事也。（《国语·越语下》）

【译】我不能死的原因就是为了这件事。

⑥陈轸对曰："夫[秦之所以重楚者]以其有齐地也。"（《史记·陈轸列传》）

【译】陈轸回答说："秦国之所以重视楚国，是因为它[楚国]有齐国的土地。"

⑦[强秦之所以不敢加兵于赵者]徒以吾两人在也。（《史记·廉颇蔺相如列传》）

【译】强大的秦国之所以不敢发兵攻打赵国，只是因为我们两个人在。

225

以"所"字为中心的词组里出现的"之"和"者"都是表示强调的语气助词。

下面这些句子看起来好像是省略了"所",然而这并不是省略,古代汉语本来就可以这样表达。也就是说,即使没有"所",古代汉语里的动词以及以动词为中心词的词组也可根据整体句义而表现出名词性。那么,"所"的功能就不单纯用来构筑名词结构,而是作为语气助词强调其后的谓语性质。

①婴儿非(所)与戏也。(《韩非子·外储说》)

【译】婴儿是不能和他开玩笑的。

②客何好?曰:客无(所)好也。(《战国策·齐策》)

【译】客人喜欢什么?说:"客人[我]没有什么喜欢的。"

"与戏""好"分别可以译成"和他开玩笑""喜欢的东西",类似的例子古代汉语里有很多。尤其是"有"和"无"后面使用动词或动词词组表达相关的人、物及抽象内容的情况。我们可以通过下列使用"有以……"或"无以……"的例子来确认这种用法。

①叟不远千里而来,亦将有以利吾国乎?(《孟子·梁惠王上》)

【译】老人家不以千里为远来(此),还是有将用来利于我国的(东西)吧?

②杀人以梃与(∨)刃,有以异乎?(《孟子·梁惠王上》)

【译】杀人用木棍还是用刀有什么不同吗?

③故不积跬步,无以至千里,不积小流,无以成江海。(《荀子·劝学》)

【译】因此不积累步伐,没有可用来到达千里的,不积累细小的水流,没有可用来成为江和海的。

④不学诗,无以言。(《论语·季氏》)

【译】不学习诗,没有可用来说话的。

我们在上一章里已经说过这些都是"有"和"无"将"以……"作为宾语的形式。

# 第四章
# 古代汉语的句法特征

## 第一节　句子成分与语序

　　严格来讲，古代汉语句子成分除了主语、谓语、宾语、补语、定语、状语，还有独立于句子之外的独立语。以实词为中心的五种句子结构中，除联合结构外，偏正结构、述宾结构、补充结构、主谓结构构成了句子的基本语序。

　　定语和状语是根据被修饰语的不同词性而划分的。如果不再对实词进行细分的话，它们就可以统称为修饰语，修饰语总是位于被修饰语之前。现在一般的语法书把修饰名词的称为定语，修饰动词、形容词、副词及与其相当的词组的称作副词。然而，正如我们在第一章分析过的，实词里所划分的名词、动词、形容词中，除极少数的一些词外，实际上都只是词义上或为方便理解所作的划分，并没有语法意义。相对而言，规定出主语、谓语、宾语、补语、修饰语这五种句内成分则较为实用。联合结构由于是由性质相同的成分组合而成，通常会形成一个整体，再构成另外四种句子成分中的一种。

　　补语只有一种，用来表达前面谓语内容的结果。宾语和补语同时出现时，补语置于宾语前。因为从语义来看，谓语同补语的关系更为紧密，而这时的宾语已经成了整个"谓语+补语"结构的宾语。

　　此外，我们还需要注意有两个或两个以上宾语的句子。由于"于"不是介词，而是对其后成分加以强调的助词，因此"于"出现在谓语后面时，其后续成分就是该谓语的一个宾语。谓语和宾语结合所产生的语义关系后面会有详细论述。

古代汉语有如下几种语序。本书将修饰语看作一种附加成分，主要以主语、谓语、宾语、补语间的相互位置为标准进行划分。

主语+谓语
谓语+补语
谓语+宾语
修饰语（定语、状语）+被修饰语[中心语]：（修饰语位于主语、谓语、宾语成分之前）
主语+谓语+补语
主语+谓语+宾语
主语+谓语+补语+宾语
主语+谓语+宾语1+宾语2
主语+谓语+宾语1+宾语2+宾语3

修饰语中的状语一般放在谓语前面，有时也会放在主语前面。
1. 谓语之前

①（V）不然者，我且屠大梁。(《史记·范雎蔡泽列传》)
【译】不这样的话，我就血洗大梁了。
②孙子曰："王徒好其言，不能用其实。"(《史记·孙子吴起列传》)
【译】孙子说："大王只是喜欢它的话[兵法的言辞]，不能使用它的实际[实际应用]。"
③项庄拔剑起舞，项伯亦拔剑起舞。(《史记·项羽本纪》)
【译】项庄拔剑起身跳舞[舞剑]，项伯也拔剑起身舞剑。
④楚更立太子，必不事秦。(《史记·春申君列传》)
【译】楚国改立（别人为）太子，必定不侍奉秦国。

2. 主语之前

①冬，晋文公卒。(《左传·僖公三十二年》)

【译】冬天，晋文公死了。

②昔者吾舅死于虎，吾夫又死焉，今吾子又死焉。(《礼记·檀弓下》)

【译】以前我的公公被老虎咬死了，(后来)我的丈夫又被老虎咬死了，现在我的儿子又死于虎口。

③方是之时(∨)属之于子乎？(《史记·孙子吴起列传》)

【译】正当这个时候，该把这个(宰相的职位)托付给您吗？

④岂以其重若彼，其轻若此哉？！(《史记·伯夷列传》)

【译】难道是凭借[因为]那重视像那样，那轻视像这样[→那样地重视富贵的人，这般轻视高洁的人]吗？

## 第二节　基本句型与划分标准

名词谓语句、动词谓语句、形容词谓语句是根据谓语中心词的词性来划分并命名的。然而，由于这些被定为名词、动词、形容词的词在其他位置上又常常被看作其他种类的词，可见，这种对实词的细分只是一种词义上的划分而已。因此可以说，这三种句型的本质是一样的。在这三种句型之外再加上主谓谓语句，就构成了句子的四种基本结构。其中，主谓谓语句是一种主谓词组作谓语的句子，其划分标准不同于另外三种。

在充当谓语的词中，词义上的动词最为常见，后续成分也最为多样，有许多需要作出说明的地方。相比之下，形容词谓语句就简单得多，携带宾语的情况也较为单一。

名词谓语句除了名词充当谓语中心语，还有整个词组充当谓语的情况。"所"字句是由结构助词"所"构成的名词性词组，在这一点上没有异议。然而，大部分情况都没有可以用来作出判断的标识。谓语的中心词有动词性，而当这个词组在整个句子中表现出名词性时，就又将其看作名词谓语句，这种判断完全脱离了语法的范畴。由于古代汉语实词的细分存在诸多模糊之处，在这一基础上进行的句型分类也就不可避免地会出现各种矛盾。

名词谓语句的主要问题在于"之"和"者"。如何描述这两个助词的性质将会影响我们对名词谓语句范围的界定。"之"和"者"常常被认为与"所"一样，是用于构成名词词组的结构助词。事实上，两者都是语气助词。这一点上一章已具体说明。

古代汉语实词具有很强的综合性，因此词类划分上还存在着诸多问题。动词及以动词为中心的词组在表达判断的句中充当谓语时，就变成名词词组了吗？名词词组和动词词组到底是按照什么标准来划分的呢？类似这样的问题还有很多。另外，就像动词、形容词不仅可以作谓语，还可以作主语、宾语一样，以动词、形容词为中心的词组既可以作主语，也可以作宾语。因此，将它们命名为动词词组、形容词词组、名词词组对把握古代汉语的语法系统没有意义。

句法论上与动词谓语句有关的内容，首先需要整理的是一直被归入介词或连词的词。其中，"于"应被划为语气助词。其他介词常被描述兼具动词的功能，本书将这些词都划入动词类。这些词在古代汉语里都属于词义上的动词。"以""为""与""至""及""自"是其中较具代表性的例子。大部分被看作连词的词也都应放入动词类。"以""为""与"[①]以及"如""若""使""然"等都是其中的代表。"故"归入名词，"虽"等归入副词，"或""是""斯"归入代词。将"是故""于是"等看作两个词的组合，而非一个词。这样，"以""为""与""至""及""自"等就成为可以直接构成动词谓语句的动词。

我们来回顾一下前文中已经出现的几个例句。

为[动词]

①臣所以不死者，为此事也。(《国语·越语下》)
【译】我不能死的原因就是为了这件事。

---

① "以""为""与"长期以来被认为同时具有动词、介词、连词等三种词性。

②哭死而哀，非为生者也。(《孟子·尽心下》)

【译】痛哭死者，感到哀伤，不是为了活着的人。

以[动词]

①三代之得天下也，以仁，其失天下也，以不仁。(《孟子·离娄上》)

【译】(夏商周)三代得到天下是用仁，它们失去天下是用不仁。

②陈轸对曰："夫秦之所以重楚者，以其有齐地也。"(《史记·陈轸列传》)

【译】陈轸回答说："秦国之所以重视楚国，是因为它[→楚国]有齐国的土地。"

③君召诸侯，以讨罪也。(《左传·成公二年》)

【译】君王召集诸侯，是为了讨伐有罪(的人)。

④先帝属将军以幼孤，寄将军以天下，以将军忠贤，能安刘氏也。(《汉书·霍光传》)

【译】先帝把幼子嘱托给将军，把天下托付给将军，是因为将军忠诚、贤能，可以安定刘氏(的天下)。

我们再来看一下形容词谓语句带宾语的例子。

①家[富]良马，其子好骑。(《淮南子·人间训》)

【译】家中有很多好马，他的儿子喜好骑马。

②富贵者[骄]人乎，且贫贱者[骄]人乎？① (《史记·魏世家》)

【译】富有尊贵而对人傲慢呢？而且[还是]贫穷卑贱而对人傲慢呢？

③丧事不[敢]不勉。(《论语·子罕》)

【译】丧事不敢不努力做。

---

① 由于实词的分类仅是词义上的分类，"骄"既可看作形容词，意为"骄慢"，也可看作动词，意为"对人骄慢"。"敢"也同样既可以是形容词"果敢"，又可以是动词"敢"。"富"不仅可以解释为"丰富"，还可以解释为动词性的"有很多"。

231

下面是有两个以上谓语的句子中包含形容词谓语的情况。

①冰，水为之而[寒]于水。(《荀子·劝学》)
【译】冰是水形成的，却比水寒冷。
②国一日被攻，虽欲事秦，不[可]得也。(《战国策·齐策》)
【译】国家有一天被攻占的话，即使想侍奉秦国，也是不可能的了。

当谓语部分的动词性词组是语义上的主语时，我们常常很难辨别其到底是名词谓语句还是动词谓语句。

①直不（∨）百步耳，是亦走也。(《孟子·梁惠王上》)[（∨）：省略了"走"]
【译】只不过没有（跑）一百步罢了，这也是逃跑啊。
②是使民养生丧死无憾也。(《孟子·梁惠王上》)
【译】这让百姓养活着的人，葬死了的人，没有遗憾。
③是仁义用于古而不用于今也。(《韩非子·五蠹》)
【译】这（说明）仁与义（适）用于古代，而不（适）用于今天。

在主谓谓语句里，主谓词组中的谓语主要是词义上的动词和形容词。主谓词组可单独构成谓语部分，也可和其他谓语结合使用，即谓语部分由多个谓语构成的情况。

①君子之交[淡若水]。(《庄子·山木》)
【译】君子的交往平淡如水。
②是[仁义用于古而不用于今]也。(《韩非子·五蠹》)
【译】这（说明）仁与义（适）用于古代，而不（适）用于今天。
③冰，[水为之]而寒于水。(《荀子·劝学》)
【译】冰是水形成的，却比水寒冷。
④弥与纥[吾皆爱之]，欲择才焉而立之。(《左传·襄公二十三年》)

【译】弥与纥我都喜爱（他们），想选在那方面有才能的他立（为王）。

⑤显[为人巧慧习事]，能探得人主微意。(《汉书·石显传》)

【译】显为人灵巧、聪慧、懂事，能察觉君主的深意。

⑥北山愚公者，[年且九十]，面山而居。(《列子·汤问》)

【译】北山的愚公年纪将近九十，面朝山居住。

⑦将军身被坚执锐，伐无道，诛暴秦，复立楚国之社稷[功宜为王]。(《史记·陈涉世家》)

【译】将军身披坚固的铠甲，拿着锐利的东西（武器），讨伐无道（之人），诛灭了暴虐的秦，重新建立了楚国的社稷，（论）功劳应当称王。

# 第三节　句子用途上的分类与形式上的主要特征

句子按照具体用途大体可以分为陈述句、疑问句、命令句、感叹句等几种。然而，陈述句与命令句（或祈使句）（包括禁止）并不是依据句子形式上的差异来划分的。因此，我们需要留意两者的句法结构和具体词义。

①（∨）行有余力则以学文。(《论语·学而》)

【译】做到这些以后，还有多余的精力，就用来习文。

②顿首曰："可则立之，否则已。"(《史记·齐太公世家》)

【译】叩头说："可以就立他，不行的话就停止[→算了]。"

③子华使于齐，冉子为其母请粟。子曰："与之釜。"请益。曰："与之庾。"冉子与之粟五秉。(《论语·雍也》)

【译】子华（公西赤）出使齐国，冉子（冉有）为他（子华）的母亲请求谷粟米。孔子说："给她一釜（六斗四升）。"请求再多给一些。说："给她一庾（十六斗）。"（最后）冉子给了她五秉（八十斛）粟米。

④不患人之不己知，患不知人也。(《论语·学而》)

【译】不（不要）担心别人不了解自己，而（要）担心自己不了解别人。

⑤直而温，宽而栗，刚而无虐，简而无傲。(《尚书·舜典》)

【译】正直而温厚，宽容而明辨是非，刚强而不暴虐，志高而不傲慢。

陈述句与命令句形式上没有差异，说明这两种句式的形式具有中立性。古代汉语中描述事实的陈述句和指示性的命令句只能依靠上下文来区别。实际会话中，说话人与听话人在相互认知的过程中对此加以确认。陈述句与命令句表现形式相同也意味着古代汉语的命令不具有强制性，而是一种向对方表达关照、委婉、谦恭（郑重）的方式。

当句子在具体语境中表现出疑问句的特征时，常会出现省略主语的情况。但仍然保有中立性，这种中立性在使用"无"类动词（无、勿、毋、莫等）的否定命令句中表现得最为明显。然而，现存很多语法书套用西方语法，将"无"类动词看作否定副词。实际上，"无"自始至终都是一个动词，从来都不是副词。认为"无"有时是动词、有时是副词的看法是不可取的。

下面是几个使用"无"类动词的例句。

①己所不欲，勿施于人。(《论语·颜渊》)

【译】自己不想要的，不施加给别人。

②攻其恶，无攻人之恶。(《论语·颜渊》)

【译】攻击那[自己的]缺点，不要攻击别人的缺点。

③王如知此，则无望民之多于邻国也。(《孟子·梁惠王上》)

【译】大王如果知道这个，就没有期望百姓比邻国多的事了[不要期望百姓比邻国多了]。

④无友不如己者，过则勿惮改。(《论语·学而》)

【译】没有与不如自己的人做朋友，做错了，没有（不）害怕纠正。

⑤距关，毋内诸侯。(《史记·项羽本纪》)

【译】据守关门，不让诸侯进入。

命令或禁止的内容也可充当其他谓语的宾语，与这种情况比较，我们就能清楚地看出"无"类词语不是副词，而是动词。

①楚人剽疾，愿上无与楚人争锋。(《史记·留侯世家》)
【译】楚国人强悍迅猛，希望您不要与楚国人争高下。
②宋人请猛获于卫，卫人欲勿与。(《左传·庄公十二年》)
【译】宋国人向卫国请求猛获，卫国人想不给[不想给]。

## 第四节　主语的概念

当主语概念不能完全套用于古代汉语后，人们又导入了"主题语"的概念试图对此加以说明。事实上，我们完全可以将汉语中置于句首的说明对象统括到主语的范畴。

词义上的名词、动词、形容词、代词等都可以充当主语，这点我们在"词类与句子成分的对应关系"一项中已经具体分析过了。各种词组充当主语的情况也是如此。

### 一、联合短语

①[颜渊季路]侍。子曰："盍各言尔志？"(《论语·公冶长》)
【译】颜渊和季路（在旁）侍候，孔子说："何不各自说说你们的志向？"

### 二、偏正短语

①[齐人]固善盗乎？(《晏子春秋·内篇杂下》)

【译】齐国人本就善于偷盗吗?

②[拘礼之人]不足与言事,制法之人不足与论变。(《商君书·更法》)

【译】拘于礼节的人不足以与其说事,受制于法律的人不足以与其讨论变化。

## 三、述宾短语

①舟已行矣而剑不行,[求剑]若此,不亦惑乎?(《吕氏春秋·察今》)

【译】船已经走了,剑却没走,像这样找剑,不也是很糊涂吗?

## 四、主谓短语

①[国人望君]如望慈父母也。(《左传·哀公十六年》)

【译】百姓敬仰您就像敬仰慈祥的父母一样。

②[吾见]亦罕矣,吾退而寒之者至矣。(《孟子·告子上》)

【译】我(和您)见面也很稀罕[我很少能见到您],我离开,使人感到寒冷的人到来[小人来到(您身旁)]。

③[荆国之为政]有似于此。(《吕氏春秋·察今》)

【译】荆国处理政事有与此相似(的地方)。

下面例句中的主语是混合型主语。像这种词与词组混合而成的主语也十分常见。

①[宋无罪而(∨)攻之]不可谓仁。(《墨子·公输》)

【译】宋国没有罪,(却)攻它,不能说是仁。

## 第五节　谓语的后续成分

### 一、宾语

先来简单看一下谓语后面没有宾语或补语的例子。

①晏子至。(《晏子春秋·内篇杂下》)

【译】晏子到了。

②其妻[归]。(《孟子·离娄下》)

【译】他的妻子回来了。

③曹桓公[卒]。(《左传·桓公十年》)

【译】曹桓公死了。

④三年春，不[雨]，夏六月，[雨]。(《左传·僖公三年》)

【译】(僖公)三年的春天，没下雨，夏天六月，下了雨。

⑤使子路反见之。[至]，则[行]矣。(《论语·微子》)

【译】让子路回去见他，(子路)到(的时候)，(他)却走了。

⑥水土[异]也。(《晏子春秋·内篇杂下》)

【译】水土不同。

⑦沛公[默然]。(《史记·项羽本纪》)

【译】沛公沉默着。

可以作宾语的词和词组也是多种多样的。所有实词、各类词组均可充当宾语。在"主语与宾语构成注意要点"一项中已经列举过相关例句。

我们先来整理一下只有一个宾语时述宾结合所表现的语义关系。

(一)单宾语："谓语+宾语"的语义类型[①]

我们可以将古代汉语中述宾结合的语义类型归为如下几类。除词义上的

---

[①] 相关内容详见安奇燮、郑星任《古代汉语"述语+目的语"的意味类型记述相关省察》，《中国人文科学》第37辑，2007年第12期。

动词外，形容词也可携带宾语，因此，"形容词+宾语"的形式也在我们整理的范围之中。

整体分为两个层级。虽然也可勉强分出第三层级，但由于数量太少，且与第二层级有相似的性质，因此将这些词也一并归入第二层级。第二层级的划分已经是极限了，继续细分的话就会出现特征模糊、相互交织的情况。在古代汉语这种缺乏语法形态的孤立语中，这类现象会更为明显。下面是这两个层级分类的具体内容。

1. 谓语的客体

（1）直接对象

[一般对象]

①汤放桀，武王伐纣。(《孟子·梁惠王下》)

【译】汤赶走了桀，武王讨伐了纣。

②景公饮酒。(《晏子春秋·内篇杂上》)

【译】景公喝酒。

③伊尹耕于有莘之野而乐尧舜之道焉。(《孟子·万章上》)

【译】伊尹在有莘的郊外耕种，对尧舜之道感到有乐趣。[比较：享受]

[心理、感知对象]

①听其言而观其行。(《论语·公冶长》)

【译】听他（说）的话，看他的行动。

②不患人之不己知，患不知人也。(《论语·学而》)

【译】不（不要）担心别人不了解自己，而（要）担心自己不了解别人。

③晋人惧其无礼于公也，请改盟。(《左传·文公三年》)

【译】晋国人怕他对您无礼，请求更改同盟。

[使动对象]

①完母死，庄公令夫人齐女子之。(《史记·卫康叔列传》)

【译】完的母亲死后，庄公让（自己的）一位齐国女子的夫人把完当作儿子。

②纵江东父老怜而王我，我何面目见之?(《史记·项羽本纪》)

【译】即使江东父老怜悯我而奉我为王，我又有什么面目见他们呢?

③城不入，臣请完璧归赵。(《史记·廉颇蔺相如列传》)

【译】若城池没入（赵国手中），臣请求将玉璧完整地带回赵国。

[判断感知（意动）对象]

①叟不远千里而来，亦将有以利吾国乎?(《孟子·梁惠王上》)

【译】老人家不以千里为远来（此），还是有将用来利于我国的（东西）吧?

②孔子登东山而小鲁，登泰山而小天下。(《孟子·尽心上》)

【译】孔子登上东山而觉得鲁国小，登上泰山而感到天下小。

③鲁人辱之，故不书，讳之也。(《左传·成公十年》)

【译】鲁国人把它[这件事]看成是耻辱，因此不写，避讳它。

(2) 间接对象

①汉王赐良金百镒珠二斗。(《史记·留侯世家》)

【译】汉王赐给张良黄金百镒、珍珠两斗。

②使奕秋诲二人奕。(《孟子·告子上》)

【译】让奕秋教两人下棋。

③哭死而哀，非为生者也。(《孟子·尽心下》)

【译】痛哭死者，感到哀伤，不是为了活着的人。

④富贵者骄人乎，且贫贱者骄人乎?(《史记·魏世家》)

【译】富有尊贵而对人傲慢呢?而且[还是]贫穷卑贱而对人傲慢呢?

⑤惠公之在梁也，梁伯妻之。(《左传·僖公十七年》)

【译】晋惠公在梁国的时候，梁王把女儿嫁给他为妻。

⑥酌则先谁？曰："先酌乡人。"(《孟子·告子上》)

【译】倒酒（的话），先给谁（倒）？说："先倒给乡民。"

（3）目标物（结果物）

①将军身被坚执锐，伐无道，诛暴秦，复立楚国之社稷，功宜为王。(《史记·陈涉世家》)

【译】将军身披坚固的铠甲，拿着锐利的东西（武器），讨伐无道（之人），诛灭了暴虐的秦，重新建立了楚国的社稷，（论）功劳应当称王。

②散木也以为舟则沉，以为棺椁则速腐。(《庄子·人间世》)

【译】散木（不成材的树木）用来做船就会沉，用来做棺椁就会快速腐烂。

（4）有无对象

①子女玉帛，则君有之，羽毛齿革，则君地生焉。(《左传·僖公二十三年》)

【译】侍从美女、宝玉丝绸，大王您有（那些）；（珍禽的）羽和毛、象牙兽皮，您的土地生产（那些）。

②鬼侯有子而好，故入之于纣。(《战国策·赵策》)

【译】鬼侯有一个女儿，很漂亮，就送她入宫给纣王。

③曰："吾知所过矣，将改之。"稽首而对曰："人谁无过，过而能改，善莫大焉。"(《左传·宣公二年》)

【译】说："我知道了所犯的过错，将会改正它。"跪拜而答道："人谁能没有过错？有过错而能改正（它），没有比这个更大的善了。"

④四境之内莫不有求于王。(《战国策·齐策》)

【译】四方边境之内没有不有求于您的。

⑤相人多矣，无如季相。(《史记·项羽本纪》)

【译】看过很多人的相,没有比得上刘邦相貌的。
⑥王如知此,则无望民之多于邻国也。(《孟子·梁惠王上》)
【译】大王如果知道这个,就没有期望百姓比邻国多的事了[不要期望百姓比邻国多了]。
⑦仲子生而有文在其手。(《左传·隐公元年》)
【译】仲子生下来就有花纹[胎记]在他手上。

把"有""无"的词义分为表"所有"和表"存在"是不确切的。这其实只是根据语境对"有"和"无"作出的具体理解而已。"有求于王""无望民之多于邻国"中的"有"和"无"真的可以用"所有"的概念来进行说明吗?严格地来讲,无论是"所有"还是"存在"都无法准确地概括这两个动词的概念。

(5)意愿对象

①冉有曰:"夫子欲之,吾二臣者皆不欲也。"(《论语·季氏》)
【译】冉有说:"孔子想要那个,而我们两个臣子都不想要(那个)。"
②国一日被攻,虽欲事秦,不可得也。(《战国策·齐策》)
【译】国家有一天被攻占的话,即使想侍奉秦国,也是不可能的了。
③宋人请猛获于卫,卫人欲勿与。(《左传·庄公十二年》)
【译】宋国人向卫国请求猛获,卫国人想不给[不想给]。
④左师触龙愿见太后。(《战国策·赵策》)
【译】左师[官职名]触龙想要谒见太后。
⑤君若以德绥诸侯,谁敢不服?(《左传·僖公四年》)
【译】您如果以德来安抚诸侯,谁敢不服从呢?
⑥丧事不敢不勉。(《论语·子罕》)
【译】丧事不敢不努力做。

(6)可能对象

①非曰能之,愿学焉。(《论语·先进》)

【译】不说做得好这个，愿意学这个。

②以残年余力曾不能毁山之一毛，其如土石何？（《列子·汤问》）

【译】就凭你余生剩下的力量连山的一根毫毛也不曾毁掉，又能把土石怎么样呢？

③故察己可以知人，察今可以知古。（《吕氏春秋·察今》）

【译】因此省察自己可以此了解别人，省察现在可以此了解以前（的情况）。

④国一日被攻，虽欲事秦，不可得也。（《战国策·齐策》）

【译】国家有一天被攻占的话，即使想侍奉秦国，也是不可能的了。

⑤拘礼之人不足与言事，制法之人不足与论变。（《商君书·更法》）

【译】拘于礼节的人不足以与其说事，受制于法律的人不足以与其讨论变化。

⑥吾得兄事之。（《史记·项羽本纪》）

【译】我能够把他当作兄长侍奉。

（7）当为对象

①文帝曰："吏不当若是邪？"（《史记·张释之冯唐列传》）

【译】文帝说："官吏不应该像这样吗？"

②将军身被坚执锐，伐无道，诛暴秦，复立楚国之社稷，功宜为王。（《史记·陈涉世家》）

【译】将军身披坚固的铠甲，拿着锐利的东西（武器），讨伐无道（之人），诛灭了暴虐的秦，重新建立了楚国的社稷，（论）功劳应当称王。

（8）受害情况

①若信者，亦已为禽矣。（《史记·淮阴侯列传》）

【译】好像韩信这样的人也已经被擒住了。

②随之见伐，不自量力也。（《左传·僖公二十年》）

【译】跟随他被讨伐，是不自量力（不能估量自己的能力）。

③国一日被攻，虽欲事秦，不可得也。(《战国策·齐策》)

【译】国家有一天被攻占的话，即使想侍奉秦国，也是不可能的了。

④圣人非所与熙也，寡人反取病焉。(《晏子春秋·内篇杂下》)

【译】圣人不是可以戏弄的，寡人反而自讨没趣。

依据词义进行的分类常常会出现同一个词在同一种结构中发挥不同功能的现象。"见伐"与"孔子见老聃而语仁义"中的"见老聃"结构相同，但由于宾语的词义不同，前者表达受害情况，而后者则是谓语动词的直接对象。这只能说明"见"携带的宾语根据具体情况可以表达出被动义，并不能因此说"见"有着不同的词义。

2. 谓语的主体

（1）行为者

①今父老子弟虽患苦我，然百世后期令父老子孙思我言。(《史记·滑稽列传》)

【译】现在父老子弟虽然把我当成祸患和苦痛[厌恶我]，然而我死后希望父老的子孙们想想我的话。

②是以一夫倡而天下和，兵破陈涉，地夺诸侯，何嗣之所利？(《盐铁论·结和》)

【译】因此，一人倡导，天下附和，军队被陈涉打败，土地被诸侯夺走，有什么利于后继者呢？

③故内惑于郑袖，外欺张仪。(《史记·屈原列传》)

【译】因此，在内被郑袖迷惑，在外被张仪欺骗。

④拘礼之人不足与言事，制法之人不足与论变。(《商君书·更法》)

【译】拘于礼节的人不足以与其说事，受制于法律的人不足以与其讨论变化。

（2）出现或消失的主体

①率其子弟，攻其父母，自生民以来未有能济者也。(《孟子·公孙

丑上》)

【译】而率领他的子弟，攻打他的父母，自有百姓以来，还没有能这样做的。

②天油然作云，沛然下雨，则苗浡然兴之矣。(《孟子·梁惠王上》)

【译】天上涌起浓厚的云层，哗啦哗啦地下起大雨来，禾苗就蓬勃地生长起来了。

（3）判断对象

①其为人也，坚中而廉外，少欲而多信。(《韩非子·十过》)

【译】他的为人内心坚强而外在廉洁，欲望少而信誉多［淡泊寡欲，很讲信用］。

②乌孙多马，其富人至有四五千匹马。(《史记·大宛列传》)

【译】乌孙地区马很多，那儿的富人达到四五千匹马。

③家富良马，其子好骑。(《淮南子·人间训》)

【译】家中有很多好马，他的儿子喜好骑马。

3. 既非主体亦非客体的情况
（1）原因及目的

①小人殉财，君子殉名。(《庄子·盗跖》)

【译】小人为财而死，君子为名而死。

②君行仁政，斯民亲其上，死其长矣。(《孟子·梁惠王下》)

【译】您施行仁政，这些百姓就会敬爱他们的上级［官吏］，为他们的长辈而死。

③十余万人皆入睢水，睢水为之不流。(《史记·项羽本纪》)

【译】十余万人都进入睢河，睢河因此而不流淌。

④吴子曰："夫人常死其所不能，败其所不便。"(《吴子·治兵》)

【译】吴子说："人（在战斗中）常死于他做不好的（战斗技能），败于他觉得不方便［不熟悉］的（战法）。"

## 第四章 古代汉语的句法特征

（2）工具

①楚越之地，地广人希，饭稻羹鱼。(《史记·货殖列传》)

【译】楚国、越国地区地域广阔，人烟稀少，以稻米为饭，以鱼类为羹。

②褚师出，公戟其手曰："必断而足。"(《左传·哀公二十五年》)

【译】褚师出去后，卫出公戟手[用手作出戟的样子]说："一定要砍断你的脚！"

（3）空间、时间

①沛公至咸阳，诸将皆争走金帛财物之府分之。(《汉书·萧何传》)

【译】沛公到咸阳后，各将领都争着跑到金银、布帛等财物的府库（把这些财物）分掉。

②死长安即葬长安，何必来葬为？(《史记·吴王濞列传》)

【译】死在长安，就葬在长安，何必（送回）来安葬？

③于是项伯复夜去至军中，具以沛公言报项王。(《史记·项羽本纪》)

【译】于是，项伯夜里又去到军中，把沛公的话都报告给项王。

④名尊地广以至王者，何故？战胜者也。名卑地削以至于亡者，何故？战罢者也。(《商君书·画策》)

【译】名声尊贵，土地广阔，以至称王，是什么原因呢？（是因为）战胜了。名望低微，土地削减，以至灭亡，是什么原因呢？（是因为）战败了。

⑤文公如齐。(《左传·成公三年》)

【译】文公去齐国。

⑥三过其门而不入。(《孟子·滕文公上》)

【译】三次路过他（自己）家门前而没进去。

⑦渊深而鱼生之，山深而兽往之，人富而仁义附焉。(《史记·货殖列传》)

【译】潭深，鱼就生活在那儿；山深，野兽就去那儿；人富有，仁和义就归附他。

245

⑧项王则夜起饮帐中。(《史记·项羽本纪》)

【译】项王于是夜里起来在帐中饮酒。

⑨日出东方。(《庄子·田子方》)

【译】太阳从东方出来。

⑩非其位而居之曰贪位。(《史记·商君列传》)

【译】不是他的位子而处在那儿称为贪恋权位。

⑪仲子生而有文在其手。(《左传·隐公元年》)

【译】仲子生下来就有花纹[胎记]在他手上。

⑫子曰:"不在其位,不谋其政。"(《论语·宪问》)

【译】孔子说:"不在那个位子上,不谋划那些政事。"[1]

⑬文武之道未坠于地,在人。(《论语·子张》)

【译】文王、武王之道尚未掉落在地上(还没有消失),还存于人们身上。

⑭甘罗年少,然出一奇计,声称后世。(《史记·甘茂列传》)

【译】甘罗年纪虽小,却献出一条妙计,名垂后世。

表达空间、时间的宾语也包括含有人、地位等抽象内容的宾语。

(4)关系

[判断]

①长沮曰:"夫执舆者为谁?"子路曰:"为孔丘。"……桀溺曰:"子为谁?"曰:"为仲由。"(《论语·微子》)

【译】长沮问:"那个执辔驾车的是谁?"子路说:"是孔丘。"……桀溺说:"你是谁?"(子路)说:"是仲由。"

②孰为夫子?(《论语·微子》)

---

[1] "在"虽然主要以表达主语处所的成分为宾语,但也可携带一些表达抽象概念的宾语。因此,称其为存在动词并不恰当。在此补充几个例子。"贤者在位,能者在职,国家闲暇。"(《孟子·公孙丑上》)"孟子曰:道在尔(迩)而求诸远,事在易而求诸难,人人亲其亲长其长而,天下平。"(《孟子·离娄上》)"孟子曰:人之患在好为人师。"(《孟子·离娄上》)"居恶在? 仁是也。路恶在? 义是也。居仁由义,大人之事备矣。"(《孟子·尽心上》)"兽相食,且人恶之,为民父母行政,不免于率兽而食人,恶在? 其为民父母也。"(《孟子·梁惠王上》)

【译】哪位是老师？

③冰，水为之而寒于水。(《荀子·劝学》)

【译】冰是水形成的，却比水寒冷。

④此是何种也？(《韩非子·外储说左上》)

【译】这是什么种子？

⑤此必是豫让也。(《史记·刺客列传》)

【译】这人肯定是豫让。

[相似]

①臣观吴王之色，类有大忧。(《国语·吴语》)

【译】臣看吴王的脸色，好像有很大的忧虑。

②良君将赏善而刑淫，养民如子，盖之如天，容之如地。民奉其君，爱之如父母，仰之如日月，敬之如神明，畏之如雷霆。其可出乎？(《左传·襄公十四年》)

【译】贤明的君主会奖赏善，对放纵施以刑罚[惩罚放纵]，抚育百姓像抚育儿女一样，像天一样罩住他们，像地一样容纳他们。百姓侍奉他们的君主，爱他像（对）父母一样，仰慕他像（对）日月一样，尊敬他像（对）神明一样，畏惧他像（对）雷霆一样。怎么能（把他们）赶出去呢？

③故不如先斗秦赵。(《史记·项羽本纪》)

【译】因此，不如先让秦国和赵国争斗。

④吾不忍其觳觫若无罪而就死地。(《孟子·梁惠王上》)

【译】我不忍心（看）它恐惧颤抖，好像没有罪却要赴死地[被杀死]（的样子）。

⑤以若所为求若所欲，犹缘木而求鱼也。(《孟子·梁惠王上》)

【译】用像这样的做法去追求像这样欲求，就像爬到树上去找鱼一样。

⑥子之哭也，壹似重有忧者。(《礼记·檀弓下》)

【译】您（这样）哭真的好像有着非常忧伤的事。

247

[称谓]

①睹其一战而胜，欲从而帝之。(《战国策·赵策》)

【译】看它打了一次胜仗，就要顺从它，称它为帝。

②邦君之妻，君称之曰夫人，夫人自称曰小童，邦人称之曰君夫人。(《论语·季氏》)

【译】国君的妻子，国君称她为夫人，夫人自称为小童，国人称她为君夫人。

③非其位而居之曰贪位。(《史记·商君列传》)

【译】不是他的位子而处在那儿称为贪恋权位。

④文王以民力为台为沼，而民乐之，谓其台曰灵台，谓其沼曰灵沼。(《孟子·梁惠王上》)

【译】文王用百姓之力修建露台、池塘，百姓很开心，把那个露台称作"灵台"，把那个池塘称为"灵沼"。

⑥北冥有鱼，其名为鲲。(《庄子·逍遥游》)

【译】北方的大海里有一种鱼，它的名字叫鲲。

5. 比较对象

①商也好与贤己者处。(《说苑·杂言》)

【译】商喜欢与比自己贤能的人相处。

②大夫倍上士，上士倍中士，中士倍下士。(《孟子·万章下》)

【译】大夫（的俸禄）是上士的一倍，上士是中士的一倍，中士是下士的一倍。

③大国地方百里，君十卿禄，卿禄四大夫。(《孟子·万章下》)

【译】大国方圆百里，国君（的俸禄）是卿的十倍，卿是大夫的四倍。

6. 数量

①子墨子闻之，起于鲁，行十日十夜而至于郢。(《墨子·公输》)

【译】老师墨子听到这之后，从鲁国起身，走了十天十夜到达郢。

②公子行数里。(《史记·魏公子列传》)

【译】公子走了几里。

现在我们来整理一下在划分上述述宾结构所表达的各种语义时需要注意的地方。

第一，各层级中的分类不是绝对的。

第二，主体和客体是依据谓语和宾语的具体意思区别出的概念，将二者作为划分标准只是为了便于理解。由于主语和宾语不是简单的位置互换关系，因此宾语的分类也不同于主语。虽然二者第一层级的分类看上去差不多，但细分（第二层级的分类）后差异就很明显了。主语和宾语同谓语的关系一直被称作施事和受事，然而其使用因人而异，与其他类别的界限又较为模糊。本书中使用的"行为者"是一个包含了人以及人以外其他事物的更为广泛的概念。

第三，第二层级中的分类仍然存在一些问题。有很多例子单靠谓语或宾语无法说清到底是原因还是目的。有时即使是依据述宾结合表达的语义关系，也还是无法对此明确地加以区分。"败+其所不便"的述宾之间很明显是因果关系。然而，我们无法断定"死名""殉名"表达的到底是"为名而死"，还是"因名而死"。因此，对古代汉语来说，区分原因与目的是没有语法意义的。两者无论是句法上还是词义上，都属于同一个概念。就好像英语的介词"for"，根据具体情况，既可以译成"为了"，也可以译成"因为"。

"有"携带的宾语常常被分为"所有"和"存在"两种。实际上，这种区分也是没有事实根据的，两者没有本质上的不同。只不过是后者的主语位置上出现的不是人而是地点，同时在宾语位置放上了存在物而已，不应该将其看作述宾结合所表达的不同语义。在说话人的思维里，无论主语是什么，都表达了有"宾语"的意思。英语分别使用"have"和"be"来表达。古代汉语中也有表达存在义的"在"。因此，从语法上来看，我们没有理由将"有"和"在"的功能混同在一起。无论是哪种语言，都应在该语言体系的内部构筑各种分类框架，不应套用其他语言或不同时代语言的分类方法，只有这样才能准确把握该语言的语法特征。

本书划分述宾关系的语义类型其意义主要有以下几点。[①]

最大的意义在于确认了古代汉语中句子所表达的意思是由词义、语序（按照语义关系排列的结构）、语境来决定的。汉语常用的五种句子结构并不是根据词类或形态设立的，亦不是以句子成分及语法特征为基础所进行的句法论上的分析，有时无法判断具体语境。因此，汉语的句义主要还是由一定语序下各词的词义结合而成的。

古代汉语主要是根据谓语的意思来选择宾语，这种选择基本上决定了述宾结构的语义类型。然而，事实上在很多情况下，述宾结合所表达的语义同主语也有着密切的关系。除无主语的句子外，一般的主谓句都有这种特征。比如，"制+法"主语不同，其表达的意思也就不同，可以是"制定法律"，也可以是"受法律制约"；同样，"破+陈涉"根据具体情况，既可意为"打败陈涉"，也可意为"被陈涉打败"。这也就是为什么本书一直强调要重视语义的核心所处位置的原因。

上面的分析没有论及在宾语前使用强调性语气助词"（于）"的例子。

---

[①] 考察谓宾结构语义类型对理解古代汉语的本质特征有着很重要的意义。在此，需要做出以下几点附加说明。第一，在句法论方面，语序和形态及其变化是确立语法范畴的基础。古代汉语的宾语是依照"谓语+宾语"的语序来确定的，不存在形态上的差异，也就没有类似西方语言的句法特征。从类型论的角度来看，古代汉语里能携带宾语的不只是动词，还有形容词，词义上的动词无需区分自动与他动，宾语基本上没有词类上的限制，各种形式的词组都可以充当宾语。第二，分析谓宾语序词组和句子的语义类型，其意义主要在于确认古代汉语将词的词义作为第一要素，并依据上下文和具体语境传达句义的特征。第三，整体句义是由词与词结合而成的语义脉络决定的，那么现有的分类就不可避免地存在很大的随意性。首先，这些分类所使用的术语是否是一个能对同一层级中的不同要素加以区分的概念。其次，西方语言中的一些要素和古代汉语构成要素间的对应关系。因此，在引用西方语法术语时，也出现了很多问题。第四，引入主语与话题的概念，区分施事与受事的过程中出现的混淆等等与机械地套用西方的语法概念有关。第五，越是依据词义来分类，越是需要仔细考虑分类的核心是什么，即谓宾结合构成的语义核心是什么，是否充分确保了划分依据的可靠性（层级划分的问题）。古代汉语谓宾关系的语义核心在谓语，宾语相对地处于次要地位。前面的谓语通过自身的词义对后面的宾语进行制约。大部分谓宾结构所表达的意思都是由谓语的词义来决定的，但也有一部分需要考虑宾语才能弄清整体意思的情况。同一谓语表达不同词义时就会出现这种情况。按照词义分类就很难避免出现语法界定上的问题。主语与谓语间的相互制约也有类似的特征。有时不看主语，我们就无法准确辨别谓宾结构所表达的语义关系。第六，比功能更为重要的是词义，这是古代汉语的一大特征。我们有必要贯彻以词义为中心的模式重新对古代汉语语法体系展开全面的探索。第七，古代汉语的上述特征使得如何确立补语的范畴以及如何区分宾语和补语成为一个难题。其中，古代汉语与现代汉语中的数量补语应该属于宾语范畴，是谓宾关系的一种。第八，出现在宾语位置上的词和词组在种类上的差异与谓语的意思关系密切。

详细的例示与说明请参照语气助词"于"一项。这里仅举一个例子用以指出"于"后面的成分为宾语。

①曾子以斯言告于子游。(《礼记·檀弓》)
【译】曾子把这个告诉子游。

(二) 双宾语及其内容

有些谓语动词①可以携带两个（或三个）的宾语。现代汉语语法一直以来只将表动作行为的受容对象与支配对象一同充当宾语的句子称为双宾语句。下面列举了几个典型的例子。

①汉王赐[良][金百镒、珠二斗]。(《史记·留侯世家》)
【译】汉王赐给张良黄金百镒、珍珠两斗。
②文公与[之][处]。(《孟子·滕文公上》)
【译】文公给他住处。
③汉王授[我][上将军印]。(《史记·淮阴侯列传》)
【译】汉王授予我上将军的印玺。
④尝问[衡][天下所疾恶]者。(《汉书·张衡传》)
【译】曾经问张衡天下所痛恨的（是什么）。
⑤公语[之][故]且告[之][悔]。(《左传·隐公元年》)
【译】庄公告诉他原因，并告诉他（自己）很后悔。
⑥使奕秋诲[二人][奕]。(《孟子·告子上》)
【译】让奕秋教两人下棋。

上述例句中使用了"赐""与""授""问""语""诲"等动词，这些词都有"授与"的意思。②

---

① 受英语语法的影响，这种结构一直被称为双宾语。而事实上，古代汉语无论是单一宾语还是两个以上的宾语，其范畴都与英语有着很大的不同。因此，本书不使用"双宾语"这个术语。
② 下面的例句中，"愿"的宾语是一个主谓词组，也属于这一类。"愿君留意臣之计。否，必为二子所禽矣。"(《史记·淮阴侯列传》)

古代汉语中涉及两个宾语的句子远不止这些，其范围甚广，所表达的语义关系也更多样。我们来看下面的几个例句。

主语+谓语（动词）+宾语1+宾语2

①后世无传焉。(《孟子·梁惠王上》)
【译】后世对此没有流传。[→这些没有流传于后世。]
②三人行，必有我师焉。(《论语·述而》)
【译】三人走在一起，（其中）肯定会有我的老师[→有一个人可以作我的老师]。
③赵氏求救于齐。(《战国策·赵策》)
【译】赵太后向齐国求救。

主语+{[谓语1（动词）+宾语1+宾语2]}(⇒状语)+谓语2（动词）+宾语

①楚人为小门于大门之侧而延晏子。(《晏子春秋·内篇杂下》)
【译】楚国人在大门旁边造了一个小门，请晏子（进去）。

此外，使用助词"于"的句子甚至可能包含两个以上的宾语。下面是携带三个宾语的情况。

①（∨）西丧地于秦七百里。(《孟子·梁惠王上》)
【译】西边丧失了七百里的土地给秦国。

"地""秦""七十百里"都是"丧"的宾语。

## 二、补语

补语是指跟在谓语后，对谓语的意思进行补充说明的成分，用于表达谓语的结果，是一个依据其同谓语的语义关系而设定的成分。古代汉语里这种例子并不多见。本书设定的补语只有表达结果这一种类型。

①战败卫师。(《左传·庄公二十八年》)

【译】打败了卫国的军队。

②名尊地广以至王者,何故?战胜者也。名卑地削以至于亡者,何故?战罢者也。(《商君书·画策》)

【译】名声尊贵,土地广阔,以至称王,是什么原因呢?(是因为)战胜了。名望低微,土地削减,以至灭亡,是什么原因呢?(是因为)战败了。

③玉变为石,珠化为砾。(《论衡·累害》)

【译】玉变成石头,珍珠化作砂砾。

④涉闲不降楚,自烧杀。(《史记·项羽本纪》)

【译】涉闲不向楚国投降,自焚而死。

⑤于是项伯复夜去至军中,具以沛公言报项王。(《史记·项羽本纪》)

【译】于是,项伯夜里又去到军中,把沛公的话都报告给项王。

⑥今诸侯王皆推高寡人。(《汉书·高帝纪》)

【译】现在诸位侯王都推举寡人。

⑦能捕得谋反卖城踰城敌者一人。(《墨子·号令》)

【译】能抓到谋反、卖城、越城投敌的一人。

⑧毁绝钩绳而弃规矩。(《庄子·胠箧》)

【译】尽数破坏曲尺墨绳,抛弃圆规角尺。

⑨太甲颠覆汤之典刑。(《孟子·万章上》)

【译】太甲推翻了汤王的典章与刑法。

⑩怀王竟听郑袖,复释去张仪。(《史记·屈原贾生列传》)

【译】怀王竟然听了郑袖(的话),又放走了张仪。

⑪遂逐出献公。(《史记·卫康叔世家》)

【译】于是,赶走了献公。

⑫陈余击走常山王张耳。(《史记·张丞相列传》)

【译】陈余打跑了常山王张耳。

## 第六节　需注意的主语及宾语的构成

　　主语无论是词还是词组，其形式都与用于其他句子成分时完全一样。除了副词，实词无论词义上是动词性、形容词性，还是名词性，都可充当多种句子成分。同样，词组（联合式、偏正式、述宾式、补充式、主谓式及混合形式）作主语、宾语或其他句子成分时，形式上也没有任何不同。

　　下面是这种词组作主语或宾语的例子。

　　①[吾见]亦罕矣，吾退而寒之者至矣。(《孟子·告子上》)

　　【译】我（和您）见面也很稀罕[→我很少能见到您]，我离开，使人感到寒冷的人到来[小人来到（您身旁）]。

　　②[国人望君]如望慈父母也。(《左传·哀公十六年》)

　　【译】百姓敬仰您就像敬仰慈祥的父母一样。

　　③[晋国天下莫强焉]叟之所知也。(《孟子·梁惠王上》)

　　【译】晋国天下没有强过它的[天下没有比晋国强的国家]，（这是）老先生您所知道的。

　　④[非其鬼而祭之]谄也，[见义不为]无勇也。(《论语·为政》)

　　【译】不是那个[应当祭祀的]鬼而祭祀他是谄媚，见到义而不做是没有勇气。①

　　⑤[不义而富且贵]于我如浮云。(《论语·述而》)

　　【译】不义却富有、高贵，对我来说就像浮云一样。

　　⑥臣闻[昔汤武以百里昌，桀纣以天下亡]。(《战国策·楚策》)

　　【译】臣听说昔日汤王与武王以百里之地而兴盛，桀王与纣王有天下而灭亡。

---

　　① 人们对"[非其鬼而祭之]谄也，[见义不为]无勇也"这类句子常有一些错误的认识。现代汉语是将[]内的部分看作主语进行翻译的。若是把这句话看作复句，译成"不是那个（应当祭祀的）鬼，却去祭祀他的话，（那）是谄媚；见到义，却不去做的话，（那）是没有勇气"，句子成分就会出现变化。这时，各分句间就需要使用","号隔开。"(V)非其鬼而,(V)祭之,(V)谄也,(V)见义不为,(V)无勇也。"

⑦吾不忍其觳觫若[无罪而就死地]。(《孟子·梁惠王上》)

【译】我不忍心（看）它恐惧颤抖，好像没有罪却要赴死地[→被杀死]（的样子）。

⑧操蛇之神闻之，惧[其之不已]也，告之于帝。(《列子·汤问》)

【译】握着蛇的神[山神]听了，怕他不停止，报告了这件事给天帝[→把这件事报告给了天帝]。

⑨[夷狄之有君]不如[诸夏之亡]也。(《论语·八佾》)

【译】夷狄[没有道德礼义的地方]有君王，也不如华夏各地[有道德礼义的地方]没有君王。

## 第七节　需注意的意义传递方式

### 一、被动意义的表达方式

古代汉语的绝大多数实词都具有一种综合词性的特征。根据词义被划为动词的词无论是表达自动的意思还是他动的意思，形态上都没有什么不同。两者间也不存在句法结构上的差异，必要时都可携带宾语。词义上的他动还常分为使动和意动，这两者间也没有可以用来区分的标识。使动和意动与词义上的名词、形容词间的界限亦十分模糊。表达被动的动词也和自动、他动一样，不会出现任何形态上的变化。这是词义上的动词类最重要的特征。

古代汉语表达被动式不需要任何语法标识，基本上都是依据动词的词义及具体语境。主动者（指与动作行为相关的主体，包括非人的情况）一般放在宾语位置。表被动义句中的行为者只不过是述宾结构中的一种宾语而已。也就是说，表达被动义并不需要特定的句子结构，而是使用了六种基本句子结构中的述宾结构。因此，动词所表达的被动义是通过与其他成分（主要是主语和宾语）的结合来体现的。

主动者也可能出现在宾语的位置。主动者出现在宾语位置时，与表达其他语义关系的宾语一样，前面可以使用助词"于"，而"于"无论在哪种情况下都是对其后续成分的强调。

现在我们就由简入繁地看一下表达被动的例子，把握它们句法上的共同性。

（一）动词单独使用表达被动的情况。①

①昔者龙逢斩，比干剖，苌弘胣，子胥靡。（《庄子·胠箧》）

【译】往昔龙逢被斩首，比干被剖心，苌弘被刳肠，子胥被沉江任尸体腐烂。

②懈慢忘身，灾祸乃作。（《荀子·劝学》）

【译】懈怠疏忽使得忘记自身[忘记了要对自身加以控制]，灾祸就会出现。

（二）施动者充当动词宾语的情况

①拘礼之人，不足与言事，制法之人，不足与论变。（《商君书·更法》）

【译】拘于礼节的人不足以与其说事，受制于法律的人不足以与其讨论变化。

②今父老子弟虽患苦我，然百世后期令父老子孙思我言。（《史记·滑稽列传》）

【译】现在父老子弟虽然把我当成祸患和苦痛[厌恶我]，然而我死后希望父老的子孙们想想我的话。

下面是几个施动者宾语前使用"于"来加强语气的例子。

①御人以口给，屡憎于人。（《论语·公冶长》）

【译】用伶牙利齿来对抗他人，经常被别人讨厌。

---

① "由此观之，王之蔽甚矣。"（《战国策·齐策》）"甚"的主语"王之蔽"是一个主谓结构。此处的"蔽"所表达的被动义依据的也是整体语境，而非某种语法标识。

②劳心者治人，劳力者治于人。①（《孟子·滕文公上》）

【译】劳费心神则管理他人，从事体力劳动则被人管理。

### （三）"为""见""被""受""取""蒙""赐"等动词更为明确地表达授受关系的情况

此时表达被动的内容置于宾语位置。不只是"为""见""被""受""取""蒙""赐"等，很多动词都可以借助其本义更为明确地表达被动义。这时，这些动词的宾语都是动词或动词中心词组。当然也存在这些动词混合使用的句子。

1. 携带动词宾语的情况

①若信者，亦已为禽矣。（《史记·淮阴侯列传》）

【译】好像韩信这样的人也已经被擒住了。

②随之见伐，不自量力也。（《左传·僖公二十年》）

【译】跟随他被讨伐，是不自量力（不能估量自己的能力）。

③国一日被攻，虽欲事秦，不可得也。（《战国策·齐策》）

【译】国家有一天被攻占的话，即使想侍奉秦国，也是不可能的了。

④假令仆伏法受诛，若九牛无一毛，与蝼蚁何以异？（司马迁《报任安书》）

【译】假设让我受到法律的制裁被杀，就像从九头牛身上去掉一根毛，与（死掉）一只蝼蛄、蚂蚁（相比）有什么区别呢？

⑤圣人非所与熙也，寡人反取病焉。（《晏子春秋·内篇杂下》）

【译】圣人不是可以戏弄的，寡人反而自讨没趣。

---

① 将"于"看作介词的观点认为"于"是引导主动者的标识。事实上，"于"是表达强调的语气助词。如果"动词+'于'+人"是被动结构，那么"人之情，宁朝人乎，宁朝人也？"（《战国策·赵策》）一句中的"朝于人"就应该是"被（或受）人朝见"的意思。然而，事实并非如此。前面的"朝人"不是"朝见别人"，而是根据语境表达"使别人朝见"的意思，"朝于人"则是"朝见别人"的意思。可见，古代汉语的句义很大程度上是由具体语境决定的。因此，这句话的意思实际上是"人之常情，是愿意让别人朝见呢？还是愿意朝见别人呢？"也就是说，"朝于人"中的"人"是"朝"的对象，而不是主动者；"于"也不是什么表达被动的标识。"朝于人"（动词+'于'+人）是"谓语+（语气助词）+宾语"的结构。本章谓宾结构的语义类型一项对此有更为系统的说明。

⑥慕进者蒙荣，违意者被戮。(《后汉书·臧洪传》)

【译】希求晋升的就得到荣誉[受宠]，违背（他的）意思就被杀。

⑦实孝而赐死，诚忠而被诛。(《论衡·感虚篇》)

【译】真正孝顺却被赐死，确实忠诚却被诛杀。

⑧然而厚者为戮，薄者见疑。(《韩非子·说难》)

【译】然而，重者[→说得严重的]被杀，轻者[说得委婉的]被怀疑。

⑨信而见疑，忠而被谤，能无怨乎？(《史记·屈原列传》)

【译】诚实却被怀疑，忠心却被毁谤，能没有怨恨吗？

2. "为""见""被"携带述宾词组[谓语+宾语]的例子

①胥之父兄为僇于楚。(《史记·吴太伯世家》)

【译】伍子胥的父兄被楚国杀害。

②吾长见笑于大方之家。(《庄子·秋水》)

【译】我常常被懂得大道理的人[有学问的内行]嘲笑。

③万乘之国被围于赵。(《战国策·齐策》)

【译】万乘之国被包围在赵国。

3. 主谓词组充当"为"的宾语[1]

①身死国亡，为天下笑。(《战国策·秦策》)

【译】人死、国家灭亡，会被天下人耻笑。

4. 主谓词组充当动词"为"的宾语，其主语和谓语之间使用"所"的情况

①世子申生为骊姬所谮。(《礼记·檀弓》)

【译】世子申生被骊姬谮害。

---

[1] 后世文献中出现了一些主谓词组充当"被"的宾语的例子。"亮子被苏峻害。"(《世说新语·方正》)

②为鱼鳖所食。(《庄子·盗跖》)

【译】成为鱼和鳖所吃的(东西)[被鱼和鳖吃掉]。

③楚遂削弱，为秦所轻。(《战国策·秦策》)

【译】楚国最终衰弱，成为秦国轻视的(对象)[被秦国轻视]。

5. 动词"为"的宾语为主谓词组且主语与谓语间使用"所"时，省略句子主语或添加其他词语的情况

①请以剑舞，因击沛公于坐，杀之。不者，若属皆且为所虏。(《史记·项羽本纪》)

【译】请求用剑跳舞[→舞剑]，顺势在(沛公的)座位上击打沛公，把他杀了。不然的话，你们这些人都将成为(他)所俘虏的人[被(他)俘虏]！

②有制人者，有为{人之所制}者。(《管子·枢言》)

【译】有控制别人的，有被别人控制的。

③数为{小吏黠人所见侵夺}。(班彪《复护羌校尉疏》)

【译】多次成为小官和狡猾之人所侵夺的(对象)[被小官和狡猾之人侵夺]。

"为""见""被"从词性上看属于动词，"于"是助词。因此，"为、见、被"以及"受、取、蒙、赐"等词用于动词、述宾词组、主谓词组前时，起一定的标示作用，与不使用这些词的情况相比，句子的被动义会更为明确。除了充当"为""见""被"宾语的表授受(主动：被动)内容的基本动词，其他词语的词义也会表现得更为具体，有时语义的焦点也会出现变化。然而，所有这些都只是伴随被动义的传达而出现的一些附加情况。从本质上来看，仍然属于述宾结构中宾语类型的一种。述宾结构中间加入"于"并不会对原有结构的语义关系产生任何影响。"于"的语法功能仅仅是对后面的宾语进行强调。

那么，使用复杂方式表达的意义在哪儿呢？选择何种方式表达被动义主要依据说话人的主观意愿。既可以表达得很强烈，也可以表达得不那么明

259

显；既可以强调某些要素，也可以不作任何强调。随着文化与意识的发展，词语的活用范围与用法会出现各种各样的变化。也就是说，说话人意识上的差异可以是同一个被动义用不同的方式表达的。

用不同的词汇表达相同的意思，或是由近义词的增加、词义范围的扩大、词语数量的增加等引起的表现方式上的变化都是词语活用过程中经常出现的情况。因此，同一个时期里，相同的意思也可能存在好几种表达方式。我们很难判断这些表达方式的出现与消失、使用频率的高低到底是由语法结构内部的哪些因素决定的，与时代背景有着怎样的关系。

古代汉语没有"态（voice）[被动态：能动态]"的标识，与此相应，其语法体系中也没有固定的表达人称、性、数、格、时态、级等语法范畴的形式。因此，古代汉语是典型的孤立语。

## 二、表达判断的谓语形式

被称为判断句的句子一般指名词（或名词词组）作谓语的名词谓语句，以及"是""为"充当谓语，其后的宾语为判断内容的情况。因此，下列名词谓语句都属于判断句。

①夫子，圣人也。(《庄子·德充符》)
【译】老师是圣人。
②农，天下之本。(《史记·孝文本纪》)
【译】农事是天下的根本。
③回也，非助我者也。(《论语·先进》)
【译】颜回不是帮助我的人[对我有帮助的人]。
④此则寡人之罪也。(《孟子·公孙丑下》)
【译】这则是寡人的罪过啊。
⑤是诚何心哉？(《孟子·梁惠王上》)
【译】这实在（到底）是一种什么想法呢？

下面是名词谓语句构成分句的例子。

①圣人非所与熙也，寡人反取病焉。(《晏子春秋·内篇杂下》)

【译】圣人不是可以戏弄的，寡人反而自讨没趣。

下面是"是"和"为"作谓语的情况。

①此是何种也？(《韩非子·外储说左上》)

【译】这是什么种子？

②此必是豫让也。(《史记·刺客列传》)

【译】这人肯定是豫让。

③长沮曰："夫执舆者为谁？"子路曰："为孔丘。"……桀溺曰："子为谁？"曰："为仲由。"(《论语·微子》)

【译】长沮问："那个执辔驾车的是谁？"子路说："是孔丘。"……桀溺说："你是谁？"(子路)说："是仲由。"

④孰为夫子？(《论语·微子》)

【译】哪位是老师？

在下面有多个谓语的句子中，"为"充当其中的一个谓语。不能将其等同于现代汉语里表判断的"是"。

①橘生淮南则为橘，生于淮北则为枳。(《晏子春秋·内篇杂下》)

【译】橘树生长在淮河以南就是橘树，生长在淮河以北就变成枳树。

②[廉颇者赵之良将也。]赵惠文王十六年廉颇为赵将，[伐齐，大破之，取阳晋，拜为上卿，以勇气闻于诸侯。](《史记·廉颇蔺相如列传》)

【译】[廉颇是赵国优秀的将领。]赵惠文王十六年，廉颇担任赵国大将，[攻打齐国，大败齐军，夺取了阳晋，被任命为上卿，以勇猛闻名于诸侯各国。]

下面是复句的一个分句中使用"为"的例子。这里也同样不应将其看作判断句。

①伍奢有二子，不杀者，为楚国患。(《史记·楚世家》)
【译】伍奢有两个儿子，不杀（的话）[的情况]，（会）成为楚国的祸患。

然而，除了名词谓语及"是""为"引导的谓语部分对主语作出判断的情况，还有一些句子整体带有判断性。这种情况对谓语的种类没有限制。动词谓语句、形容词谓语句、主谓谓语句以及动词谓语、形容词谓语、主谓谓语混合的句子都可以表达判断。

动词谓语（句）

①君子务本。(《论语·学而》)
【译】君子致力于根本。

形容词谓语（句）

①管仲之器小哉！(《论语·八佾》)
【译】管仲的器量太小了！
②君美甚。(《战国策·齐策》)
【译】您美程度更甚[您更美]。
③秦王之国危于累卵。(《史记·范雎蔡泽列传》)
【译】秦王的国家比堆起来的鸡蛋还要危险。
④[人固有一死]，或重于泰山，或轻于鸿毛。(司马迁《报任安书》)
【译】[人固然有一死]，有的比泰山还重，有的比鸿毛还轻。

主谓谓语（句）

①君子之交淡若水。(《庄子·山木》)
【译】君子的交往平淡如水。
②冰，水为之而寒于水。(《荀子·劝学》)
【译】冰是水形成的，却比水寒冷。

判断句并没有特别的句型，仅是依据以谓语为中心的其他词语的词义和语境来表达判断的意思。因此，划分判断句、描述句和陈述句是没有任何语法意义的。

语气助词"也"跟表达判断的句子有密切的关系。表达说话人判断的句子对句型和用途都没有特别的要求，也没有必须使用的标识。判断意义的表达完全依靠语境，表达判断的句子常会使用"也"来强调说话人作出的判断。

①廉颇者，赵之良将也。(《史记·廉颇蔺相如列传》)

【译】廉颇是赵国优秀的将领。

②此天之亡我，非战之罪也。(《史记·项羽本纪》)

【译】这是上天要让我灭亡，不是战争的过错[不是因为我在战争中犯了错]。

③臣恐强秦之为渔父也。(《战国策·燕策》)

【译】臣担心强大的秦国会成为渔夫[取得渔翁之利]。

④故不登高山，不知天之高也，不临深溪，不知地之厚也。(《荀子·劝学》)

【译】因此，不登上高山就不知道天的高度[天有多高]，不面对深溪就不知道地的厚度[地有多厚]。

⑤何由知吾可也？(《孟子·梁惠王上》)

【译】通过什么[怎么]知道我可以呢？

⑥丹所报，先生所言者，国之大事也，愿先生勿泄也。(《史记·刺客列传》)

【译】丹所报告的和先生所说的是国家的大事，希望先生不泄露。

⑦苛政猛于虎也。(《礼记·檀弓》)

【译】苛酷的政治比老虎还要凶恶。

⑧是仁义用于古而不用于今也。(《韩非子·五蠹》)

【译】这（说明）仁与义（适）用于古代，而不（适）用于今天。

通过下面的例句我们可以看出在明确地表达原因、理由的句子中，"也"

是一个相当重要的构成要素。

①随之见伐，不自量力也。(《左传·僖公二十年》)
【译】跟随他被讨伐，是不自量力（不能估量自己的能力）。
②强秦之所以不敢加兵于赵者，徒以吾两人在也。(《史记·廉颇蔺相如列传》)
【译】强大的秦国不敢向赵国派兵的原因只是（因为）我们两个人在。
③（∨）水土异也。(《晏子春秋·内篇杂下》)
【译】水土不同。

### 三、兼语式与连动式

兼语式是指一个句子中主语后面跟着两个谓语，前一个谓语携带的宾语是后一个谓语语义上的主语的情况。①这样的句子就称为兼语句。而当前一个谓语的宾语与后一个谓语构不成主谓关系时，就称其为连动式，这种句型就是连动句。

这里的"兼语"就是指第一个谓语的宾语兼作第二个谓语的主语。谓语超过两个的时候也可以依据这种特点来判断。此外，还有一些兼语式和连动式混合的例子。

我们先来看一下兼语式。只要弄清了兼语式，连动式就很好理解了。下面例句中的兼语式有的出现在单句中，有的出现在复句的一个分句中。

（一）兼语式

①魏安釐王使将军晋鄙救赵。(《战国策·赵策》)
【译】魏国的安釐王派将军晋鄙营救赵国。
②[名实不亏]，使其喜怒哉！(《列子·黄帝》)
【译】[名义与实际都没有亏损]，（却）使它们又高兴又发怒！
③[虽曰未学]，吾必谓之学矣。(《论语·学而》)

---

① 将这种语义上的主语称为主体似乎更为恰当，因为古代汉语里谓语语义上的宾语也是可以作主语的。

【译】[即使说没学]，我一定称之为学（了）[我一定会说他已经有学问了]。

④（∨）使奕秋诲二人奕。(《孟子·告子上》)

【译】让奕秋教两人下棋。

⑤（∨）谓其台曰灵台谓其沼曰灵沼。(《孟子·梁惠王上》)

【译】把那个露台称作"灵台"，把那个池塘称为"灵沼"。

⑦焉有仁人在位罔民而，可为也?(《孟子·梁惠王上》)

【译】哪儿有仁爱之人坐在（君王的）位子上陷害百姓的事，可以做的呢？[哪儿有仁爱之人坐在（君王的）位子上陷害百姓的呢？]

⑧有孺子歌曰："沧浪之水清兮可以濯我缨沧浪之水浊兮可以濯我足。"(《孟子·离娄上》)

【译】有个小孩唱道："沧浪江的水清澈啊，可以洗我的冠缨。沧浪江的水浑浊啊，可以洗我的脚。"

兼语式还可充当多种句子成分。

①一心以为{有鸿鹄将至}思援弓缴而射之。(《孟子·告子上》)

【译】一心觉得有鸿鹄（大雁、天鹅等）要飞来，想拉起弓去射它。

"为"的宾语是由"有+鸿鹄+将+至"构成的兼语形式。

①是{助王养其民}也,何以至今不业也?(《战国策·齐策》)

【译】这是帮助君王养活他的百姓，为什么至今不（让他）成就功业呢？

谓语部分的"助+王+养其民"也是兼语形式。

①邦君之妻{君称之曰夫人}，夫人自称曰小童,{邦人称之曰君夫人}。(《论语·季氏》)

【译】国君的妻子，国君称她为夫人，夫人自称为小童，国人称她为君夫人。

"邦君之妻"是主语，后面的多个主谓词组充当谓语，其中两个主谓词组是兼语句式。

下面是一个"可"的宾语充当兼语的例子。

①何如，斯可{谓‚之‚士}矣？①（《论语·子罕》）

【译】怎样才可以（把这）称为士呢？

兼语句中的宾语也可以省略。

①今杀相如，终不能得璧也而绝秦赵之欢，不如因而厚遇之{使[ ]归‚赵}。（《史记·廉颇蔺相如列传》）

【译】现在杀了蔺相如，终究不能得到玉璧，还断绝了秦国和赵国的友好关系，不如趁（这个机会）好好招待他，让他回赵国去。

②扶苏以数谏故{上使[ ]外将兵}。（《史记·陈涉世家》）

【译】扶苏因屡次劝谏的缘故，皇上派他在外面带兵。

关于兼语式，这里有一个我们一定要仔细思考的问题。兼语式的第二个谓语是不是也和第一个谓语一样用来说明主语呢？事实上，我们考虑这个问题时完全可以将第一个谓语的宾语和第二个谓语的语义关系排除在外。在"魏安釐王使将军晋鄙救赵"一句中，"将军晋鄙"无疑是"救"这一行为的施事者。然而，从古代汉语动词使用的特征上来看，不仅"使"的主语是"魏安釐王"，"救"的主语也可以看成"魏安釐王"，所以也可以说这是一个由复数谓语连接而成的句子。可能是在模仿英语中以使役动词为中心的基本句型（第五种形式：主语+使役动词+宾语+宾语补语）时，发现不仅是具有使动义的动词，其他动词携带的宾语有可能是后面谓语语义上的主语，进而设立了兼语式这一句式。由于兼语式与连动式主要依靠宾语与其后谓语的语义

---

① 这是一个"(主语)+谓[谓语1]+之[兼语]+士[谓语]"的结构。"谓"的宾语"之"又是"士"的主语。古代汉语有名词谓语，这里的"之+士"应该看作主谓关系，与下面例句{}内的结构相同，不能将其放在双宾语一类当中。"名实不亏{使+其（兼语）+喜怒}哉！"（《列子·皇帝》）"取瑟而歌{使+之（兼语）+闻之}。"（《论语·阳货》）

关系进行区别，因此，"有（谓语1）+宾语+谓语2"这种形式有时被看作兼语式，有时又被看作连动式。

如果我们一如既往地按照语序来分析的话，无论是"使（谓语1）……谓语2"，还是"有（谓语1）……谓语2"，都可以看成谓语1和谓语2依次对主语进行说明的句子。

兼语式和连动式在区分上还存在一个问题。在谓语接连出现的句子中，第一个谓语携带宾语是构成兼语式的第一个条件，那么与此相对设立的连动式应该也只包括第一个谓语携带了宾语的句子。将第一个谓语不携带宾语的情况剔除的话，我们又该如何命名这类句子呢？这些都是我们在构筑语法体系时一定要考虑的问题。

### （二）连动式

如果只将前一个谓语的宾语不属于兼语式的情况看作连动式的话，我们可以举出下面几个例子。谓语1和谓语2间的语义关系并不重要，可以是联合关系，也可以是偏正关系。

①项庄拔剑起舞，项伯亦拔剑起舞。（《史记·项羽本纪》）

【译】项庄拔剑起身舞剑，项伯也拔剑起身舞剑。

②子路从而后遇丈人，（∨）以杖荷蓧。（《论语·微子》）

【译】子路跟随（孔子）（出行），落在了后面，遇到一个老丈，（那个老丈）用锄柄挑着筐子。

③君之危若朝露，尚将欲延年益寿乎？（《史记·商君列传》）

【译】您的危险像清晨的露水一样，还想要将来延长年岁、增加寿命吗？

如果将下面这种前一个谓语不带宾语的情况也算作连动式的话，那么所有动词谓语的连用就都属于连动式。

①余起如厕。（《史记·张耳陈余列传》）

【译】陈余起身去厕所。

②项王则夜起饮帐中。（《史记·项羽本纪》）

【译】项王于是夜里起来在帐中饮酒。

## 第八节　句子成分的省略和倒置

### 一、省略

有时即使缺少了某些词，整体句义仍然能够顺利表达。在前面已经出现了或后面会出现、说话人和听话人都知道、具体语境中无法阐明等一些情况下，句子可能会缺少某些成分，我们称其为省略。

**（一）省略一个词**

1.省略主语

①子路从而后遇丈人，（∨）以杖荷蓧。（《论语·微子》）

【译】子路跟随（孔子）（出行），落在了后面，遇到一个老丈，（那个老丈）用锄柄挑着筐子。

②（∨）使子路反见之，（∨）至，则（∨）行矣。（《论语·微子》）

【译】（孔子）让子路回去见他，（子路）到（的时候），（他）却走了。

③（ⓐ∨）不患人之不己知，患（ⓑ∨）不知人也。（《论语·学而》）

【译】君子不（＝不要）担心别人不了解自己，而（要）担心自己不了解别人。

古代汉语的陈述句与命令句没有形式上的差异。无论是命令（肯定命令）还是禁止（否定命令）都可以看成中立的，命令的意思都是通过具体语境表达的。如果把上面的例句看成成分完整的陈述句的话，ⓐ的位置上省略了表达句子主体的主语，如"君子"等，ⓑ的位置上省略了"患"所携带的主谓式宾语里的主语"己"。命令句由于形式上与陈述句相同，句子成分的省略也是一样。[①]

---

[①] 在命令的语境下，行为的主体往往不出现。

268

## 2. 省略谓语

①[弃甲曳兵而走。……]直不（∨）百步耳，是亦走也。(《孟子·梁惠王上》)

【译】[丢掉盔甲，拖着兵器逃跑……]只不过没有（跑）一百步罢了，这也是逃跑啊。

②一鼓作气，再（∨）而衰，三（∨）而竭。(《左传·庄公十年》)

【译】第一次击鼓，振作士气，第二次击鼓，（士气）衰减，第三次击鼓，（士气）就耗尽了。

③三人行，必有我师焉。择其善者而从之，（∨）其不善者而改之。(《论语·述而》)

【译】三人走在一起，（其中）肯定会有我的老师[有一个人可以作我的老师]。

④季文子三思而后行，子闻之曰："再（∨）斯可矣。"(《论语·公冶长》)

【译】季文子（做事）想三次（再三考虑）之后才会去行动。孔子听到后，说："想两次就可以了。"

⑤公以为吴兴兵是邪（∨）非也（耶）？(《史记·淮南衡山王列传》)

【译】您觉得吴国起兵是对，还是错？

下面这个例子很难说清其省略的到底是宾语还是谓语。

①躬自厚（∨）而薄责于人，则远怨矣。(《论语·卫灵公》)

【译】多责备自己（自身笃厚），少责备别人，就会远离怨恨。[比较：对自身多做反省，对别人少做责备，就会远离怨恨。]

前一句是按照谓语"厚"之后省略宾语"责"来翻译的，而后一句是按照省略谓语"责"来翻译的。但如果将"厚责"看作偏正结构的话，那么"责"的省略就是省略了中心词，只留下作状语的"厚"。这种处理显然不太妥当，因此本书选取前者，将其看作省略了宾语的情况。

然而，古代汉语的特点是即使是相同的单词、相同的语序，在不同语境中也可以表现不同的句法关系。由于缺乏形态标识，主要依靠语序来表达句法关系，因此这种情况下只能根据具体语境来辨别。

下面这些例句在判别上也存在混乱。

①子路宿于石门。晨门曰："奚自（Ⅴ）？"子路曰："自孔氏（Ⅴ）。"（《论语·宪问》）

【译】子路在石门住了一晚。清晨守城门的人说："从哪里（来）？"子路说："从孔氏那里来。"

②国人莫敢言，道路以目（Ⅴ）。（《国语·周语上》）

【译】国中之人（都）不敢说话，在路上（都）用眼睛（交流）。

"自"是动词作谓语。"奚自"是疑问代词作宾语时出现的宾语倒置语序（"谓语+宾语"）。有人认为"自"是介词，"自"的后面省略了"来"。虽然不是不能将这句话译成"从哪儿来"，但本书将"自"看作动词。后面"自孔氏"的"自"也同样是个动词。可以将其理解为"从……"，还可根据整体句义译成"从……开始"或"从……来"等。要知道古代汉语的动词词义是综合性、总括性的。因此，这并不是一个省略谓语的例子。

"以目"也不能看成后面省略了谓语，"以"是动词谓语。

3. 省略宾语

①人皆有兄弟，我独亡（Ⅴ）。（《论语·颜渊》）

【译】别人都有兄弟，唯独我没有。

②楚人有涉江者，其剑自舟中坠于水，遽契其舟，曰："是吾剑之所从（Ⅴ）坠。"（《吕氏春秋·察今》）

【译】有个楚国人过江，他的剑从船里掉到水中，于是在那个船上刻画，说："这是我的剑顺着坠落的地方。"

4. 省略兼语

兼语是第一个谓语的宾语，同时又是后面谓语语义上的主语。

①今杀相如，终不能得璧也而绝秦赵之欢，不如因而厚遇之，使（∨）归赵。(《史记·廉颇蔺相如列传》)

【译】现在杀了蔺相如，终究不能得到玉璧，还断绝了秦国和赵国的友好关系，不如趁（这个机会）好好招待他，让他回赵国去。

②扶苏以数谏故，上使（∨）外将兵。(《史记·陈涉世家》)

【译】扶苏因屡次劝谏的缘故，皇上派他在外面带兵。

③相如既归，赵王以（∨）为贤大夫。(《史记·廉颇蔺相如列传》)

【译】蔺相如已经回来[→回来以后]，赵王把他看作贤能的大夫。

（二）省略两个以上的词

①今杀相如，终不能得璧也而绝秦赵之欢，（∨）不如因而厚遇之，使归赵。(《史记·廉颇蔺相如列传》)

【译】现在杀了蔺相如，终究不能得到玉璧，还断绝了秦国和赵国的友好关系，不如趁（这个机会）好好招待他，让他回赵国去。

这里省略了作为主语的"今杀相如"。

①杀人以梃与（∨）刃，有以异乎？(《孟子·梁惠王上》)

【译】杀人用木棍还是用刀有什么不同吗？

"以"和"与"都是动词。"杀人以刃"省略了"杀人以"，只是用了"刃"。

## 二、倒置

（一）谓语置于主语前的情况

1. 感叹

①大哉！问。(《论语·八佾》)

【译】（意义）重大啊！（你的）问题。

②大哉！尧之为君也。(《论语·泰伯》)

【译】太伟大了！尧作为君王。

因感叹的核心内容为谓语，而常出现谓语倒置的情况。

2. 强调疑问（包括各种疑问形式）

①何哉？！尔所谓达者。(《论语·颜渊》)

【译】是什么呢？你所说的达。

②谁与？哭者。(《礼记·檀弓》)

【译】谁呀？哭的人。

③宜乎？百姓之谓我爱也。(《孟子·梁惠王上》)

【译】应该吧？百姓说我吝啬。

疑问句也会在特意强调谓语的情况下将谓语前置。

## （二）宾语位于谓语前的情况

1. 疑问代词作宾语时

①孟尝君曰："客何好？"(《战国策·齐四》)

【译】孟尝君说："客人喜欢什么？"

②吾谁敢怨？(《左传·昭公二十七年》)

【译】我敢怨恨谁呢？

③盗者孰谓？谓阳虎也。(《公羊传·定公八年》)

【译】盗贼叫哪个[什么]？叫阳虎。

④何由知吾可也？(《孟子·梁惠王上》)

【译】通过什么[怎么]知道我可以呢？

⑤问何以战。(《左传·庄公十二年》)

【译】问拿什么来争战。

2. "不""未""莫"构成的否定句中,代词作宾语时

①吾非不谏也而,不吾听也。(《史记·李斯列传》)
【译】不是我不进谏,(是他)不听我(的话)。
②子不我思,岂无他人?(《诗经·郑风·褰裳》)
【译】你不想我,难道没有别人(想我)吗?
③君子病无能焉,不病人之不己知也。(《论语·卫灵公》)
【译】君子担心没有能力,不担心别人不了解自己。
④然而不王者未之有也。(《孟子·梁惠王上》)
【译】然而,不称王还没有(那种情况)[还没有不称王的情况]。
⑤三岁贯女,莫我肯顾。(《诗经·魏风·硕鼠》)
【译】三年[多年]侍奉你,(你却)不肯顾及我。

③其他

还有一些不具备上述条件但常被看作宾语前置的情况。此时,语义上的宾语后面会使用"之""是""焉""斯""为"等语气助词来表达强调。

①惟奕秋之为听。(《孟子·告子上》)
【译】只把奕秋的话当成听的东西[只听弈秋的话]。
②吾以子为异之问,曾由与求之问?(《论语·先进》)
【译】我以为您问别人,是问仲由与冉求吗?
③余虽与晋出入,余唯利是视。(《左传·成公十三年》)
【译】我虽然与晋国往来,我只看[看重]利益。

正如我们在"之"一项中所分析的,如果从古代汉语主语与谓语结合所产生的语义关系来考虑的话,这些并不是宾语倒置,而是主谓结合所表达的被动义。无论哪种情况,"之"都是表达强调的语气助词。

(三)关于倒置

我们来看下面的例句。

①仁以接事，信以守之，忠以成之，敏以行之，事虽大，必济。(《左传·成公九年》)

【译】用仁来对待事物，用信来守护它，用忠来实现它，用敏来施行它。事情即使很大，也必定会成功。

②其有不合者，仰而思之，夜以继日。(《孟子·离娄下》)

【译】其中有不适合的，就仰面思考它，夜晚拿（它）来继续白天[不分昼夜]。

③楚战士无不一以当十。(《史记·项羽本纪》)

【译】楚国的战士没有不把一当成十的[一个人抵得上十个人]。

④敏而好学，不耻下问，是以为之文也。(《论语·公冶长》)

【译】聪敏又好学，不以向下面的人[不如自己的人]请教为耻，这把它称为"文"。

由于"以"一直以来被当成介词，因此，上面的例句中"以"前面的名词（或代词）也一直被看作倒置的宾语。如果被划入介词类的词中只有"以"有宾语倒置的形式，这是行不通的。

正如前面已经谈及的，"以"是个动词，通过上面的这些例子，可以发现"以"并不是宾语倒置的标识。"以"前面的内容常常是其实际意义上的宾语，因此"以"一般单独使用，不携带宾语，有总括前言的性质，类似于现代汉语的"用来"。如果将"以"看作成分后置，那么就不应仅是一个词，"以"前面的词组、分句、句子作为"以"实际意义上的宾语都应该发生倒置才对。应该这么说，"以"后面有宾语和没有宾语，表达的意思虽然没有什么差别，但说话方式（即选用的句型）并不相同。为了便于理解，我们可以假设"以"的后面省略了指代前面成分的代词"之"。不再携带宾语是"以"的一个特征，比起宾语倒置，将其看作宾语的省略有助于我们更准确地理解"以"的性质。

# 第九节　上下文的关系特征与单句、复句的划分

## 一、复句的定义

单由主谓（包括多个谓语）结合的句子称为单句。与此相对，并非由单个主谓（包括多个谓语）结合完成的句子就是复句。也就是说，复句指的是主谓结合出现了两次以上的句子。我们来看下面的几个例子。

①襄子至桥，马惊。(《史记·刺客列传》)

【译】襄子来到桥上，马惊了。

②本立而道生。(《论语·学而》)

【译】根本确立了，道就生成了。

对于复句的定义可谓众说纷纭。有些人甚至将同一主语支配多个不同谓语的句子也看作复句。果真如此的话，单句与复句的划分就成了一个大问题。

本书认为复句的基本特征是构成复句的各分句主语各不相同。即使是省略了主语的情况，只要前后分句的主语不同，就可以看作复句。谓语连续出现对同一个主语作出说明时，属于谓语的连用，不应看作对主语的省略。主语相同时，无论有几个谓语，也不管各谓语间有着怎样的语义关系，这个句子都只能看作一个使用了多个谓语的单句。[1]这些谓语间有的可能有连接成分，有的可能有停顿，但都不会影响整个句子是一个单句的属性。下面这些句子都是复数谓语间存在着不同语义关系的单句。

①（∨）不患人之不己知，患不知人也。(《论语·学而》)

【译】不（不要）担心别人不了解自己，而（要）担心自己不了解

---

[1] 本书在单句与复句的划分上与廖序东《文言语法分析》中的见解基本一致。此处也引用了该书的部分例句。

别人。

②君子尊贤而容众，嘉善而矜不能。(《论语·子张》)

【译】君子尊重贤人，容纳大众，称颂做得好的，同情做得不好的。

③于是项伯复夜去，至军中，具以沛公言报项王。(《史记·项羽本纪》)

【译】于是，项伯夜里又去到军中，把沛公的话都报告给项王。

④楚人为小门于大门之侧而延晏子。(《晏子春秋·内篇杂下》)

【译】楚国人在大门旁边造了一个小门，请晏子（进去）。

⑤婴最不肖，故宜使楚矣。(《晏子春秋·内篇杂下》)

【译】婴（我）最没有本事，所以适合出使楚国。

⑥相如虽驽独畏廉将军哉？！(《史记·廉颇蔺相如列传》)

【译】相如（我）即使愚钝，难道唯独害怕廉将军吗？

⑦[廉颇者赵之良将也。]赵惠文王十六年，廉颇为赵将，伐齐，大破之，取阳晋，拜为上卿，以勇气闻于诸侯。(《史记·廉颇蔺相如列传》)

【译】[廉颇是赵国优秀的将领。]赵惠文王十六年，廉颇担任赵国大将，攻打齐国，大败齐军，夺取了阳晋，被任命为上卿，以勇猛闻名于诸侯各国。

⑧弟子入则孝出则悌，谨而信，泛爱众而亲仁，行有余力则以学文。[①] (《论语·学而》)

【译】弟子们回家要孝（孝顺父母），外出要悌（尊敬长辈），谨慎而守信，博爱民众，亲近有仁德的人。做到这些以后，还有多余的精力，就用来习文。

通过例句可以看出，谓语间存在着多种语义关系，主要是五种基本句型中的联合和偏正这两类。然而，联合和偏正也只是在具体语境中抽象出的逻辑关系划分，并没有严格的界限。

下面的几个例子中，后面的分句虽然省略了主语，但由于前后分句主来

---

[①] "吾十有五而志于学，三十而立，四十而不惑，同五十而知天命，六十而耳顺，七十而从心所欲不踰矩。"(《论语·为政》)"君子不重则不威，学则不固，主忠信，无友不如己者，过则勿惮改。"(《论语·学而》) 这两个句子也是一样的。主语"吾"和"君子"后面的谓语部分是由多个谓语构成的。各谓语间存在着多种语义关系。

语不同，仍然属于复句。分句的数量根据实际主语数量来计算。

①子路从而后遇丈人，（∨）以杖荷蓧。（《论语·微子》）

【译】子路跟随（孔子）（出行），落在了后面，遇到一个老丈，（那个老丈）用锄柄挑着筐子。

②使子路反见之，（∨）至，则（∨）行矣。（《论语·微子》）

【译】让子路回去见他，（子路）到（的时候），（他）却走了。

同一主语反复出现的情况可以分别看成几个主谓结合的单句。只有在特定的语境下，才能将其看作主语相同的几个分句连接而成的复句。

### 二、复句的类型

古代汉语里，构成复句的各分句间的句义关系就是句子的逻辑关系。这与英语等用专门的词语（连词）来表达接续关系的语言以及通过语尾的屈折变化来表达句义关系的韩语、日语等有很大的不同。

古代汉语没有用来表达各种句义关系的连词或屈折变化，基本上通过具体的文意脉络来表达。也就是说，接续标识的使用并不是一个必要条件。有时一些词语的使用使句义关系变得更为明确，这并不是说这些词语就是专门用来表达接续关系的连词或某种特殊的语法标识，而只是因为它们都是有实际词义的词，这些实际的词义使得分句间的关系更容易把握。按照本书对词类的划分，这些词都是副词或词义上的名词、动词、形容词及代词，从句子成分来看属于状语。因此，虚词中不能再设立连词。

复句类型划分的最大特点可以说是人们对句义关系的不同认识以及由此产生的随意性。古代汉语并不是依据特殊的形态或形式来确立复句中分句与分句的关系的。因此，要对复句进行分类就只能从一般的思维逻辑出发。我们可以通过分析严格使用连词的语言，抽取逻辑关系的样本，再同古代汉语进行比较。所有语言中都存在类似的逻辑关系，所不同的是它们各自的表达方式。

古代汉语基本上是单纯依靠语境所传递的分句间的相互关系来区分复句的种类。因此，古代汉语复句类型的说明完全是一种非语法性的描述。也就是说，以古代汉语为对象划分复句的种类属于句义上的划分，而语法体系是依据语法标识构筑的，因此这种划分从句法上来看是没有什么意义的。划分的种类因人而异，而且很明显都是以其他有接续标识的语言中整理出的复句类型为基础划分的。这也可以看作古代汉语复句分类的一个语法特征。

这样，我们基本上就可以将所有的复句分为联合复句和偏正复句两大类。①然而，由于这是根据句义进行的划分，分句间的关系不可能"一刀切"地分为这两种。

虽然这两种类型还可以继续细分，但分出的小类间界限也常常十分模糊。分得越细，界定起来就越困难，甚至还会在单复句识别上引发混乱。这也是按照主观逻辑进行划分所无法避免的。从表现形式来看，那些我们抽象、细分出来的逻辑关系在古代汉语里都是统合在一起的。

参考有连词或屈折语尾的语言，取消联合与偏正的二分法，将下级分类重新整理，大体可以分为以下五类：并列式、先后式、转折式、因果式、假设或条件式。由于标示句义关系的词不是必要成分，有些句子很难说清到底该归入哪一类。

### （一）并列式（独立型、对比型、选择型、渐进型）

并列式是指两部分内容②并非修饰关系（即主从关系），而大体上为对等关系。我们常常很难对其内部的类型进行明确区分。选择型和递进型虽然分别可单列一类，但广义上都属于一种并列形式，只是逻辑概念上略有不同而已。需要注意的是，选择型和递进型一般都会添加一些词语来表达这种逻辑关系。当然，这些词语不应被看作连词。

---

① 实际上，并不是所有复句的内在关系都可以用"联合/偏正"二分法来划分。只要是人类的自然语言，两者间就不可避免地会有重叠的部分。在接续标识不是必要条件的语言中，联合复句和偏正复句的界限就更为模糊不清了。"鸟则择木，木岂能择鸟？"（《左传·哀公十一年》）句子内部一对一的关系最后被压缩成了联合和偏正两种，这种划分相对来说还是比较理想的。然而，有学者又在其中加入了"多重关系"，提出了三分法，导致句子分类复杂化。其实，所谓的多重关系与联合、偏正关系并不在同一个层面上（分类基准及层级不同）。

② 有些句子字面上主谓关系不明确，需要根据语境将省略的成分补充上后再加以理解。这时如果不严格按照单复句的划分基准进行划分，就会出现混乱。尤其是在主语相同而谓语部分的结构又较为复杂的情况下。如何定义主语直接影响到对单复句的划分。[主语]"非不说子之道，力不足也。"（《论语·雍也》）也很容易被看成复句。实际上，这是一个省略了主语的单句。"非不说子之道"是第一部分谓语，"力不足"是第二部分谓语。"一鼓作气，再（∨）而衰三（∨）而竭。"（《左传·庄公十年》）这也是一个单句，含有三个谓语部分。

①伯牙善鼓琴，钟子期善听。(《列子·汤问》)

【译】伯牙善于弹琴，钟子期善于听（琴）。

②夫子知之矣，我则不知。(《左传·昭公十年》)

【译】老师知道这些（道理），我就不知道。[老师知道这些（道理），我却不知道。]

③论至德者不和于俗，成大功者不谋于众。(《史记·商君列传》)

【译】谈论极致的道德不附和世俗，成就伟大的功业不与大众谋划。

④群臣吏民能面刺寡人之过者受上赏，上书谏寡人者受中赏，能谤讥于市朝闻寡人之耳者受下赏。(《战国策·齐策》)

【译】群臣、官吏和百姓能当面斥责寡人过失的给予上等奖赏，上书劝谏寡人的授予中等奖赏，能在街市（众人聚集的店铺、官衙等地）批评（寡人），并传到寡人耳中的授予下等奖赏。

⑤昔者吾舅死于虎，吾夫又死焉，今吾子又死焉。(《礼记·檀弓下》)

【译】以前，我的公公被老虎咬死了，（后来）我的丈夫又被老虎咬死了，现在我的儿子又死于虎口。

⑥老而无妻曰鳏，老而无夫曰寡，老而无子曰独，幼而无父曰孤。(《孟子·梁惠王下》)

【译】（男人）老了没有妻子，称为鳏；（女人）老了没有丈夫，称为寡；（人）老了没有孩子，称为独；年幼而没有父亲，称为孤。

⑦富贵者骄人乎，且贫贱者骄人乎？(《史记·魏世家》)

【译】富有尊贵而对人傲慢呢？而且[还是]贫穷卑贱而对人傲慢呢？

⑧不识世无明君乎？意先生之道固不通乎？(《说苑·善说》)

【译】您不知道世上没有明君吗？想来先生之道本来不通吧？

⑨蔓草犹不可除，况君之宠弟乎？(《左传·隐公元年》)

【译】蔓延开来的野草还不能除掉，何况是您宠爱的弟弟呢？

⑩且庸人尚羞之，况于将相乎？(《史记·廉颇蔺相如传》)

【译】而且平庸之人也对此感到羞耻，何况将军与宰相呢？

选择型常使用"且"（副词）"意"（动词）等词，递进型使用"况"（副词）等词来表明句子的逻辑关系。

## （二）先后式

先后式是指一种前后内容在时间先后顺序上密切相关的非修饰性结合方式。没有必要按照理解上的细微差异再分成"先后"和"顺接"，这样划分往往会出现很多难以界定的情况。

①扁鹊已逃去，桓侯遂死。(《史记·扁鹊仓公列传》)

【译】扁鹊已经逃走了，齐桓公最后就死了[比较：扁鹊已经逃走了，但齐桓公最后死了]。

②怠慢忘身，灾祸乃作。(《荀子·劝学》)

【译】懈怠疏忽使得忘记自身（忘记了要对自身加以控制），灾祸就会出现。

③赵太后新用事，秦急攻之。(《战国策·赵策》)

【译】赵国的太后刚刚摄政，秦国就急着攻打它。

④岁寒，然后知松柏之后凋也。(《论语·子罕》)

【译】（到了）一年天气最冷的时候，（这样之后）才知道松树和柏树是最后凋谢的。

⑤本立而道生。[①](《论语·学而》)

【译】根本确立了，道就生成了。

⑥群臣进谏，门庭若市。(《战国策·齐策》)

【译】大臣们都（来）进谏，大门和庭院像市场一样。

## （三）转折式

转折式包括句义上的弱转折（常常难以区别于并列式和先后式）、强转折（常称为逆转）以及让步关系。虽然还可以从逻辑上继续细分，但划分越细致，各分类间的界限越是模糊不清。

①人不知而（∨）不愠，不亦君子乎？(《论语·学而》)

---

[①] "岁寒，然后（∨）知松柏之后凋也"和"本立而道生"从句义上来看都属于偏正复句中的假定、条件式。事实上，我们无法从形式上区分这两种句式。这个例子也说明了复句的类型只是一种逻辑上的划分而已。

【译】别人不了解（自己）也不生气，不也是君子（所为）吗？

②吾数谏王，王不用，吾今见吴之亡矣。①（《史记·伍子胥列传》）

【译】我屡次向大王进谏，大王却没有采纳，我今天看到了吴国的灭亡。

③（∨）使子路反见之，（∨）至，（∨）则行矣。（《论语·微子》）

【译】让子路回去见他，（子路）到（的时候），（他）却走了。

④诸将易得耳，至如信，国士无双。（《史记·淮阴侯列传》）

【译】众将领都很容易得到（罢了），至于像韩信这样的人，国中的士人里再没有第二个了[独一无二]。

⑤今父老子弟虽患苦我，（∨）然百世后期令父老子孙思我言。（《史记·滑稽列传》）

【译】现在父老子弟虽然把我当成祸患和苦痛[厌恶我]，然而我死后希望父老的子孙们想想我的话。

⑥纵江东父老怜而王我，我何面目见之？（《史记·项羽本纪》）

【译】即使江东父老怜悯我而奉我为王，我又有什么面目见他们呢？

⑦周勃厚重少文，然安刘氏者必勃也。（《史记·高帝本纪》）

【译】周勃持重敦厚，缺少文才，但安定刘氏天下的肯定是周勃。

从例句中可以看出转折式也不需要使用连词。使用副词"虽""纵"，动词"然"等词就可通过这些词自身的词义表达出分句间的转折关系，从而使句子整体的逻辑关系更为明确。

（四）因果式②

一般原因在前，结果在后，偶尔也会有将原因放在后面的情况。由于缺乏统一概念，不仅在单句与复句的划分上，就连一个复句到底应该分成几个

---

① 数：所角切，入声，觉韵，表"数次，屡次"之义。
② "陛下用群臣如积薪耳，后来者居上。"（《史记·汲黯列传》）从现代汉语的译文来看，这句话也可以看成由两个单句构成的复句。如果将其看成复句的话，句义上接近因果式复句，属于把原因放在后面的情况。

281

单句也存在着不小的争议。①

①家富良马，其子好骑。(《淮南子·人间训》)
【译】家中有很多好马，他的儿子喜好骑马。
②夫赵强而燕弱，而君幸于赵王，故燕王欲结于君。(《史记·廉颇蔺相如列传》)
【译】赵国强而燕国弱，而您受到赵王喜爱，所以燕王想和您结交。
③其志洁，故其称物芳。(《史记·屈原列传》)
【译】他的志向高洁，因此他把东西描写得充满芳香。
④其言不让，是故哂之。(《论语·先进》)
【译】他的话不谦逊，(因为)这个理由[因此]嘲笑他。

后面的分句，即表达结果的分句前使用"故"或偏正词组"是故"等，整体句义关系更加明确。

①丘也闻有国有家者，不患寡而不均，不患贫而患不安。盖均无贫，和无寡，安无倾。(《论语·季氏》)
【译】我听说有国的[→诸侯]、有家的[→大夫]不担心(财富)少，而担心(分配)不均，不担心贫穷，而担心不安定。大概是因为(财富)平均，就不会觉得贫穷，和谐就不会觉得少，安定就不会倾危。
②沛公居山东时贪于财货好美姬，今入关，财物无所取，妇女无所幸，此其志不在小。(《史记·项羽本纪》)
【译】沛公住在山东的时候，贪图财物，喜好美女，现在进入关中，财物没有被拿走的，妇女没有被宠幸的，这(可以看出)他的志向不在小的地方。

---

① 下面单句中的"以"看作动词。"先帝将属将军以幼孤，寄将军以天下，以将军忠贤，能安刘氏也"(《汉书·霍光传》)、"孔子罕称命，盖难言之也"(《史记·外戚世家》)也是个单句。"孔子罕称命"是主语，"盖难言之"是谓语，"盖"是副词。如果我们把"盖难言之也"看成"盖"前省略了指代前面内容的"此"，那么这个句子也可以理解为复句，译成"孔子很少说到命。[这]大概是由于很难说[它]"。这种情况到底是复句还是单句，在口语中，可以通过中间是否有较长的停顿来判断。但在书面的时候很难给出准确的答案。

282

表达原因的分句放在后面时，虽然常会有"盖"（一般看作副词）等词用于分句句首，或将语气助词"也"用于句末对判断表示强调，但也有不使用任何附加词语的情况。

（五）假设、条件式

我们可以把假设和条件看作两种不同的逻辑关系，但由于这种分法依据的也同样不是接续标识，而是实词词义的相互结合以及具体的语境，因此本书将二者并入一类。①

①伍奢有二子，（∨）不杀者，（∨）为楚国患。（《史记·楚世家》）

【译】伍奢有两个儿子，不杀（的话）[的情况]，（会）成为楚国的祸患。

②有朋自远方来，（∨）不亦乐乎？（《论语·学而》）

【译】有朋友从远方来，难道不高兴吗？

③（∨）慎终追远，民德归厚矣。（《论语·学而》）

【译】慎重地办理丧事，追念（祭祀）遥远的祖先，百姓的德行就会回归敦厚。

④（∨）不杀二子，忧必及君。（《左传·成公十七年》）

【译】不杀两人，忧患肯定会降临到您身上。

⑤城不入，臣请完璧归赵。（《史记·廉颇蔺相如列传》）

【译】若城池没入（赵国手中），臣请求将玉璧完整地带回赵国。

⑥必以长安君为质，兵乃出。（《战国策·赵策》）

【译】一定要把长安君作为人质，（我们齐国的）援兵才会派出。

⑦虽有天下易生之物也，一日暴之十日寒之，未有能生者也。（《孟子·告子上》）

【译】即使有天下易生长之物，一天暴晒它，十天冻着它，也没有能够生长的。

---

① 句子中存在多个谓语时，只要主语相同，就可以看作拥有复数谓语的单句。因此，下面这几个常被认作复句的例子实际上也都是单句。"（∨）杀一不辜而得天下，皆不为也。"（《孟子·公孙丑上》）"（∨）行有余力则以学文。"（《论语·学而》）

除了上述几项，还可设立时间式，但由于缺乏语言形式上的依据，只能通过逻辑作出辨别，使得这一类别的范畴太过模糊。①下面的两个例子就难以判断到底是时间式、先后式，还是条件式。

①初，平王之东迁也，辛有适伊川。(《左传·僖公二十二年》)
【译】年初，平王东迁，辛有去了伊川。
②令初下，群臣进谏。(《战国策·齐策》)
【译】命令刚刚下达（的时候），大臣们都（来）进谏。

此外，还有总分式（总括+分述）②，但由于缺乏相应的接续标识，本书将类似的句子断成几个单句或根据具体语境归入上述几种句式。

---

① "时间式"概念的提出，大概是由于受到了有时间接续表现的西方语言分类方式的影响。
② 殽有二陵焉。其南陵，夏后皋之墓也，其北陵，文王之所辟风雨也。(《左传·僖公三十二年》)

# 参考文献

## 一、专著

[1]《辞源》，北京：商务印书馆，1989年版。

[2]《古代汉语知识辞典》，成都：四川人民出版社，1988年版。

[3] 白化文、孙欣：《古代汉语常识二十讲》，北京：北京燕山出版社，1995年版。

[4] 程湘清：《两汉汉语研究》，济南：山东教育出版社，1985年版。

[5] 程湘清：《先秦汉语研究》，济南：山东教育出版社，1992年版。

[6] 崔立斌：《〈孟子〉词类研究》，开封：河南大学出版社，2004年版。

[7] 高明凯：《国语语法》，台北：洪氏出版社，1976年版。

[8] 葛佳才：《东汉副词系统研究》，长沙：岳麓书社，2005年版。

[9] 汉语大词典编辑委员会：《汉语大词典》，上海：汉语大词典出版社，2001年版。

[10] 黄珊：《荀子虚词研究》，开封：河南大学出版社，2005年版。

[11] 解惠全：《虚字说》，北京：中华书局，2004年版。

[12] 李林：《古代汉语语法分析》，北京：中国社会科学出版社，1996年版。

[13] 廖序东：《文言语法分析》，上海：上海教育出版社，1981年版。

[14] 刘诚、王大年：《语法学》，长沙：湖南人民出版社，1986年版。

[15] 马建忠：《马氏文通》，北京：商务印书馆，2004年版。

[16] 吕叔湘、王海棻编：《马氏文通读本》，上海：上海教育出版社，1986年版。

[17] 人民教育出版社中学语文室：《中学教学语法系统提要（试用）》，北京：

人民教育出版社，1984年版。

[18] 邵敬敏：《汉语语法学史稿》，上海：上海教育出版社，1991年版。

[19] 孙良明：《古代汉语语法变化研究》，北京：语文出版社，1994年版。

[20] 王海棻、赵长才、黄珊、吴可颖：《古代汉语虚词词典》，北京：北京大学出版社，1996年版。

[21] 王力：《汉语语法史》，济南：山东教育出版社，1990年版。

[22] 王力：《中国古文法》，太原：山西人民出版社，1985年版。

[23] 王维贤：《语法学词典》，杭州：浙江教育出版社，1992年版。

[24] 王引之：《经传释词》，台北：世界书局，1970年版。

[25] 吴人甫：《文言语法三十辨》，上海：华东师范大学出版社，1988年版。

[26] 许璧：《中国古代语法》，首尔：新雅社，1997年版。

[27] 许仰民：《古代汉语语法新编》，开封：河南大学出版社，2001年版。

[28] 杨伯峻、何乐士：《古代汉语语法及其发展》，北京：语文出版社，1992年版。

[29] 杨伯峻：《古代汉语虚词》，北京：中华书局，2000年版。

[30] 杨伯峻：《文言文法》，北京：中华书局，1963年版。

[31] 姚振武：《晏子春秋词类研究》，开封：河南大学出版社，2005年版。

[32] 易孟醇：《先秦语法》，长沙：湖南教育出版社，1989年版。

[33] 殷国光：《吕氏春秋词类研究》，北京：华夏出版社，1997年版。

[34] 张斌、范开泰：《现代汉语虚词研究综述》，合肥：安徽教育出版社，2002年版。

[35] 张玉金：《西周汉语语法研究》，北京：商务印书馆，2004年版。

[36] 刘淇：《助字辨略》，北京：中华书局，2004年版。

[37] 赵成植：《英语学辞典》，首尔：新雅社，1990年版。

[38] 郑张尚芳：《上古音系》，上海：上海教育出版社，2003年版。

[39] 郑尊外：《古代汉语语法学资料汇编》，台北：文海出版社，1972年版。

[40] 中国社会科学院语言研究所：《古代汉语虚词词典》，北京：商务印书馆，2001年版。

[41] 宗福邦、陈世铙、萧海波：《故训汇纂》，北京：商务印书馆，2003年版。

## 二、期刊论文、学位论文

［1］安奇燮、郑星任：《关于古代汉语"及、至"的前置词、接续词功能辨疑》，《中国人文科学》第57辑（韩国中国人文学会），2015年第8期。

［2］安奇燮、郑星任：《关于古代汉语"与"的前置词、接续词功能辨疑》，《中国人文科学》第56辑（韩国中国人文学会），2014年第4期。

［3］安奇燮、金恩希：《古代汉语"而"的连词词性辨疑：以先秦、两汉时期为中心》，《中国人文科学》第51辑（韩国中国人文学会），2012年第8期。

［4］安奇燮、尹锡礼：《〈颜氏家训·音辞篇〉的南北音差异及语法上的意义：以恶、甫/父、焉、邪、败等语音辨证为中心》，《中国学研究》第64辑（韩国中国学研究会），2013年第6期。

［5］安奇燮、郑星任、金恩希：《古代汉语"与、以"的宾语省略特征、词类及意义相关研究》，《中国人文科学》第62辑（韩国中国人文学会），2016年第4期。

［6］安奇燮、郑星任、朴相领：《古代汉语文章成分及词类的相关论议（1）》，《中国人文科学》第32辑（韩国中国人文学会），2006年第6期。

［7］安奇燮、郑星任：《古代汉语"乃、则、且"的副词词性》，《中国语文学》第48辑（韩国岭南中国语文学会），2006年第12期。

［8］安奇燮、郑星任：《古代汉语"述语+宾语"的意义类型记述相关考察》，《中国人文科学》第37辑（韩国中国人文学会），2007年第12期。

［9］安奇燮、郑星任：《先秦、两汉的词类体系新论：以词类的限界和效用为中心》，《中国学研究会》第37辑（韩国中国学研究会），2006年第9期。

［10］安奇燮、郑星任：《现代汉语能愿动词性质的相关考察》，《中国言语研究》第22辑（韩国中国言语学会），2006年第6期。

［11］安奇燮：《古代汉语"如"的用法与词类研究：以意义和句法特征为中心》，《中国人文科学》第58辑（韩国中国人文学会），2014年第12期。

［12］安奇燮：《古代汉语"为"的词性与功能辨疑：以平声的接续词、前置词和去声前置词为中心》，《中国学研究》第71辑（韩国中国学研究会），2015年第2期。

［13］安奇燮：《古代汉语"焉"的意义考察：以先秦、两汉时期为中心》，《中

国语文学》第61辑（韩国岭南中国语文学会），2012年第12期。

[14] 安奇燮：《古代汉语"于"介词词性辨疑：以先秦、两汉时期为中心》，《中国人文科学》第50辑（韩国中国人文学会），2012年第4期。

[15] 安奇燮：《古代汉语"者"的结构助词词性辨疑：以先秦、两汉时期的基本句法形式为根据》，《中国言语研究》第42辑（韩国中国言语学会），2012年第10期。

[16] 安奇燮：《古代汉语被动义表达体系及关联词的词性》，《中国语文学论集》第15号（韩国中国语文学研究会），2000年第10期。

[17] 安奇燮：《古代汉语实词类词类的非语法性相关研究：以名词、动词、形容词为中心》，《中国人文科学》第43辑（韩国中国人文学会），2009年第12期。

[18] 安奇燮：《古代汉语助词"也"的功能新探讨》，《中国人文科学》第60辑（韩国中国人文学会），2015年第8期。

[19] 安奇燮：《古代汉语助词"之"的功能相关新论》，《中国人文科学》第40辑（韩国中国人文学会），2008年第12期。

[20] 安奇燮：《古代汉语助动词"不在"相关研究》，《中国语文学论集》第36号（韩国中国语文学研究会），2006年第2期。

[21] 安奇燮：《关于古代汉语"已"的词性分类及义项辨疑研究：以副词词性义项、助词词性认定与否为中心》，《中国人文科学》第59辑（韩国中国人文学会），2015年第4期。

[22] 朴相领：《〈史记〉副词词汇的词性研究》，韩国全南大学博士学位论文，2006年。

[23] 尹锡礼：《〈孟子〉复音节词研究》，韩国全南大学博士学位论文，2002年。